财政职业教育教学指导委员会规划教材

管理会计

GUANLI KUAIJI

◎**主　编**　邹　丽　伍丽雅
◎**副主编**　周　蕾　丁小丽　徐济胤
◎**参　编**　唐　玲　陈　雪　王　凤
吕美秀　王　敏　蓝　薇

重庆大学出版社

内容提要

本书共分为5篇:第1篇认识管理会计,介绍了管理会计的产生与发展、概念与地位等内容;第2篇财务预测,介绍了财务预测的主要方法;第3篇财务决策,介绍了财务决策的程序与方法;第4篇财务预算,介绍了全面预算编制的方法;第5篇财务控制,介绍了标准成本控制、作业成本控制、责任会计和战略管理会计。

本书可供高等职业院校会计学、管理学专业学生使用,也可作为在职人员培训的参考书。

图书在版编目(CIP)数据

管理会计/邹丽,伍丽雅主编. -- 重庆:重庆大学出版社,2020.8

财政职业教育教学指导委员会规划教材

ISBN 978-7-5689-1884-8

Ⅰ. ①管… Ⅱ. ①邹… ②伍… Ⅲ. ①管理会计—高等职业教育—教材 Ⅳ. ①F234.3

中国版本图书馆CIP数据核字(2019)第254651号

财政职业教育教学指导委员会规划教材

管理会计

主 编 邹 丽 伍丽雅

副主编 周 蕾 丁小丽 徐侪胤

策划编辑:沈 静

责任编辑:李定群 邹 忌　　版式设计:沈 静

责任校对:谢 芳　　责任印制:张 策

*

重庆大学出版社出版发行

出版人:饶帮华

社址:重庆市沙坪坝区大学城西路21号

邮编:401331

电话:(023)88617190 88617185(中小学)

传真:(023)88617186 88617166

网址:http://www.cqup.com.cn

邮箱:fxk@cqup.com.cn (营销中心)

全国新华书店经销

重庆市国丰印务有限责任公司印刷

*

开本:787mm×1092mm 1/16 印张:17.5 字数:407千

2020年8月第1版 2020年8月第1次印刷

ISBN 978-7-5689-1884-8 定价:45.00元

前言

管理会计是会计学科在新的技术经济发展形势下出现的一个分支,是专门为管理者规划、控制企业未来生产经营活动提供服务的。近年来,全球竞争日益激烈,企业必须依靠提升内部管理的精益化程度来谋求生存和发展,管理会计正变得越来越重要。随着国内外管理会计业务的不断发展,管理会计的理论方法及内容也发生了很大变化。

管理会计是以实现企业战略为目标,以加强企业内部经营管理、提高企业经济效益为目的,以企业的整个经营活动为对象,通过对财务信息及其他信息的加工和利用,实现对企业经营过程的预测与决策、规划与控制、分析与评价等职能的一个会计分支。管理会计作为一门相对独立的理论及方法体系,经历了传统管理会计阶段、现代管理会计阶段和战略管理会计阶段。为了更好地适应新形势发展的需要,我们在近几年教学和理论研究的基础上编写了本书。

本书从培养高职高专人才的目标出发,力求内容简明扼要、通俗易懂。尽量通过图表、案例分析及课堂训练来掌握管理会计的基本方法,同时将"互联网+"的多媒体手段运用到本书中,学生可以通过扫描二维码、微课视频等现代元素进行学习,增加了学习的趣味性和直观性,使同学在提高学习兴趣的同时,加深对理论的理解。为了便于学习,书中增加了"想一想""技能训练"等板块,促使读者对相关问题做进一步的思考,并在每章后附有一定的思考题和练习题,供同学自我练习。

本书由邹丽、伍丽雅主编,伍丽雅拟订本书大纲,并对全书进行统稿。具体分工如下:第 1 篇由伍丽雅编写,第 2 篇由唐玲、周蕾编写,第 3 篇由丁小丽、徐傍胤编写,第 4 篇由陈雪、吕美秀编写,第 5 篇由王敏、王凤编写;蓝薇参与书稿审核及 PPT 制作;全书由邹丽修改、定稿。在本书的编写过程中,参阅了相关的著作和文章,在此对这些资料的原作者表示忠心感谢!

由于编者水平有限,书中难免会存在一些不当之处,恳请读者批评指正!

编　者

2020 年 3 月

目录

第 1 篇　认识管理会计

第 2 篇　财务预测

第 3 篇　财务决策

第 4 篇　财务预算

第 5 篇　财务控制

第 1 篇　认识管理会计

项目1 认识管理会计

【知识结构】

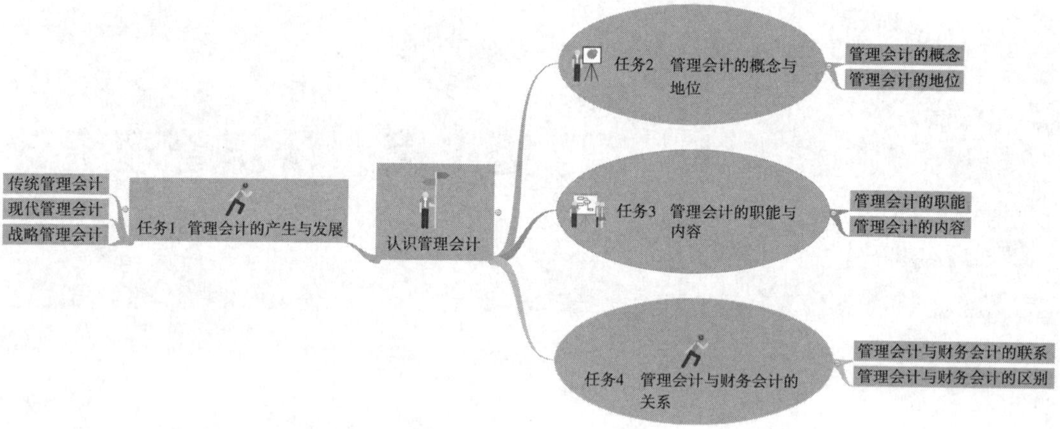

【知识目标】

1. 了解管理会计的产生与发展。
2. 理解管理会计的基本职能和基本内容。
3. 掌握管理会计的概念以及与财务会计的区别。

【能力目标】

1. 能区分管理会计与财务会计的异同。
2. 能阐述管理会计的基本职能。

【情境案例】

一家行业内领先的制造业企业在一场重要竞标中败下阵来，因为这家企业的财务人员只懂成本核算，不懂成本管控分析，更不掌握产品成本的准确信息。面对对手压价，几无胜算。一家地产集团屡屡在资金链上捉襟见肘。因为缺乏团队，全面预算管理的推进效率低下，企业资金安排缺乏规划，一遭遇政策变动和信贷紧张就陷入危机……

【情境分析】

中国企业的发展正在行至精益化管理的阶段，而管理会计工具与方法的全面应用无疑是实现精益化管理的必由之路。然而，必须承认，面对管理会计的应用大潮，我们还没有准备好。有数据显示，我国会计队伍已经超过1 400万人，但管理会计的人才缺口却高达300万人以上。因缺乏人才，一些企业或是对管理会计几无了解，或是缺乏管理会计应用的具体方法，每每失语于决策的关键时刻。财务会计面向过去，承担的是企业的记账和算账工作，所有数据都是已经发生的，所有工作都遵循统一的准则展开，涉及个人主观判断的成分较少，甚至随着信息技术的发展，很多工作皆可由计算机所取代。而管理会计面向未来，承担的是计划、控制、决策和评价职能。管理会计人才面对未知的未来，需要运用专业方法进行信息的整合和分析，总结经验，指出不足，提升效率，从而保证达成企业的战略目标。

【想一想】

1. 我国管理会计人才为什么大量缺乏？
2. 管理会计为什么对现代企业越来越重要？
3. 管理会计人员需要具备哪些能力？

管理会计师MAT

任务1　管理会计的产生与发展

管理会计从传统会计中分离出来，成为与财务会计并列的独立学科，经历了一个逐步发展的过程，是社会生产力发展到一定阶段的必然产物。管理会计的形成和发展大致经历了3个发展阶段，如图1.1所示。

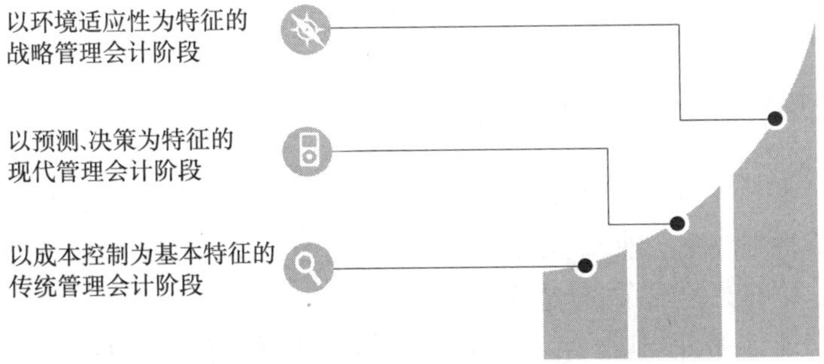

图1.1　管理会计的形成和发展大致经历了3个发展阶段

1.1.1 传统管理会计阶段(20 世纪初至 20 世纪 50 年代)

20 世纪初,西方资本主义国家完成了第一次工业革命,机械化大生产取代了作坊式小生产,随着生产规模的扩大,企业对内部经营管理越来越重视,强调计划与控制。西方企业推行泰罗制,从以经验和直觉为核心的传统管理转向科学管理,日常生产经营活动实现了标准化和制度化。与此相适应,会计体系也产生了变化,开始突破单纯的事后核算而进入事前预算。一些重要的控制方法,如标准成本、差异分析、弹性预算等被吸收进会计中,作为会计与管理的直接结合体。管理会计由此逐步形成。

1922 年美国会计学者奎因坦斯出版了《管理会计:财务管理入门》一书,首次提出"管理会计"的名称,1924 年又出版了麦金西的《管理的会计》和布利斯的《通过会计进行管理》等。1952 年,国际会计师联合会年会正式采用管理会计(Management Accounting)这个专用名词来统称企业内部会计体系,标志着管理会计正式形成。自此,现代会计分为财务会计和管理会计两大分支。管理会计形成了以预算体系和成本会计系统为基础的成本决策和财务控制体系。在这一阶段,管理会计以成本控制为基本特征,以提高企业的生产效率为目的,还只是一种局部性、执行性的管理会计,仍属于管理会计发展历程中的初级阶段。

传统管理会计阶段的标志:标准成本制度与预算控制制度的建立。

1.1.2 现代管理会计阶段(20 世纪 50—80 年代)

20 世纪 50—80 年代,各国经济进入了恢复和高速增长的新时期。科学技术日新月异,企业经营领域不断扩大,出现了许多规模庞大的跨国公司。随之而来的是企业经营环境日趋复杂,企业不但要面临日益激烈的国内市场竞争,而且要面对瞬息万变的国际市场竞争,客观上要求企业的经营管理应该朝着谋求实现最佳经济效益为中心的经营决策型管理模式转变。现代管理会计是在新的历史条件下,以现代管理科学为基础,一方面,丰富和发展了其早期形成的一些技术方法;另一方面,又大量吸收了现代管理科学中运筹学、行为科学等方面的研究成果,把它们引进、应用到会计中来,形成了一个新的与管理现代化相适应的会计信息系统。

现代管理会计阶段的标志:以预测决策会计为主、以规划控制会计和责任会计为辅的现代管理会计新体系。

1.1.3 战略管理会计阶段(20 世纪 80 年代至今)

进入 20 世纪 80 年代以后,随着全球经济的迅猛发展,市场竞争越来越激烈,环境变化越来越迅速,战略管理成为企业成功的关键。战略管理会计就是站在战略的高度,关注企业外部环境的变化,面对竞争对手,分析企业自身所处地位,据此来协助企业管理者确立战略目标,进行战略规划、评价管理业绩,以企业取得竞争优势作为主要目标。战略管理会计不仅要收集、分析企业内部的数据信息,更要走出企业为本企业提供外部市场环境及竞争者的信息,做到知己知彼,以求在市场竞争中立于不败之地。为此,管理会计发展了一系列新的决策工具和管理工具:一是宏观性的决策工具和管理工具,如可以通过云计算对客户的所有信息进行全面分析,从而判断客户的信用情况、供货或消费倾向以及是否可以放贷等;二是精细化的决策工具和管理工具,如运用平衡计分卡将企业战略目标逐层分解,不但克服了信息的庞杂性和不对称性的干扰,也为企业提供了有效运作所需的可量化、可测度、可评估的各种信息,有利于推动企业战略目标的实现。

战略管理会计阶段的标志:战略成本分析、目标成本法、产品生命周期成本法以及平衡记分卡。

其特征:从企业内部转向外部环境,对企业进行全方位管理。

任务 2　管理会计的概念与地位

1.2.1　管理会计的概念

管理会计的基本含义可以概括为:以实现企业战略为目标,以加强企业内部经营管理、提高企业经济效益为目的,以企业的整个经营活动为对象,通过对财务信息及其他信息的加工和利用,实现对企业经营过程的预测与决策、规划与控制、分析与评价等职能的一个会计分支。通过上述管理会计的定义可知,管理会计的特征如图 1.2 所示。

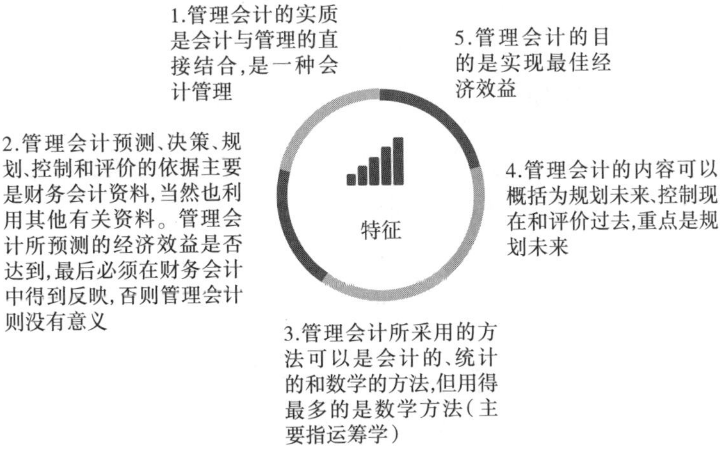

图 1.2　管理会计的特征

1.2.2　管理会计的地位

从管理会计的发展历程可以看出,管理会计作为从传统会计中分离出来,其职能作用从财务会计单纯的记账、算账、报账的核算职能扩展到解析过去、控制现在与筹划未来的有机结合。随着数据信息化、网络化,会计职业也正在经受前所未有的挑战。以美国为例,最新调查显示,在未来 10 年内,50% 以上的会计工作将实现自动化。近年来,越来越多的国家加大了应用和推广管理会计的力度,最新的研究成果(如作业法、成本法、适时制等)被迅速应用到企业的管理实践中。当今的管理会计仍处于创新和变革之中,还将不断拓展应用的深度与广度。

因我国管理会计工作尚处在初级阶段,大部分会计人员正在从事财务会计工作。直至 20 世纪 90 年代,我国才逐渐意识到管理会计的作用与价值,这足足比西方发达国家晚了 70 多年。近年来,财政部与中国会计师协会正在大力推进管理会计的发展,2015 年中国总会计师协会在上海举办了首届管理会计论坛,各大企业高度重视,深入参与。随着经济全球化和信息技术迅猛发展,企业运用管理会计的必要性日益凸显,合理使用资源,加强内部管理,是中国企业在世界经济竞技场立足的根本。当前,我国正面临经济发展新常态,如何转型升级是摆在企业面前的一个核心课题,管理会计在投资决策中起到至关重要的作用。如今,越来越多的企业开始将管理会计运用于日常的管理之中,这就意味着由上而下确保决策思维一致性越发重要。目前,为决策服务的管理会计人才严重不足,培养管理会计人才已刻不容缓。

任务3　管理会计的职能与内容

1.3.1　管理会计的职能

管理会计的职能是指它在企业管理中所起的作用。学界通常将其概括为预测、决策、规划、控制和考核评价 5 个方面,如图 1.3 所示。

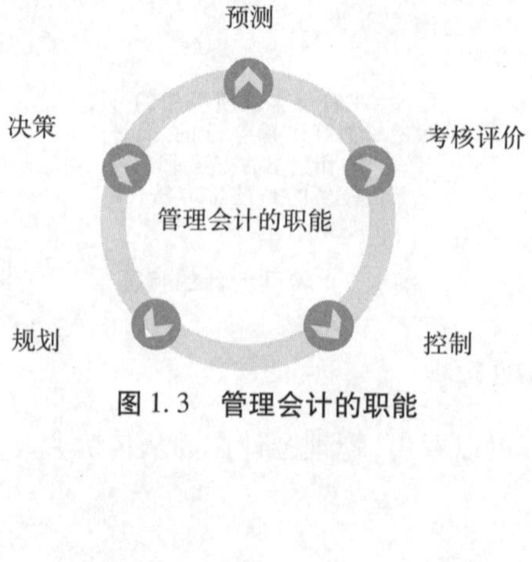

图 1.3　管理会计的职能

1)预测职能

预测是根据历史资料,采用系统且科学的方法推测事物未来发展状况的过程。管理会计主要依据历史的或者现时的会计资料以及其他有关资料,采用定量分析模型或定性分析手段,预计和推测企业未来经济业务的发展趋势以及对企业的财务状况、经营效益、现金流量等方面的影响,为企业内部经营管理决策提供可靠信息。管理会计的预测职能主要反映在销售预测、成本预测、利润预测、资金需要量预测等方面。

2)决策职能

决策职能是管理会计的核心职能之一。有的学者甚至把管理会计称为"决策会计"。管理会计主要以提供与决策相关的信息的方式参与企业内部管理决策。根据企业决策目标的需要,搜集、整理有关信息资料,选择恰当的方法,测算有关长期、短期决策方案的评价指标,并做出合理的财务评价,帮助企业管理者做出科学的决策。管理会计提供的数据和信息可以帮助管理者有效完成各种不同类型的决策。例如,产品品种组合的选择、长期投资项目分析、产品定价等。

3)规划职能

规划职能是通过编制各种计划和预算实现的。管理会计通过编制企业全面预算,将决策确定的各个管理层次、每个业务领域以及不同时间范围内的目标落实到全面预算中,并对各项预算指标进一步分解,通过编制责任预算的方式,合理、有效地组织和协调企业经营链条上的各个环节,充分利用企业可以支配的人力、物力和财力资源,确保全面预算的实现,并为控制企业的实际经营活动提供依据。

4)控制职能

控制是通过一定的手段对企业实际经济活动施加影响,使之能够按预定目标进行的过程。管理会计根据事先编制的预算,实时控制企业的经济活动,对发生的实际经济活动进行同步计量、记录和报告,及时将实际数据与预算数据进行对比,确定偏离程度,计算差异并分析差异产生的原因,确定相关责任。对不利差异提出改进措施,并在必要时对预算进行修订。通过控制职能,管理会计能有效发挥对生产经营活动的干预作用,确保各项计划目标的实现。

(1)控制标准

全面预算是企业的总体目标,也是衡量企业生产经营活动绩效的标准。为更有效地实施控制,需要将全面预算的各项指标按照企业内部划分的责任单位进行层层分解,编制责任中心的责任预算,作为评价考核各责任中心的标准。

(2)计量和记录

实际经营活动运行状况进行连续计量和记录,收集实际经营活动的反馈信息,定期编制业绩报告。

(3)对比和分析

实际经营活动的反馈数据同责任预算数据进行对比,确定差异程度,以分析各责任中心的工作绩效。

(4)偏差纠正

对偏离预算的差异进行纠正,根据差异产生的原因,及时调整企业的经营活动,保证既定经营目标的实现。管理会计的规划职能与控制职能相互联系、相互作用,规划是控制的依据,控制是规划得以实现的保证。

5)考核评价

考核评价是对企业内部责任单位责任的落实和执行等进行考核与评价的过程。管理会计主要通过实施责任会计制度来进行考核评价。

管理会计的各职能之间具有非常紧密的联系,构成一个完整的管理会计循环。预测是决策的前提,决策是规划的基础,而规划既是预测和决策的综合反映,又是经营目标的具体化,是进行控制与考核评价的依据。

1.3.2 管理会计的内容

我们把现代管理会计的前述五大职能,组合为三大块基本内容,即预测决策会计、规划控制会计和责任会计。将上述三者进一步合并,又可分为规划与决策会计和控制与业绩评价会计两大部分。

预测决策会计是最具有能动作用的子系统。它处于现代管理会计的核心地位,又是现代管理会计形成的关键标志之一。

规划控制会计是指在决策目标和经营方针已经明确的前提下,为执行既定的决策方案而进行有关规划和控制,以确保预期奋斗目标顺利实现的管理会计子系统。

责任会计是指在组织企业经营活动时,根据分权管理的思想划分各个内部管理层次的相应职责、权限、利益及所承担义务的范围和内容,通过考核评价各有关方面履行责任的情况,反映其真实业绩,为实施奖惩制度提供客观依据,从而调动企业全体职工积极性的管理会计子系统。

管理会计的内容如图 1.4 所示。

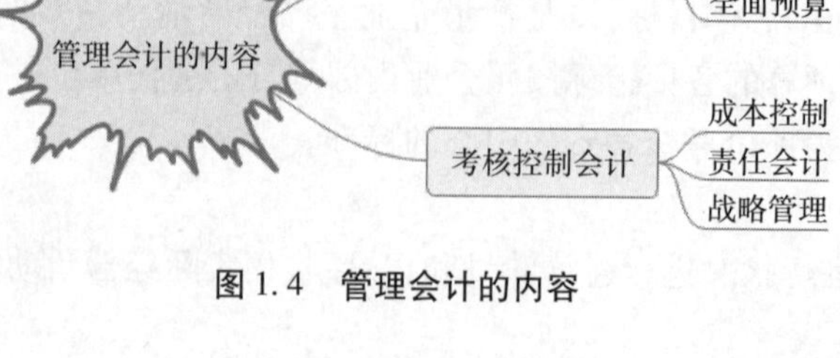

图 1.4 管理会计的内容

任务4 管理会计与财务会计的关系

管理会计与财务会计是现代企业会计的两大分支,分别服务于企业内部管理的需要和外部决策的需要,两者之间既有联系又有区别。

1.4.1 管理会计与财务会计的联系

管理会计与财务会计的联系如图1.5所示。

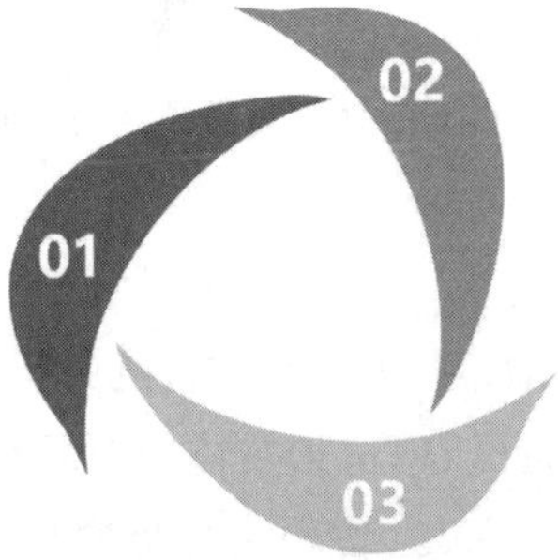

图1.5 管理会计与财务会计的联系

1)管理会计与财务会计都是现代企业会计的分支

如前所述,现代企业会计分为财务会计与管理会计两大分支。两者脱胎于同一母体,共同构成了现代企业会计系统这一有机整体,并相互依存、相互补充、相互促进,共同发展。

2)管理会计与财务会计分享信息

管理会计所需的多数信息来源于财务会计系统,并对财务会计所提供的信息进行深加工和再利用,因此管理会计的工作质量会受到财务会计信息质量的制约。

3)管理会计与财务会计的最终目标一致

管理会计与财务会计所处的工作环境相同,都以企业的生产经营活动及其价值表现为对象,为企业的总体发展目标服务。

1.4.2 管理会计与财务会计的区别

既然管理会计有必要从传统的财务会计中分离出来,成为独立的学科,那么管理会计与财务会计必然存在不同点,如图1.6所示。两者的区别主要表现在以下方面:

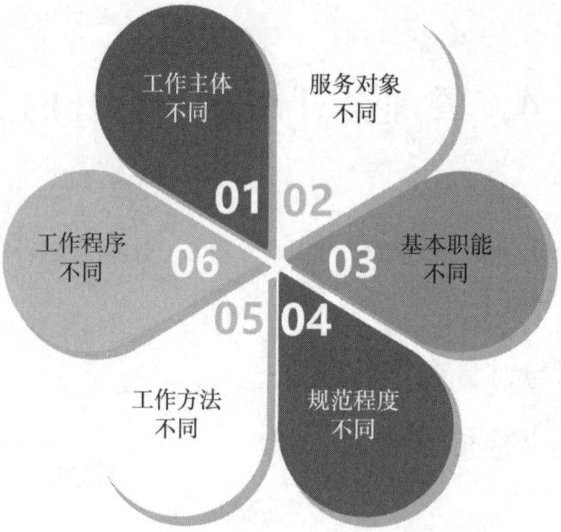

图 1.6 管理会计与财务会计的不同点

1）工作主体不同

财务会计以企业法人为工作主体，所核算和监督的是整个企业的生产经营活动；而管理会计则主要以企业内部不同层次的责任单位为主体，它可以是整个企业，也可以是企业内部的一个部门，甚至可以是某些个人。因此，管理会计更突出以人为中心的行为管理，同时也兼顾企业主体。

2）服务对象不同

财务会计工作的侧重点在于为企业外部利益的相关主体，如投资者、债权人、税务部门等提供会计信息服务。从这个意义上说，财务会计又称“外部会计”。管理会计作为企业会计的内部会计系统，其工作的侧重点主要是为强化企业内部管理提供各种信息服务。

3）基本职能不同

财务会计是把已经发生的经济事实真实、准确、及时地记录下来，所履行的是核算、监督企业经营活动状况和财务成果的职能，实质上是属于反映过去的报账型会计。管理会计则履行预测、决策、规划、控制和考核评价的职能，主要属于面向未来的经营管理型会计。

4）规范程度不同

财务会计工作受到会计准则和会计制度的约束，财务会计信息必须符合会计准则的要求。会计准则和会计制度对财务会计来说具有很大的严肃性和权威性，必须严格遵守。而管理会计工作却没有统一的会计原则和制度的限制与约束，它可以灵活地应用其他现代管理科学理论作为其指导原则，公认会计原则对管理会计工作几乎不起作用。

5）工作方法不同

财务会计的方法比较简单，核算时往往只需要运用简单的算术方法。而在管理会计工作中，不仅对不同问题可以选择灵活多样的方法进行分析处理，即使对相同的问题，也可根据需要和可能而采用不同的方法进行处理。在信息处理过程中，管理会计工作经常运用统计方法和数学方法以及一些非量化的定性方法。

6）工作程序不同

财务会计有一整套比较稳定、规范的工作程序，其工作必须遵循严格的会计循环程序，并且财务会计报告必须定期提供。而管理会计工作的程序性较差，通常没有固定的工作程序，也没有要求定期提供报告。

想一想：

管理会计与财务会计有什么不同？

【同步训练】

一、单项选择题

1. 传统的对外提供财务报表的会计称为财务会计，而主要用于企业内部管理的会计称为（　　）。

A. 预算会计　　B. 管理会计

C. 成本会计　　D. 微观会计

2. 下列各项中，能够作为管理会计原始雏形的标志之一，并于20世纪初在美国出现的是（　　）。

A. 责任会计　　B. 预测决策会计

C. 科学管理理论　　D. 标准成本制度与预算控制制度

3. 20世纪50年代以来，管理会计进入了以预测决策会计为主、以规划控制会计和责任会计为辅的发展阶段，该阶段被称为（　　）。

A. 管理会计萌芽阶段　　B. 管理会计过渡阶段

C. 传统管理会计阶段　　D. 现代管理会计阶段

4. 下列项目中，不属于管理会计与财务会计共性特征的是（　　）。

A. 两者都是现代会计的组成部分　　B. 两者的基本职能相同

C. 两者的最终目标一致　　D. 两者共享部分信息

5. 不属于管理会计职能的有（　　）。

A. 预测当月可能的销售水平　　B. 确定成本定额标准

C. 填制记账凭证　　D. 分析本月实际成本与计划成本的差异

二、多项选择题

1. 下列各项中,属于管理会计职能的有(　　)。
A. 预测经济前景　　B. 参与经济决策
C. 规划经营目标　　D. 控制经济过程
E. 考核评价经营业绩

2. 下列各项中,属于现代管理会计内容的有(　　)。
A. 预测决策会计　　B. 规划控制会计
C. 责任会计　　D. 预算会计
E. 非营利组织会计

3. 下列各项中,属于正确描述预测决策会计特征的说法包括(　　)。
A. 它是现代管理会计形成的关键标志之一
B. 它处于现代管理会计的核心地位
C. 它主要履行规划经营目标的职能
D. 它能够考核评价经营业绩
E. 它最具有能动性

4. 管理会计与财务会计之间有许多不同之处,如(　　)。
A. 会计主体不同　　B. 基本职能不同
C. 依据的原则不同　　D. 信息特征不同
E. 观念取向不同

5. 下列表述中,能够揭示管理会计特征的有(　　)。
A. 会计与管理的结合　　B. 必须严格遵守公认会计原则
C. 目的是实现最佳经济效益　　D. 可以提供未来信息
E. 重视管理过程和职工的作用

三、判断题

1. 管理会计究竟具备哪些职能,是由人们的认识水平所决定的。(　　)

2. 现代管理会计的特征在于以预测决策会计为主,以规划控制会计和责任会计为辅。(　　)

3. 管理会计既为企业管理服务,又属于整个企业管理系统的有机组成部分,处于企业价值管理的核心地位。(　　)

4. 管理会计与财务会计的奋斗目标完全是一致的。(　　)

5. 既然企业会计中包括财务会计和管理会计两个分支,那么我国颁布的《企业会计准则》同样适用于管理会计。(　　)

项目1　同步训练答案

第 2 篇　财务预测

项目2
成本性态分析

【知识结构】

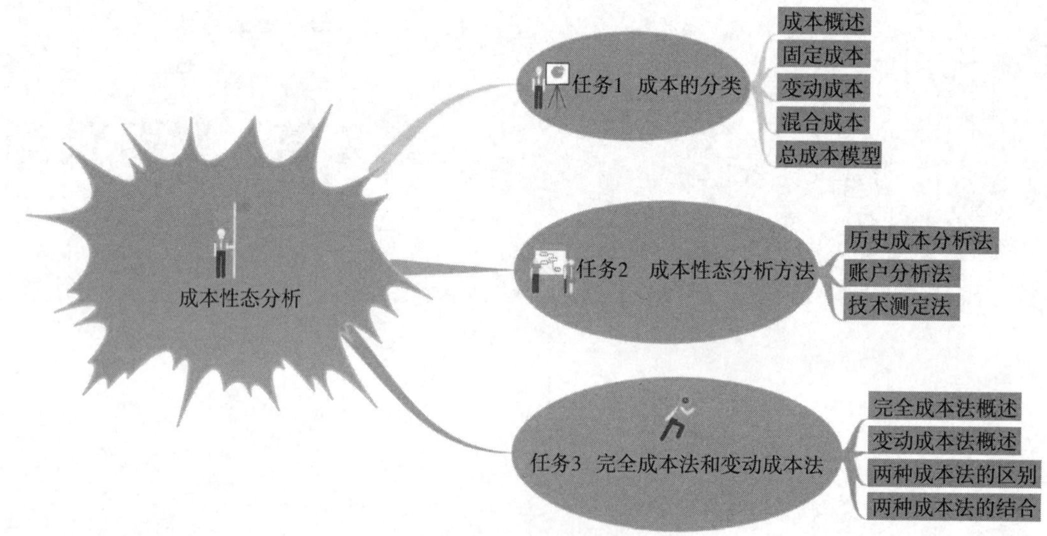

【知识目标】

1. 掌握成本的概述和成本的分类。
2. 掌握混合成本分解的方法。
3. 掌握完全成本法和变动成本法的区别和核算方法。

【能力目标】

1. 能对企业日常成本进行准确分类。
2. 能用适当的方法对企业日常成本进行性态分析。
3. 能用变动成本法和完全成本法对企业成本进行成本分析。

4. 能理解两种成本法的区别及关系。

【情境案例】

大学生小王毕业后和同学一起开了一家经营、维修手机的门店。经过前期调研，门店开在一处位置不错的街道边，大家的创业热情很高，对顾客服务态度热情，定价偏低，生意一直比较红火。正当大家感受到初次创业的成功喜悦之时，大家发现店铺的生意不如以前了。后来发现，附近又新开了几家相似的门店，有几家门店位置更好，门面更大，装修更好，品种也比他们家的齐全，小王的店面明显竞争不过这几家规模更大的店铺。大家不愿意就这样接受失败的结果。于是，小王找来在公司做财务工作的姨妈，希望姨妈能从财务的角度帮他们争取更多客户，获取更多的利润空间。

【情境分析】

经过姨妈的分析发现，小王的店铺开业时间不长，固定成本必然较高，价格的调整主要来自变动成本这块，而提高服务质量需要增加设备，必然新增投入，加大了固定成本的投入。因此，必须对过去的营业、成本数据进行深入分析，搞清价格与变动成本之间的关系，才能正确做出新增设备成本额的决策。

任务 1　成本的分类

2.1.1　成本的概述

成本是以货币表现的企业生产经营中的耗费，如企业生产产品需要使用原材料，原材料费用构成产品生产成本。为销售产品而发生的广告成本是企业销售成本的一部分。这里的成本是指广义的成本，既包括成本又包括费用，即生产成本和期间费用。管理会计的成本与财务会计的成本分类和归集有所不同。

2.1.2　成本的分类

1）财务会计的成本分类

财务会计通常将成本按经济职能分为生产成本和非生产成本。

生产成本是在产品制造过程中发生的，通常将它按照 3 个主要项目——直接材料、直接人工和制造费用进行归类。

非生产成本之所以又称期间成本，是因为非生产成本的发生更大程度上同生产期间有关，而非生产量的多少。非生产成本是指销售与管理方面发生的成本，主要包括销售费用、管理费用、财务费用。

成本按经济职能分类,可以清楚反映企业产品成本的构成情况,便于对成本进行分析和考核。综上所述,财务会计的成本分类如图 2.1 所示。

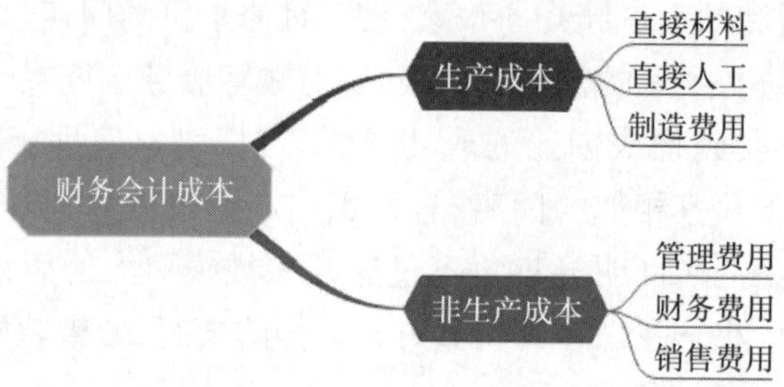

图 2.1 财务会计成本分类

2)管理会计的成本分类

管理会计按成本性态把成本分为 3 类,即固定成本、变动成本和混合成本,如图 2.2 所示。

图 2.2 管理会计成本分类

所谓成本性态,是指成本总额与某业务量之间的依存关系。这里的业务量是指企业产品或服务的产出的数量。例如,对于生产计算机产品的公司而言,计算机的产量就是该公司的一个业务量,生产计算机的总成本同计算机产量之间有着必然的联系。计算机产量的增加会导致计算机公司成本上升,这种数量上的依存关系是客观存在的。因此,研究企业成本与业务量之间的关系对企业实施有效的成本管理和做出最佳的决策是非常有价值的。

(1)固定成本

固定成本是指一定条件下,无论业务量如何变动,其成本总额保持不变的成本。在会计实务中,固定成本一般包括企业行政管理人员的薪金、办公费、差旅费、广告费、房屋及设备租金、保险费、房产税等不动产税、科研试验费、职工培训费、按直线法计提的固定资产折旧费等。

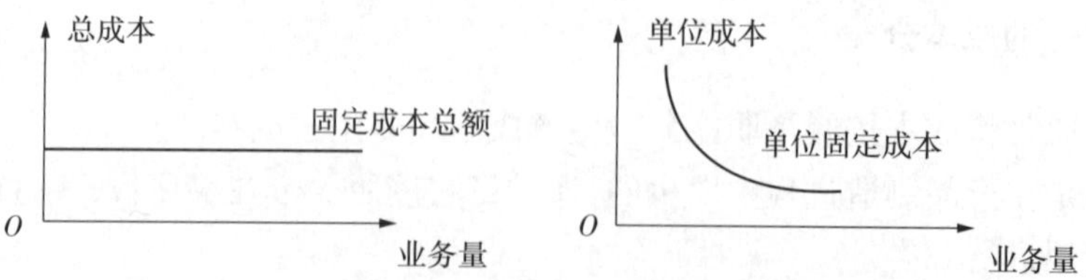

图 2.3 固定成本的特点

①固定成本的特点(见图2.3)

A.成本总额不随业务量变化而变化,总是固定的。

B.单位固定成本随业务量增减变动成反比例变动。

②固定成本的分类

按照固定成本的固定性强弱,可以将固定成本分为酌量性固定成本和约束性固定成本,如图2.4所示。

图2.4　固定成本的分类

酌量性固定成本是指受企业管理者决策影响的固定成本,即可由管理者选择其成本大小,能改变其数额的那部分固定成本。例如,广告费用、新产品开发费用、经营租赁费用、员工培训费用等。需要注意的是,该种固定成本不能完全由管理层任意选择产生,需要考虑企业未来的发展。

约束性固定成本是指企业管理者的决策无法改变其数额大小,而该数额一般只取决于企业生产经营的规模与质量,故称"经营能力成本"。例如,直线法计提的厂房、设备折旧费、管理人员工资、不动产税、保险费等。对此类成本只能从合理充分地利用其创造的生产经营能力的角度着手,提高产品的产量,相对降低其单位成本。

固定成本的分类比较见表2.1。

表2.1　固定成本的分类比较表

固定成本分类	是否受管理层影响	短期内是否能改变数额	常用的此类固定成本
酌量性固定成本	是	是	广告费用、新产品开发费用、经营租赁费用、员工培训费用
约束性固定成本	否	否	直线法计提的厂房、设备折旧费,管理人员工资,不动产税,保险费等

(2)变动成本

变动成本是指在一定期间和一定业务量范围内,其总额随着业务量的变动而呈正比例变动的成本,包括直接材料费、产品包装费、计件工资、外部加工费、销售佣金、按工作量计算的固定资产折旧费等。

①变动成本的特点(见图2.5)

A.在相关范围内,变动成本总额将随业务量的变动而呈正比例变动。

B. 在相关范围内，不论业务量是否变动，单位成本都不会发生任何变化。

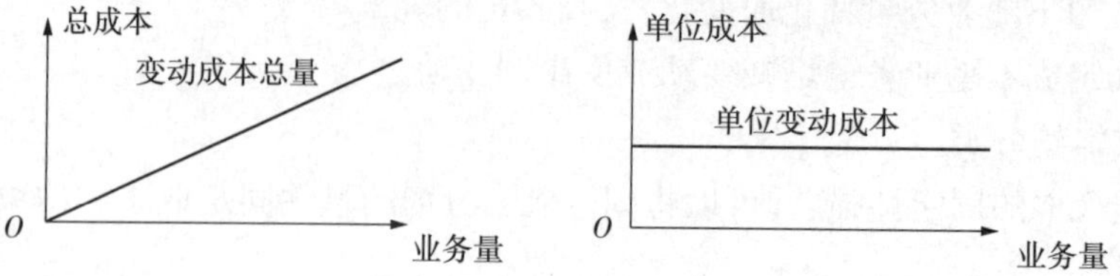

图 2.5　变动成本的特点

②变动成本的分类

参照固定成本的分类方法，变动成本可以分为酌量性变动成本和约束性变动成本，如图 2.6 所示。

图 2.6　变动成本的分类

酌量性变动成本是指企业管理者的当前决策可以改变其支出数额的变动成本，如计件工资、销售佣金等。酌量性变动成本可以通过降低产品制造成本，提高决策水平，强化预算控制等措施来降低酌量性变动成本。

约束性变动成本是指企业管理者的决策无法改变其支出数额的变动成本，如直接材料。约束性变动成本主要受技术因素影响，因此，可通过改进设计方案、改造工艺技术、采用先进设备等技术手段来降低此类成本而不是通过管理者的决策来改变它。

变动成本的分类比较见表 2.2。

表 2.2　变动成本的分类比较表

变动成本分类	是否受管理层影响	短期内是否能改变数额	常用的此类变动成本
酌量性变动成本	是	是	计件工资，销售佣金，可选择销货商的采购成本
约束性变动成本	否	否	直接材料，外购零部件成本，流水作业生产岗位上的工人工资、福利

(3)混合成本

相对于某一个业务量，根据成本性态将企业发生的每一项成本划归为变动成本或固定成本。但是，在实际中，有许多成本项目同时兼有变动成本和固定成本两种不同的性质，而不能简单地将它们归结到变动成本或固定成本。它们混合了固定成本和变动成本两种不同性态的成本。它们介于固定成本和变动成本之间，即随着业务量的变化而变化，但变化又不成正比例的那部分成本，这类成本称为混合成本。

例如，企业的电话费成本，每月都会有一个基数费用，相当于固定性质，另一部分电话费成本则随产量的增加而上升，但是上升幅度并不严格成比例关系。因此，该电话费成本是一项混合成本。

混合成本按复杂性，可分为半变动成本、半固定成本、延期变动成本和曲线变动成本，如图2.7所示。

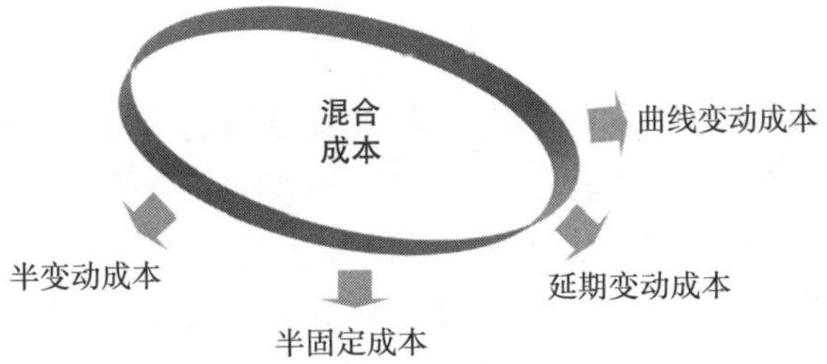

图2.7　混合成本的分类

①半变动成本

此类成本由两部分组成：一部分是一个固定的基数，类似于固定成本；另一部分是在此基数上随业务量增长而增加的成本，如企业需要交纳的公用事业费（电话费、电费、水费等）。半变动成本如图2.8所示。

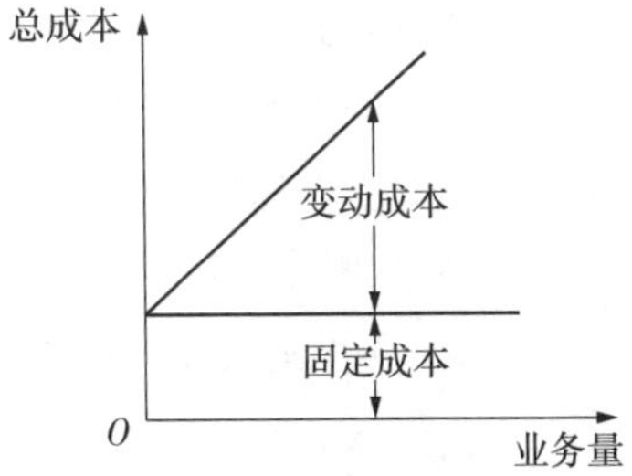

图2.8　半变动成本

如何理解半变动成本？假设某企业在生产中租用一台设备，租约规定租金的计算分为两部分：按年支付固定租金1 000元；在此基础上，机器每运转1小时支付租金1元。假定该设备今年累计运转5 000小时，共付租金6 000元。这项支出所包含的固定成本1 000元与变动成本5 000元两种因素相加而得。

②半固定成本

通常这类成本在相关范围内其成本总额不随业务量的增减而变动，但当业务量一旦超出相应的范围，成本总额便会发生跳跃式的变化，也称阶梯式固定成本，如图2.9所示。

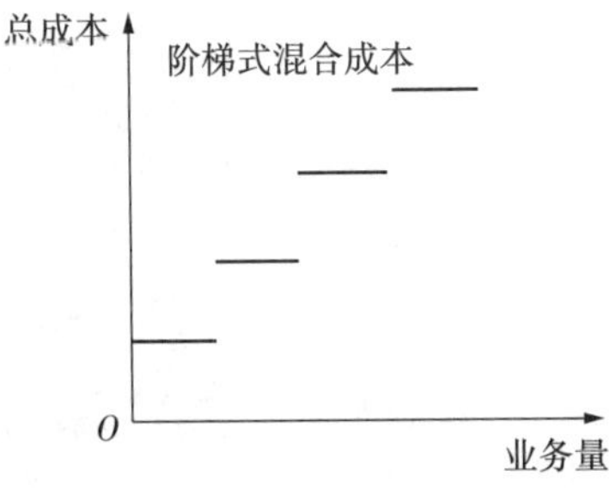

图2.9　半固定成本

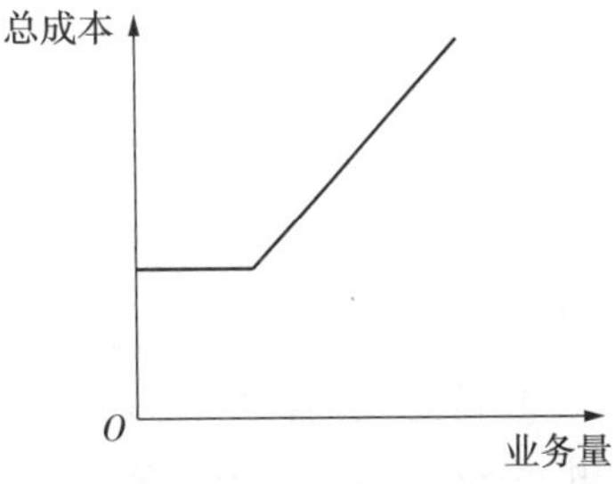

图2.10　延期变动成本

如何理解半固定成本？假设某企业生产中需用的质量检验员同产品产量有着直接的联系。根据实践经验，一个检验员最多只能检验100件产品，这样，每增加100件，就需要增加1名检验员。假定每个检验员的月工资为400元，则检验员的工资支出在不同生产水平下呈阶梯式的增长。当产量的变动范围较小时（如在0～100件），可视检验员的工资为固定成本400元。因为在这个相关产量范围内，检验员工资是固定不变的，具有固定成本的特征。若产量变动的范围在100～200件，或产量可能达到200件以上，则可视为变动成本，则产量每增加100件，变动成本增加400元。

③延期变动成本

在一定范围内成本总额不随业务增减变动，当业务量超出这一范围后，成本总额随业务量变动而成正比例变动，如图2.10所示。

如何理解延期变动成本？假设某企业有固定搬运工人10名，工资总额为5 000元；当产量超过1 000件时，就需要雇用临时工。临时工采用计件工资制，单位工资为每件1元。则该企业搬运工的工资变化特点为：在产量为1 000件以下表现为固定成本即为5 000元，超过这一产量则为变动成本，即每增加1件业务量，变动成本增加1元。

④曲线变动成本

曲线成本是指成本总额与产量之间表现为非线性关系的成本。这类成本通常有一个初始量，相当于固定成本。在这个初始量的基础上，随着产量的增长，成本也逐步增加（或减少），但两者的增减幅度并不一致，因而呈现抛物线上升或下降的趋势，分别称为递增曲线成本（见图2.11）和递减曲线成本（见图2.12）。

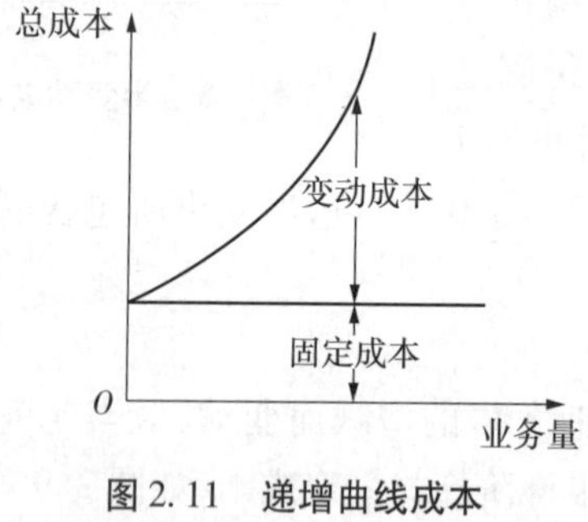

图2.11　递增曲线成本

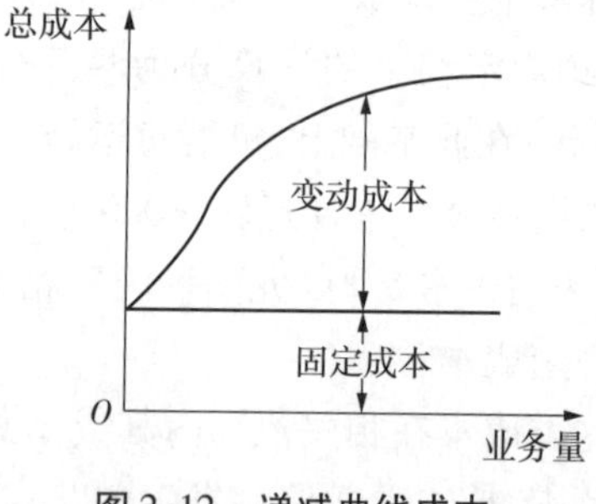

图2.12　递减曲线成本

如何理解曲线变动成本呢？假设某工厂流水线上工人工资为基本工资和计件工资两部分组成，月生产件数在100件以下只能拿到基本工资2 500元，当生产件数超过100件后，每多加工10件按每件5元计工资，多加工20件按每件8元计工资，多加工30件按每件10元计工资。该工厂工人工资就是按递增曲线成本模型变化的，即产量在100件之内为固定成本2 500元，产量大于100件后产量增加成本也增加但不是按正比例变化的，而是一个曲线趋势的变化特征。

成本按性态分类

想一想:

混合成本的分类以及不同类型的混合成本的特点是什么?

(4)成本函数一般模型

在实务中,成本模型可能是千变万化的。为了方便进行分析,通常把企业的全部成本划分为固定成本和变动成本两大类,从而建立起成本函数模型,即总成本用业务量来表示,近似地用一元线性方程来简化描述。在相关范围内,成本函数的一般模型可用公式表示如下(其中,固定成本用 a 表示,单位变动成本用 b 表示,业务量用 x 表示,成本用 y 表示):

成本函数公式

总成本 = 固定成本 + 单位变动成本 × 销售量

即:

$$y = a + bx$$

成本 = 固定成本总额 + 变动成本总额

= 固定成本总额 + (单位变动成本 × 业务量)

上述数学模型是进行混合成本分解、成本预测分析、成本决策分析和编制弹性预算的有效工具。将该数学模型标示在直角坐标图中,如图 2.13 所示。

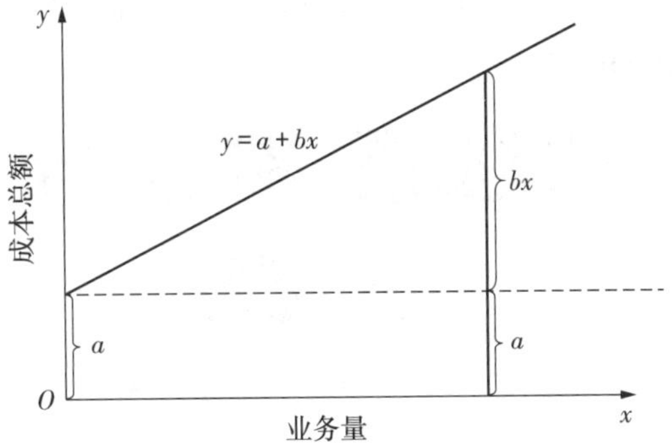

图 2.13　成本函数模型

【例 2.1】　已知客满意公司每月的固定成本为 800 000 元,单位产量变动成本为 15 元,现要求利用成本总公式进行成本预算。

解:根据成本模型可知,$y = a + bx$。

对不同的产量水平的总成本预算见表 2.3。

表 2.3　总成本预算表

产量水平 x/件	单位变动成本 b/(元·件$^{-1}$)	变动成本总额 bx/元	固定成本总额 a/元	总成本 $y=a+bx$/元
2 000	15	30 000	800 000	830 000

续表

产量水平 x/件	单位变动成本 b/(元·件$^{-1}$)	变动成本总额 bx/元	固定成本总额 a/元	总成本 $y=a+bx$/元
2 500	15	37 500	800 000	837 500
3 000	15	45 000	800 000	845 000
3 500	15	52 500	800 000	852 500

任务2　成本性态分析方法

我们在研究企业成本时,总希望把全部成本划分为固定成本和变动成本,这也是管理会计计划和控制企业活动的基础。但在实务中,大部分成本都是以混合成本的形式出现的,并不能直接区分为固定成本或变动成本。因此,需要用专门的方法把混合成本的固定成本和变动成本找出来,分别归入固定成本和变动成本两大类中,这就是成本性态分析。成本性态分析是指在明确各种成本的性态的基础上,按照一定的程序和方法,最终将全部成本区分为固定成本和变动成本两大类,并建立相应成本函数模型 $y = a + bx$ 的过程。

常用的成本性态分析如图 2. 14 所示。

图 2. 14　成本性态分析常用方法

2.2.1　历史成本分析法

历史成本法是根据企业以往若干时期的成本与业务量的相关历史资料,运用数学方法进行数据处理,以完成成本性态分析任务的一种定量分析的方法。这类方法是混合成本分解最常用的方法之一。该方法要求企业的历史资料比较齐全,成本数据和业务量资料要同期配套,有相关性。

图 2. 15　常用的历史成本分析

常用的历史成本分析法有高低点法、散布图法、回归分析法 3 种,如图 2. 15 所示。

1)高低点法

高低点法又称两点法,是指通过观察一定相关范围内的各期业务量与相关成本构成的所有坐标点,从中选出高低两点坐标,并据此来推断固定成本 a 和变动成本 b 的一种成本性态分析方法。注意:高点和低点指的是业务量的高低。

(1)高低点法步骤

①收集历史数据,找到特定时期对应的最高业务量水平和最低业务量水平及其分别对应的成本。

②计算出 b = 单位变动成本 = $\frac{\text{高低点混合成本之差}}{\text{高低点业务量之差}}$。

③将 b 代入高点或者低点方程求出 a。

④将 a 和 b 代入 $y = a + bx$,得出成本分解模型。

(2)高低点法举例

【例2.2】 客满意公司1—5月产量和每月维修费之间的关系见表2.4。

要求:用高低点法对其成本每月维修费进行成本性态分析。

表2.4 产量与维修费用表

月份	维修费/元	产量/台
1	120 000	80
2	140 000	90
3	136 000	88
4	160 000	100
5	158 000	110

解:由表2.4可知,产量最高点110台(5月)和最低点80台(1月)相应的维修成本为158 000元和120 000元。根据这两组数据,计算单位变动成本为

$$b = \frac{\text{高低点混合成本之差}}{\text{高低点业务量之差}} = \frac{158\,000\text{ 元} - 120\,000\text{ 元}}{110\text{ 台} - 80\text{ 台}} = 1\,267\text{ 元/台}$$

$$\text{每月固定成本 } a = 158\,000\text{ 元} - 1\,267\text{ 元/台} \times 110\text{ 台} = 18\,630\text{ 元}$$

则维修费成本模型为

$$y = 18\,630 + 1\,267\,x$$

技能训练1

继[例2.2],假设3月维修费为180 000元,对应产量为120台,其他条件不变,要求用高低点法对维修费进行成本性态分析。

2)散布图法

散布图法是将一定时期的混合成本历史数据,逐一在坐标图上标明以形成散布图,然后通过目测,在各个成本点之间做出一条反映成本变动平均趋势的直线,借以确定混合成本中变动成本和固定成本的方法,最终得到成本模型。

(1)散布图法的具体步骤

①标出散布点。将各期业务量和相应成本的历史资料作为点的坐标标注在坐标图上。

②画线。通过目测画一条直线,使其尽可能通过或接近所有坐标点。

③在纵坐标上读出该直线的截距值,即固定成本 a。

④在该直线上任取一点 p,假设其坐标值为(x,y),将其代入下式计算单位变动成本。

⑤ $b = \frac{y - a}{x}$。

⑥将 a 值和 b 值代入下式,建立成本性态模型 $y = a + bx$。

(2)散布图法举例

【例 2.3】 客满意公司 2017 年 1—12 月维修成本的历史数据见表 2.5,要求用散布图法确定其维修成本进行分解并建立成本性态模型。

表 2.5 维修成本数据表

月份	机器工作时数/时	维修成本/元
1	1 200	900
2	1 300	910
3	1 150	840
4	1 050	850
5	900	820
6	800	730
7	700	720
8	800	780
9	950	750
10	1 100	890
11	1 250	920
12	1 400	930

解:首先以机器工作小时数为 x 与维修成本 y 在坐标轴描点。

然后以描出来点化一条成本趋势直线,画出该成本趋势直线与 y 轴的交点为 500,则表示该成本函数的固定成本 $a = 500$ 元。

最后在直线上任取一点，如 $x = 1\ 300$，此时 $y = 910$，则 $b = \frac{y - a}{x}$ 代入后可得

$$b = \frac{910\text{ 元} - 500\text{ 元}}{1\ 300\text{ 小时}} = 0.32\text{ 元/小时}$$

据此可维修成本性态模型为：$y = 500 + 0.32x$，如图 2.16 所示。

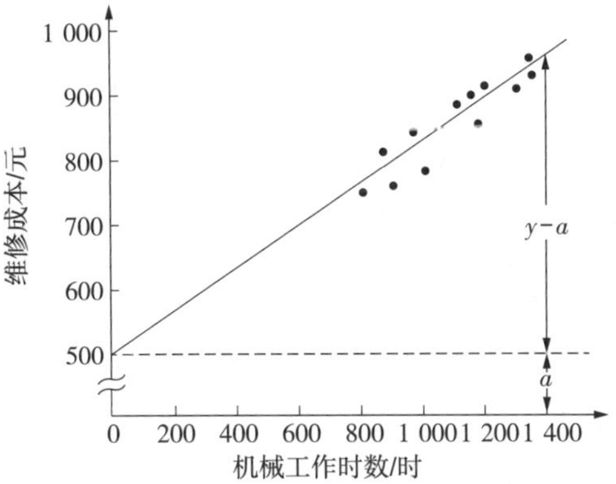

图 2.16　维修成本性态模型散布图

技能训练 2

继[例 2.3]，假设 1 月机器工作数为 1 000 小时，对应的维修成本为 850 元，12 月机器工作数为 1 500 小时，对应的维修成本为 960 元。

要求：用散布图法对维修成本进行成本性态分析。

3）**回归分析法**

上述散布图法是通过目测的方法来勾画混合成本的性态的。不同的人会勾画出不同的直线，而且很难判断出哪条直线更为准确。回归分析法则是运用数理统计中常用的最小平方法的原理，对所观察到的全部数据加以计算，从而画出最能代表平均水平的直线。

这条通过回归分析而得到的直线则称回归直线。它的截距就是固定成本，斜率就是单位变动成本。因为回归分析法可以使各观察到的数据与直线相应各点的误差的平方和实现最小化，也称最小二乘法。因此，回归分析法又称最小平方法。

（1）回归分析法公式

根据过去一定时期的业务量和成本资料，建立反映成本和业务量之间关系的回归直线方程，并据此确定成本中的固定成本和变动成本的一种成本性态分析方法。

设共有 n 期业务量 x 和成本 y 的资料，每期资料的 x，y 之间的关系可用直线方程 $y = a + bx$ 表示。根据资料求得 a，b 的值。其计算公式如下：

回归分析法中 a,b 值的计算公式

$$a=\frac{\sum y-b\sum x}{n}\qquad b=\frac{n\sum xy-\sum x\sum y}{n\sum x^2-\left(\sum x\right)^2}$$

值得注意的是:只有 x,y 呈现显著相关时(即 x,y 之间有很强的相关性)如身高和体重两个变量。一般来说,身高越高的人体重越重,即代表两者相关,这种回归分析才有意义。

(2)回归分析法的步骤

①根据历史资料列表求出 $n,\sum x,\sum y,\sum xy,\sum x^2,\sum y^2$ 的值。

②计算相关系数 r,并据此判断 x 与 y 的相关性。其计算公式如下:

回归分析法中相关系数 r 的计算公式

$$r=\frac{n\sum xy-\sum x\sum y}{\sqrt{n\sum x^2-\left(\sum x\right)^2}\sqrt{n\sum y^2-\left(\sum y\right)^2}}$$

③如果 $r=1$ 或者 $r\to 1$,则说明 x 与 y 正相关或基本正相关,存在线性关系,则根据公式可算出固定成本 a 及单位变动成本 b。

$$a=\frac{\sum y-b\sum x}{n}\qquad b=\frac{n\sum xy-\sum x\sum y}{n\sum x^2-\left(\sum x\right)^2}$$

④代入 a,b 建立成本性态模型为 $y=a+bx$ 。

(3)回归分析法举例

【例 2.4】 客满意公司销售量和销售成本资料见表 2.6,要求用回归分析法对销售成本进行成本性态分析并建立成本模型。

表 2.6 销售量(万台)与销售成本(万元)表

月份	销售量 x	销售成本 y	xy	x^2	y^2
1	6	110	660	36	12 100
2	8	115	920	64	13 255
3	4	85	340	16	7 225
4	7	105	735	49	11 025
5	9	120	1 080	81	14 400
6	5	95	475	25	9 025
合计	39	630	4 210	271	67 000

解:首先计算相关系数 r,判断销售量与销售成本间是否具有相关性。

代入相关系数公式

$$r = \frac{n\sum xy - \sum x \sum y}{\sqrt{n\sum x^2 - \left(\sum x\right)^2}\sqrt{n\sum y^2 - \left(\sum y\right)^2}}$$

可算出相关系数 $r = 0.94$。

可见销售量与销售成本间有很强的线性相关关系，则可以用回归分析法来分解混合销售成本。

再计算单位变动成本 b，固定成本 a，再代入成本回归方程：

$$b = \frac{n\sum xy - \sum x \sum y}{n\sum x^2 - \left(\sum x\right)^2}$$

$$= \frac{6\text{ 万台} \times 4\,210\text{ 万元} - 39\text{ 万台} \times 630\text{ 万元}}{6\text{ 万台} \times 271\text{ 万台} - 39^2\text{ 万台}} = 6.75\text{ 万元/万台}$$

$$a = \frac{\sum y - b\sum x}{n}$$

$$= \frac{630\text{ 万元} - 6.75\text{ 万元/万台} \times 39\text{ 万台}}{6} = 61.1\text{ 万元}$$

回归分析法的原理

则建立成本模型为

$$y = 61.1 + 6.75\,x$$

技能训练3

继[例2.4]，假设2月销售量为9万台，销售成本为112万元，6月销售量为10万台，销售成本为130万元，其他条件不变，要求用回归分析法对销售成本进行成本性态分析并建立成本模型。

4)3种历史成本法比较

3种历史成本法都是运用历史成本数据，经过适当数学方法对其进行处理，从而分解出固定成本和单位变动成本的定量分析方法，通过上述的讲解可以看出它们各自有不同的优缺点，见表2.7。

表2.7　3种历史成本法比较

3种历史成本法	优　点	缺　点
高低点法	简单易行	代表性差，结果不太准确
散布图法	考虑了全部数据，结果更可靠，形象直观	由于画直线是靠人工目测，容易出现人为误差，因此，可得到不同的固定成本和单位变动成本
回归分析法	结果更为准确科学	计算工作量大

想一想：

历史成本分析法有哪几种常用的方法？它们的适用范围是什么？

2.2.2　账户分析法

会计分析法又称账户分析法。这种方法实际上是一种定性分析法，是根据各个成本、费用账户（包括明细账户）的内容，直接判断其与业务量之间的相互变动关系，从而确定其成本性态的一种成本分析方法。换言之，账户分类法是根据各有关成本账户（包括明细账）的内容，结合其与业务量的依存关系，判断其比较接近哪一类成本，就视其为哪一类成本。例如，制造费用中的间接材料费，虽不与业务量成正比例关系，但其变动受业务量的影响较大，可视为变动成本处理；如果管理费用账户内发生额的大小在正常业务量范围内与业务量变动没有关系，或没有明显关系，那么就将管理费用全部视为固定成本。

账户分析法的优点是计算简便，且能较清楚地反映出变动成本和固定成本包含的费用项目，便于比较分析。其缺点是实际分析的工作量太大，不适合于规模较大的企业的成本性态分析；其结果主要依赖于会计人员的专业判断，不同的分析人员即使利用相同的资料进行分析，也可能产生不同的结论。

2.2.3　技术测定法

技术测定法又称工程研究法，是由工程技术人员通过测定正常生产流程中投入的成本与产出的数量之间有规律性联系的各种消耗量标准，直接估算出固定成本和单位变动成本的方法。其基本做法是把生产过程中材料、燃料、动力、工时的投入量与产出量进行对比分析，用来确定单位产量的消耗定额，并把与产量有关的部分归集为单位变动成本，把与产量无关的部分归集为固定成本。

工程研究法不仅可以对现有的生产程序进行测定，而且还可以对所有生产活动和辅助生产活动进行详细的分析，以寻求改进工作的途径，找出最经济、最有效的程序和方法，使产品制造、工作效率和资源利用达到最优的效果，而这正是工程研究法的核心内容。

1）技术测定法的优点

①确定理想的投入产出关系，企业在建立标准成本和制定预算时，使用工程研究法就具有较佳的科学性和先进性。

②它既是在缺乏历史成本数据条件下可用的、最有效的方法，也是用于检验历史成本分析结论的最佳方法。

③在建立标准成本和制定预算以后再使用该法，由于已有现成的消耗定额可以利用，因此将更方便。

2）技术测定法的缺点

①工程研究所花代价太高。因为进行技术测定分析，通常要耗用较多的人力、物力。

②由于其所依赖的投入产出关系只存在于生产过程中的直接消耗部分,因此对不能直接把成本归属于特定的投入产出的,或者不能单独进行观察的联合过程,如各种间接成本,则不能使用这种方法。

工程研究法适用于任何从客观立场进行观察的投入产出过程。除了直接材料、直接人工,还可用于办公室、装运、仓库等非制造成本的测定。

任务3 完全成本法和变动成本法

在日常核算中,成本计算主要有两个目的:一是面向外部财务报告使用者而计量的成本;二是面向企业内部管理者决策提供成本信息。由此产生了两种完全不同的成本计算方法,即完全成本法和变动成本法。换言之,财务会计主要采用完全成本法来核算成本,在管理会计中主要采用变动成本法来核算成本。

2.3.1 完全成本法概述

完全成本法也称全部成本法、归纳成本法或吸收成本法。完全成本法就是在计算产品成本和存货成本时,把一定期间内在生产过程中所消耗的直接材料、直接人工、变动制造费用和固定制造费用的全部成本都归纳到产品成本和存货成本中去。因完全成本法是将所有的制造成本,不论是固定的还是变动的,都吸收到单位产品上,故这种方法也称归纳(或吸收)成本法。在完全成本法下,单位产品成本受产量的直接影响,产量越大,单位产品成本越低,能刺激企业提高产品生产的积极性。但该法不利于成本管理和企业的短期决策。

完全成本法的理论依据为:虽然固定性制造费用只是同企业生产能力的形成有关,不与产品生产直接相联系,但它仍是产品最终形成所必不可少的,所以应当成为产品成本的组成部分。在完全成本法下,单位产品成本受产量的直接影响,产量越大,单位产品成本越低,这样就能刺激企业提高产品生产的积极性。

但采用完全成本法也有一定的局限性,用完全成本法计算出来的单位产品成本不仅不能反映生产部门的真实业绩,反而会掩盖或夸大它们的生产实绩。在产销量不平衡的情况下,采用完全成本法计算确定的当期税前利润,往往不能真实反映企业当期实际发生的费用,从而会促使企业片面追求高产量,进行盲目生产。另外,采用这种方法不便于管理者进行预测分析、参与决策以及编制弹性预算等。

2.3.2 变动成本法概述

企业管理的科学化要求会计为企业内部管理提供信息资料,以作为对经济活动进行预测、决策、计划和控制的依据,传统的全部成本核算法无法适应竞争日益加剧的市场经济。第二次世界大战后,对会计提出更高的要求,变动成本法开始在西方企业诞生,时至今日,普遍地应用于西方企业的内部管理。

将一定时期所发生的成本分为变动成本和固定成本,其中,变动成本又分为变动生产成本(即直接材料、直接人工和变动制造费用)和变动非生产成本(即变动销售及管理费用)。变动成本法也称直线成本法,是变动成本计算的简称,是指在组织常规的成本计算过程中,以成本性态分析为前提条件,只将变动生产成本作为产品成本的构成内容,而将固定生产成本和非生产成本作为期间成本,并按贡献式损益确定程序计算损益的一种成本计算模式。变动成本法是管理会计为改革财务会计的传统成本计算模式而设计的新模式。

虽然变动成本法不符合会计准则的要求,不能用于对外的财务报表,但它对企业内部的决策、管理、控制、考核都更加科学,变动成本法也广泛地运用于企业内部管理中。

2.3.3 完全成本法和变动成本法的区别

1)成本划分、构成不同

(1)成分划分不同

变动成本把企业成本划分为变动成本和固定成本两大类。完全成本把企业成本划分为生产成本和非生产成本。

(2)成本构成不同

变动成本法计算产品成本时,只包括产品生产过程直接消耗的直接材料、直接人工和变动性制造费用,而不包括固定性制造费用,所有固定成本均作为期间成本,在发生的当期全额从当期收入中扣除。完全成本法的产品成本的组成包括直接材料、直接人工和制造费用(包括变动性和固定性的制造费用)的全部。因此,采用这种方法进行成本计算,每生产一单位产品,其成本不仅应包括产品生产过程所消耗的直接材料、直接人工和变动性制造费用,也应包括一定份额的固定性制造费用。

用图示方式表示的区别如图 2.17 所示。

图 2.17 变动成本法成本构成图

【例 2.5】 客满意公司 2017 年度生产台式计算机零件 1 000 件,每件直接材料 5 元、直接人工 4 元、变动制造费用 3 元、固定制造费用全年共 15 000 元。要求分别采用变动成本法和完全成本法进行产品成本的计算。具体计算见表2.8。

表2.8　产品成本核算表

单位:元

成本项目	变动成本法		完全成本法	
	总成本	单位成本	总成本	单位成本
直接材料	5 000	5	5 000	5
直接人工	4 000	4	4 000	4
变动制造费用	3 000	3	3 000	3
固定制造费用	—	—	15 000	15
产品成本合计	12 000	12	27 000	27

由计算结果可知,如果采用变动成本法核算则单位成本为12元,固定制造费用15 000元不计入产品成本。如果采用完全成本法核算则产品单位成本为27元。

技能训练4

继[例2.5],假设每件直接材料为8元,变动制造费用为5元,固定制造费用全年共25 000元,其他条件不变,分别用变动成本法和完全成本法进行产品成本计算。

2)存货计价不同

由于两种成本计算法对产品成本有着不同的认识,因此,在确定产成品、在产品等存货成本的构成内容方面,即存货的估价方面也存在着区别。

采用完全成本计算法,各会计期间所发生的固定性制造费用同其他生产成本一样在完工产品和在产品之间进行分配(按某一预定分配率)。完工产品在销售时,全部成本还需在已销产品和未销产品之间进行分配。这样,已销产品、库存产成品、在产品均“吸收”了一定份额的固定性制造费用,既包括变动成本,也包括一部分固定性制造费用。

而在变动成本法下,存货中仅包括变动生产费用,不包括固定生产费用。因此,变动成本法下确定的存货金额要低于完全成本法下确定的存货金额。

【例2.6】　接[例2.5],假设客满意公司期末没有在产品存货,但有产成品存货500件。分别采用变动成本法和完全成本法对期末产成品存货进行估价。

解:具体计算见表2.9。

表2.9　存货成本计算

单位:元

项　目	完全成本法	变动成本法
单位成本	27	12

续表

项　目	完全成本法	变动成本法
存货数量	500	500
存货成本	13 500(27×500)	6 000(12×500)

由表2.9可知,完全成本法下存货计价为13 500元,而变动成本法下存货计价为6 000元,可见完全成本法下存货成本比变动成本法下存货成本更高些,原因是完全成本法下存货成本包括一部分固定制造费用,而变动成本法下存货成本不包括固定制造费用。

技能训练5

继[例2.6],假设产成品存货为800件,分别采用变动成本法和完全成本法对期末产成品存货估价。

3)当期损益计算不同

(1)完全成本法当期损益计算

①计算销售毛利

销售毛利 = 销售收入总额 - 销售产品生产成本总额

②计算税前净利

销售产品生产成本总额 = 期初存货成本 + 本期生产成本 - 期末存货成本

税前净利 = 销售毛利 - 期间费用(销售费用 + 管理费用 + 财务费用)

(2)变动成本法当期损益计算

①计算贡献毛益总额

贡献毛益总额 = 销售收入总额 - 变动成本总额

②计算税前净利

税前净利 = 贡献毛益总额 - 固定成本总额

表2.10为两种成本法下当期损益计算公式。

表2.10　两种成本法下当期损益计算公式比较

完全成本法下	
项　目	计算结果
销售毛利	销售收入总额 - 销售产品生产成本总额
税前净利	销售毛利 - 期间费用(销售费用 + 管理费用 + 财务费用)

续表

变动成本法下	
项　目	计算结果
贡献毛益总额	销售收入总额 - 变动成本总额
税前净利	贡献毛益总额 - 固定成本总额

4）**两种成本法下利润表编制不同**

如前所述，变动成本计算法的主要特点是产品成本中只包括变动成本，而把固定成本（固定性制造费用）当作期间成本，不把它当作产品成本的一个组成部分。固定成本发生后，全额列入利润表，作为该期销售收入的一个扣减项目，期末资产负债表上的在产品、产成品是按变动成本计价，固定成本不包括在内，而完全成本计算法，则把变动成本与固定成本都计入产品成本，使本期已销售的产品和期末在产品、产成品具有相同的成本组成。因此，在完全成本法下，利润表上的成本分为销售产品生产成本和期间成本两大类。变动成本法下，利润表上分为变动成本和固定成本两大类。

由于两种成本法下对当期损益计算公式不同，因此，两种成本法下对利润表的编制方法及流程也不一致，见表2.11。

表2.11　两种成本法下编制利润表流程

变动成本法		完全成本法	
项　目	金　额	项　目	金　额
销售收入①		销售收入①	
变动成本：		销售产品生产成本：	
变动生产成本②		期初存货成本②	
变动销售及管理费用③		本期生产成本③	
变动成本合计④=②+③		期末存货成本④	
贡献毛益总额⑤=①-④		销售产品生产成本合计⑤=②+③-④	
固定成本：		销售毛利⑥=①-⑤	
固定制造费用⑥		期间成本：	
固定销售及管理费用⑦		销售及管理费用⑦	
固定成本合计⑧=⑥+⑦			
税前净利⑨=⑤-⑧		税前净利⑧=⑥-⑦	

（1）同一年度产销平衡情况下两种成本法计算的税前净利润核算举例

【**例2.7**】　客满意公司2017年度生产和销售键盘2 000件，无期初期末存货。键盘单位售价为30元，变动成本法下计算出来的单位变动生产成本为12元，完全成本法下计算出来的单位生产成本为19.5元。固定制造费用总额为15 000元。全部固定销售及管理费用为3 000元，单位产品变动销售及管理费用为1元。分别按两种成本法编制客满意公司2017年度的利润表。

解：根据两种成本法下编制利润表的流程及方法，见表2.12。

表2.12 客满意公司两种成本法下利润表编制

单位：元

变动成本法		完全成本法	
项　目	金　额	项　目	金　额
销售收入=2 000×30	60 000	销售收入=2 000×30	60 000
变动成本：		销售产品生产成本：	
变动生产成本=2 000×12	24 000	期初存货成本=0	0
变动销售及管理费用=2 000×1	2 000	本期生产成本=19.5×2 000	39 000
变动成本合计=24 000+2 000	26 000	期末存货成本=0	0
贡献毛益总额=60 000−26 000	34 000	销售产品生产成本合计=0+39 000−0	39 000
固定成本：		销售毛利=60 000−39 000	21 000
固定制造费用	15 000	期间成本：	
固定销售及管理费用	3 000	销售及管理费用=3 000+2 000×1	5 000
固定成本合计=15 000+3 000	18 000		
税前净利=34 000−18 000	16 000	税前净利=21 000−5 000	16 000

由上述计算可知，当本期产销量平衡时，在没有期初存货和期末存货成本的情况下，两种成本法计算的税前净利是相等的。

技能训练6

继[例2.7]，假设键盘单位售价为50元，固定制造费用总额为25 000元。分别按两种成本法编制2017年度利润表。

(2)同一年度产销不平衡情况下两种成本法计算的税前净利润核算举例

【例2.8】 接[例2.7]，如果客满意公司2017年度的销售量为1 600件或2 400件，且当销量为1 600件时，期末存货成本为9 000元，当销售量为2 400件时，期初存货成本为7 000元。其他有关资料不变。分别根据两种销售量按两种成本法编制利润表。

解：根据前例的资料及本例的销售量情况按两种成本法编制利润表，见表2.13。

表 2.13　两种成本法下利润表编制

变动成本法			完全成本法		
项　目	产量>销量/件	产量<销量/件	项　目	产量>销量/件	产量<销量/件
	2 000>1 600	2 000<2 400		2 000>1 600	2 000<2 400
	金额/元	金额/元		金额/元	金额/元
销售收入①	30×1 600 =48 000	30×2 400 =72 000	销售收入①	30×1 600 =48 000	30×2 400 =72 000
变动成本：			销售产品生产成本：		
变动生产成本②	12×1 600 =19 200	12×2 400 =28 800	期初存货成本②	0	7 000
变动销售及管理费用③	1×1 600 =1 600	1×2 400 =2 400	本期生产成本③	2 000×19.5 =39 000	2 000×19.5 =39 000
变动成本合计④=②+③	19 200+1 600 =20 800	28 800+2 400 =31 200	期末存货成本④	9 000	0
贡献毛益总额⑤=①-④	48 000-20 800 =27 200	72 000-31 200 =40 800	销售产品生产成本合计⑤=②+③-④	0+39 000-9 000 =30 000	7 000+39 000-0 =46 000
固定成本：			销售毛利⑥=①-⑤	48 000-30 000 =18 000	72 000-46 000 =26 000
固定制造费用⑥	15 000	15 000	期间成本：		
固定销售及管理费用⑦	3 000	3 000	销售及管理费用⑦	3 000+1×1 600 =4 600	3 000+1×2 400 =5 400
固定成本合计⑧=⑥+⑦	15 000+3 000 =18 000	15 000+3 000 =18 000			
税前净利⑨=⑤-⑧	27 200-18 000 =9 200	40 800-18 000 =22 800	税前净利⑧=⑥-⑦	18 000-4 600 =13 400	26 000-5 400 =20 600

由上述计算可知：

①当生产量大于销售量时，按变动成本法确定的本期税前净利要小于按完全成本法确定的税前净利，其差额为 13 400 元-9 200 元=4 200 元。

②当生产量小于销售量时，按变动成本法确定的本期税前净利要大于按完全成本法确定的税前净利，其差额为 22 800 元-20 600 元=2 200 元。

变动成本法 VS 完全成本法

技能训练 7

继[例 2.8],假设客满意公司 2017 年度的销售量为 1 800 件或 2 500 件,且当销售量为 1 800 件时,期末存货成本为 8 000 元,当销售量为 2 500 件时,期初存货成本为 6 000 元。其他有关资料不变。分别根据两种销售量按两种成本法编制利润表。

想一想:

完全成本法和变动成本法在哪些方面表现出不同?造成两者这些差异的根源是什么?

5)完全成本法的优缺点

(1)完全成本法的优点

①在产量大幅度增加的情况下,采用完全成本法会使单位产品成本发生急骤变化,即尽管单位产品的原材料和人工单耗不变,但只要产量越大,单位产品固定成本就越低,单位产品成本也越低。从而鼓励企业当局重视生产环节,提高产品质量。

②符合公认的会计原则。完全成本法是从价值补偿角度计算成本的,不论是变动成本还是固定成本都计入产品成本中,反映生产过程中的全部耗费,因此符合传统的成本概念,便于编制财务报表,是财务会计核算中确定盈亏的重要依据。

③强调成本补偿上的一致性。完全成本法把固定制造费用分配到了每一单位产品。因为只要是与产品生产有关的耗费,均应从产品销售收入中得到补偿,固定制造费用也不例外。从成本补偿的角度讲,用于直接材料的成本与用于固定制造费用的支出并无区别。所以固定制造费用应与直接材料、直接人工和变动制造费用一起共同构成产品的成本。而不能人为地将它们割裂开来。因此,完全成本法可以促进企业积极扩大生产,降低单位产品的成本,提高经济效益。

图 2.18 完全成本法的优点

简单地说,完全成本法的优点如图 2.18 所示。

(2)完全成本法的缺点

①不利于成本管理

完全成本法将固定制造费用计入产品成本,给成本管理带来问题。例如,固定制造费用的分配增加了成本的计算工作量,影响成本计算的及时性和准确性。另外,产品成本中变动成本和固定成本的划分,使成本控制工作变得复杂。

②不利于企业的短期决策

因为在产品单价、单位变动成本和固定成本总额不变时，其利润的变化理应同销售量的变化同向。但是按完全成本法计算，利润的多少和销售量的增减不能保持相应的比例，因而不易被人们理解，不利于短期决策、控制和分析工作，甚至会片面追求产量。

简单地说，完全成本法的缺点如图 2. 19 所示。

图 2. 19　完全成本法的缺点

6）**变动成本法的优缺点**

(1）变动成本法的优点

①营业利润随销售量的增加或减少而升降，这是企业经理人员所想要的会计信息。

②便于进行本—量—利分析，有利于销售预测。变动成本法的基本理论和程序揭示了成本、业务量、利润之间的内在关系。

③有利于促使企业管理者重视销售，防止盲目生产。

④有利于短期经营决策。

⑤有利于编制弹性预算。弹性预算实际上是根据变动成本法的原理编制的，在企业采取以销定产，可以随业务量的变化而机动地调整，具有弹性。

⑥有利于成本控制和业绩考核。

简单地说，变动成本法的优点如图 2. 20 所示。

图 2. 20　变动成本法的优点

(2）变动成本法的缺点

①变动成本法不是非常精确的计算方法。

②变动成本法不符合传统成本概念的要求。

③变动成本法不能适应长期经济决策和定价决策的需要。

④变动成本法会影响有关方面当期的利益。

简单地说，变动成本法的缺点如图 2. 21 所示。

图 2.21　变动成本法的缺点

7)完全成本法和变动成本法结合运用

由于完全成本法和变动成本法都有自己的优缺点,因此在日常业务核算实务中,常常两者方法结合起来综合运用。在实务中,一般日常核算采用完全成本法,以满足对外报告的需要,期末对需要按变动成本法反映的有关项目进行调整,以满足企业内部管理者的需要。

(1)日常核算以完全成本法为主,变动成本法为辅

既能满足企业对外报送财务报告的需要,又能提供变动成本法所需的变动成本及贡献毛益等数据,便于企业进行预测、决策、考核、评价及管理。

(2)设置适应变动成本法下所需要的账户

设置"变动生产成本""固定生产成本""变动制造费用""固定制造费用"等变动成本法下所需的账户科目,来满足企业内部经营管理的需要。其他账户仍按会计准则进行设置。

简单地说,可以用图示来表示两者结合运用的思路,如图 2.22 所示。

变动成本法 VS 完全成本法

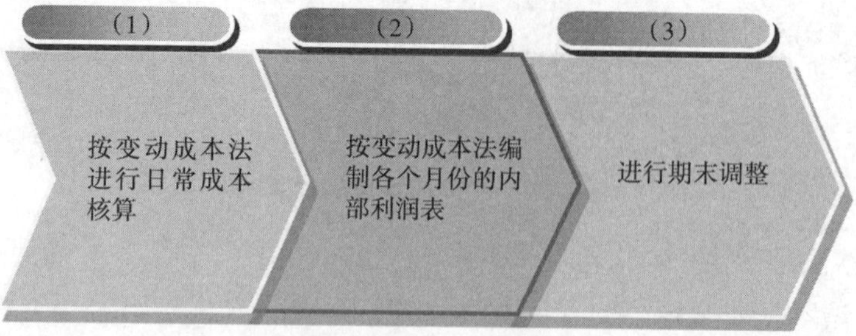

图 2.22　完全成本法和变动成本法结合运用

【同步训练】

一、单项选择题

1. 下列各项中,能构成变动成本法产品成本内容的是(　　)。
A. 变动成本　　B. 固定成本
C. 生产成本　　D. 变动生产成本

2. 在变动成本法下,固定性制造费用应当列作(　　)。
A. 非生产成本　　B. 期间成本
C. 产品成本　　D. 直接成本

3. 下列费用中属于酌量型固定成本的是(　　)。
A. 房屋及设备租金　　B. 技术研发费
C. 行政管理人员的薪金　　D. 不动产税金

4. 若本期完全成本法计算下的利润小于变动成本法计算下的利润,则(　　)。
A. 本期生产量大于本期销售量　　B. 本期生产量等于本期销售量
C. 期末存货量大于期初存货量　　D. 期末存货量小于期初存货量

5. 在相同成本原始资料的条件下,变动成本法计算下的单位产品成本比完全成本法计算下的单位产品成本(　　)。
A. 相同　　B. 大
C. 小　　D. 无法确定

二、多项选择题

1. 变动成本法下,产品成本包括(　　)。
A. 变动管理费用　　B. 变动销售费用
C. 变动制造费用　　D. 直接材料
E. 直接人工

2. 在变动成本下,期间成本通常包括(　　)。
A. 间接人工费　　B. 间接材料费
C. 固定性制造费用　　D. 管理费用
E. 销售费用

3. 在完全成本法下,期间费用应当包括(　　)。
A. 制造费用　　B. 变动性制造费用
C. 固定性制造费用　　D. 销售费用
E. 管理费用

4. 完全成本法与变动成本法的区别在于(　　)。

A. 应用的前提条件不同　　B. 产品成本构成内容不同
C. 对固定成本的认识与处理方法不同　　D. 常用的销货成本计算公式不同
E. 损益计算程序不同

5. 下列项目中,不会导致完全成本法和变动成本法确定的分期损益不同的是(　　)。
A. 直接材料　　B. 管理费用
C. 财务费用　　D. 销售费用
E. 固定性制造费用

三、判断题

1. 我国的制造成本法实际上就是西方的完全成本法。(　　)
2. 按变动成本法的解释,期间成本中只包括固定成本。(　　)
3. 变动成本法的理论前提是产品成本只应该包括变动生产成本,固定生产成本必须作为期间成本处理。(　　)
4. 当存货量不为零时,按变动成本法确定的存货成本必然小于完全成本法下的存货成本。(　　)
5. 在相关范围内,不论各期产量是否相等,只要销售量相等,其按完全成本法计算的各期税前利润都相等。(　　)

四、计算题

1. 已知某公司从事单一产品生产,连续3年销售量均为1 000件,而3年的产量分别为1 000件、1 200件和800件。单位产品售价为200元,管理费用与销售费用均为固定成本,两项费用各年总额均为50 000元,单位产品变动生产成本为90元,固定性制造费用为20 000元。要求:

(1)不考虑税金,分别采用变动成本法和完全成本法计算各年营业利润。

(2)根据(1)的计算结果,简单分析完全成本法与变动成本法对损益计算的影响。

2. 假定某企业只产销一种产品,其有关资料如下:生产量2 000件,销售量1 800件,期初存货0件,边际贡献率60%,原材料6 000元,计件工资4 000元,其他变动性制造费用每件0.4元,固定性制造费用总额2 000元,变动性销售与管理费用每件0.2元,固定性销售与管理费用总额为300元。

要求:

(1)根据给定的边际贡献率确定售价。

(2)用两种方法计算单位产品成本。

(3)用两种成本法编制损益表。

(4)说明两种成本法计算的营业利润不同的原因。

项目2　同步训练答案

项目3
本量利分析

【知识结构】

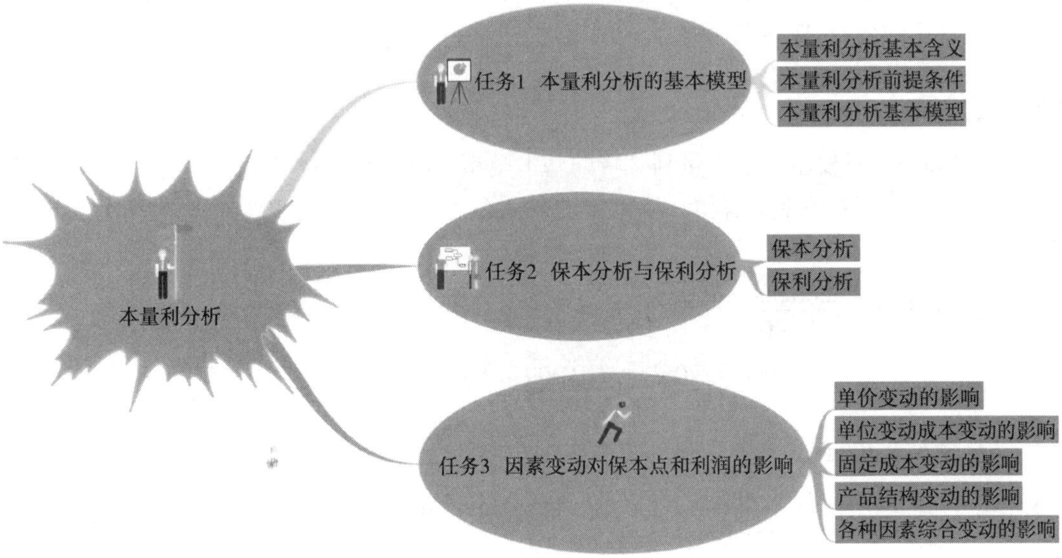

【知识目标】

1. 了解本量利分析的假定。
2. 理解本量利分析的基本原理。
3. 掌握保本点、保利点的计算方法及各因素变动的影响。

【能力目标】

1. 能进行保本点分析。
2. 能进行保利点分析。

【情境案例】

某公司2017年利润表如下：销售收入（1 000件）60万元，销售成本40万元，销售及管理费用22万元，利润-2万元。财务部门对相关成本进行了成本特性分析，销售成本中70%为变动成本，30%为固定成本；销售及管理费用中60%为变动成本，40%为固定成本。

要求：

1. 计算该公司保本点的销售量和销售额。

2. 财务部经理提出一个改进盈利能力的方案：对原材料质量要改进，投入的费用为每件0.6元，销售价格每件增加0.6元，销售量估计可增加32%，该方案对企业盈利能力的影响如何？该公司新的保本点的销售量和销售额是多少？

3. 企业的销售经理认为，增加销售量的有效途径是加大广告费用的投入，他建议销售佣金每件增加0.2元，广告费用增加1.8万元。这些措施到位估计销售量可增加25%。销售部经理的方案对企业的影响如何？新的保本点的销售量和销售额是多少？

4. 根据你的分析，应该采用哪个方案？

【情境分析】

上面的问题，只要掌握了本量利分析的基本模型，根据成本、业务量和利润的关系，计算出公司不同条件下的息税前利润，就可以比较方案的优劣。下面将学习这些相关知识的应用。

（1）$$单位售价 = \frac{600\ 000}{1\ 000}元 = 600元$$

$$单位变动成本 = \frac{400\ 000 \times 70\% + 220\ 000 \times 60\%}{1\ 000}元 = 412元$$

$$固定成本 = 400\ 000 \times 30\%元 + 220\ 000 \times 40\%元 = 208\ 000元$$

$$保本点销售量 = \frac{208\ 000}{600 - 412}件 = 1\ 106.38件 \approx 1\ 107件$$

$$保本点销售额 = 1\ 107 \times 600元 = 664\ 200元$$

（2）$利润 = [(600 + 0.6) - (412 + 0.6)] \times 1\ 000 \times (1 + 32\%)元 - 208\ 000元 = 40\ 160元$

利润增加：$40\ 160元 - (-20\ 000)元 = 60\ 160元$

因为固定成本和单位边际贡献不变，所以盈亏平衡点的销售量依然是1 107件。

$销售额 = 1\ 107 \times (600 + 0.6)元 = 664\ 864.2元$

（3）$利润 = [600 - (412 + 0.2)] \times 1\ 000 \times (1 + 25\%)元 - (208\ 000 + 18\ 000)元 = 8\ 750元$

利润增加：$8\ 750元 - (-2\ 000)元 = 10\ 750元$

本量利分析

$$保本点销售量 = \frac{208\,000 + 18\,000}{600 - (412 + 0.2)} 件 = 1\,203.41 件 \approx 1\,204 件$$

保本点销售额 = 1 204 × 600 元 = 722 400 元

(4)财务经理提出的方案净增利润大,因此他的方案好一些。

任务1 本量利分析的基本模型

3.1.1 本量利分析的基本含义

本量利分析是成本—业务量—利润三者相互关系分析的简称,也称 CVP 分析。该分析是在变动成本法的基础上,以数学模型与图形来揭示固定成本、变动成本、销售单价、销售量、利润等因素的内在关系,为企业预测、决策、控制提供必要财务信息的一种分析方法。

本量利分析是管理会计的基本分析方法之一,其应用十分广泛。它的原理可用于保本、保利条件下销售量和销售额的预测、生产决策、经营风险分析、全面预算、成本控制和责任会计等。

3.1.2 本量利分析的前提条件

运用本量利分析必须要满足一些前提假设条件,如图 3.1 所示。

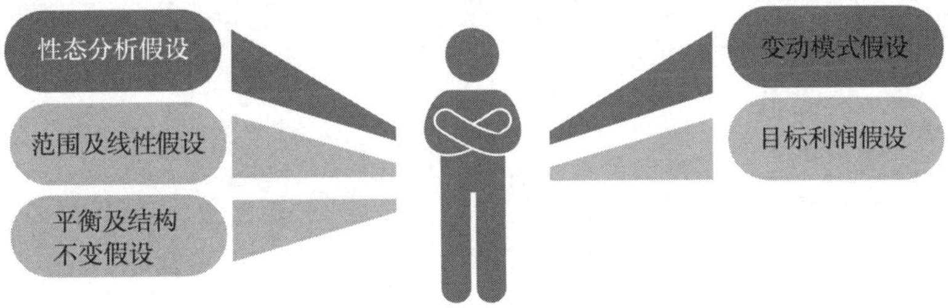

图 3.1 本量利分析前提条件

1)性态分析假设

假定本量利分析所涉及的成本费用已按成本性态划分为变动成本和固定成本两类。

2)范围及线性假设

假定在一定时期内,业务量总是在保持成本水平和售价水平不变的范围内变化,成本函数表现为线性方程 $y = a + bx$,销售收入也是直线方程。

3)平衡及结构不变假设

假定企业各时期生产的产品在市场上都可以找到销路,能够实现产销平衡。

对生产多种产品的企业,在产销总量(以价值形式表示)发生变化时,假定其各种产品的销售额在全部产品销售总额中所占的比重不变。

4)变动模式假设

假定产品的成本是按变动成本法计算的,即产品成本中只包括变动生产成本,所有的固定成本均作为期间费用处理。

5)目标利润假设

利润是本量利分析中的一个重要指标。我国财务会计中所涉及的利润指标主要有营业利润、利润总额和净利润3个。因为营业利润与成本、业务量的关系最密切,所以在本书的本量利分析中,除特殊说明外,利润指标是指营业利润。

3.1.3 本量利分析的基本公式

1)本量利的基本公式

在本量利分析假定的前提条件下,本量利分析涉及的相关因素包括销售单价、单位变动成本、销售量、固定成本总额、利润等。这些因素之间的关系可表述为:

本量利分析相关公式

利润=销售收入-总成本

=销售收入-(固定成本+变动成本)

=销售单价×销售量-单位变动成本×销售量-固定成本

=(销售单价-单位变动成本)×销售量-固定成本

2)边际贡献及指标的计算

(1)边际贡献的表现形式

边际贡献是指产品的销售收入与变动成本之间的差额,也称贡献毛益、边际利润。它除了用这种总量指标表示外,还有单位边际贡献和边际贡献率。其中,单位边际贡献是指产品的销售单价与单位变动成本之间的差额,边际贡献率是指边际贡献占销售收入的比重。

(2)边际贡献指标的计算

边际贡献总额=销售收入总额-变动成本总额

=单价×销售量-单位变动成本×销售量

$$=（单价 - 单位变动成本）\times 销售量$$

$$单位边际贡献 = 单价 - 单位变动成本$$

$$边际贡献率 = \frac{边际贡献总额}{销售收入} \times 100\% = \frac{单位边际贡献}{单价} \times 100\%$$

由此，可将本量利关系式变形为

$$利润 = 边际贡献 - 固定成本 = 单位边际贡献 \times 销售量 - 固定成本$$

虽然边际贡献不是企业的营业利润，但它与企业营业利润的形成有密切的关系。因为边际贡献首先用于补偿企业的固定成本，只有当它补偿固定成本后还有剩余时，企业才会盈利，所以边际贡献是一个反映盈利能力的指标。

(3)变动成本率

与边际贡献相关的指标是变动成本率。它是指变动成本占销售收入的百分比。其计算公式为

$$变动成本率 = \frac{变动成本}{销售收入} \times 100\% = \frac{单位变动成本}{单价} \times 100\%$$

可知，边际贡献率 + 变动成本率 = 1。

边际贡献率和变动成本率属于互补性质，变动成本率越高，边际贡献率越低、盈利能力越小；反之，变动成本率越低，边际贡献率越高，盈利能力越强。

以上指标和计算公式，在管理会计中应用十分广泛，因此，必须在理解的基础上熟练掌握，以便灵活运用。

3)边际贡献及相关指标计算举例

【例3.1】 客满意公司2017年只生产A产品，单价为10元/件，单位变动成本为6元/件，全年固定成本为30 000元，当年生产量为11 500件。计算边际贡献指标、变动成本率、利润。

解：

$$单位边际贡献 = 10元/件 - 6元/件 = 4元/件$$

$$边际贡献总额 = 4元/件 \times 11\,500件 = 46\,000元$$

$$边际贡献率 = \frac{4元/件}{10元/件} \times 100\% = 40\%$$

$$变动成本率 = 1 - 40\% = 60\%$$

$$利润 = 46\,000元 - 30\,000元 = 16\,000元$$

技能训练8

某公司2017年生产B产品，预计单价为25元，单位变动成本为20元，固定成本总额为350 000元，当年生产量为40 000件。

要求：计算边际贡献指标、变动成本率、利润。

任务2 保本分析与保利分析

3.2.1 保本分析

1)保本的基本概念

保本是指企业在一定时期内不盈不亏、利润为零的状态。此时,企业经营所得的销售收入刚好等于销售成本。保本分析就是研究企业恰好处于保本状态时本量利关系的一种定量分析方法,又称盈亏临界分析。保本分析的主要内容是确定保本点。保本点是指企业处于保本状态时的销售量或销售额。企业销售量或销售额超过这一点,企业就有盈利;反之,企业就会发生亏损。

2)单一品种的保本分析

在单一品种条件下,确定保本点的方法主要有图解法和公式法两种,如图3.2所示。

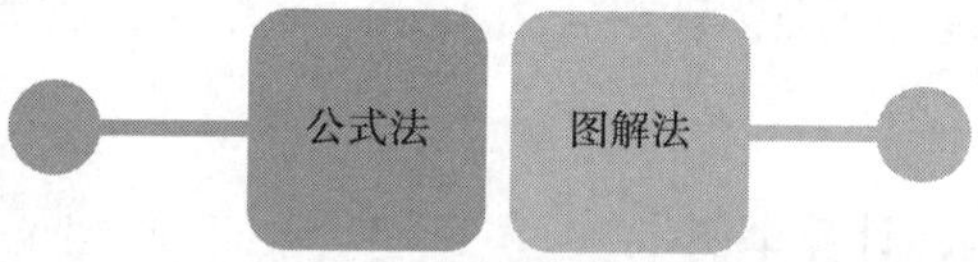

图3.2 单一品种保本分析方法

(1)公式法

公式法是指根据保本点的含义和本量利基本模型来确定保本点的一种方法。其原理是:当利润为零时,企业恰好保本。

根据本量利基本模型,得

$$\begin{aligned}\text{利润} &= \text{销售收入} - \text{变动成本总额} - \text{固定成本}\\ &= (\text{单价} - \text{单位变动成本}) \times \text{销售量} - \text{固定成本}\end{aligned}$$

$$\text{保本点销售量} = \frac{\text{固定成本}}{\text{单价} - \text{单位变动成本}} = \frac{\text{固定成本}}{\text{边际贡献}}$$

$$\text{保本点销售额} = \text{保本点销售量} \times \text{单价} = \frac{\text{固定成本}}{\text{边际贡献率}} = \frac{\text{固定成本}}{1 - \text{变动成本率}}$$

【例3.2】 客满意公司2017年生产A产品,预计单价为20元,单位变动成本为12元,固定成本总额为20 000元,计划产销量为3 000件。

要求:计算A产品的保本销售量和保本销售额。

解:

$$\text{保本销售量} = \frac{20\ 000\ \text{元}}{20\ \text{元/件} - 12\ \text{元/件}} = 2\ 500\ \text{件}$$

$$保本销售额 = 2\,500 件 \times 20 元/件 = 50\,000 元$$

$$利润 = (20 - 12) \times 3\,000 元 - 20\,000 元 = 4\,000 元$$

技能训练9

某公司2017年生产B产品,预计单价为25元,单位变动成本为20元,固定成本总额为350 000元,计划产销量为40 000件。

要求:计算B产品的保本销售量及保本销售额。

(2)图解法

图解法是指通过绘制保本图来确定保本点位置的一种方法。这种方法的原理是当总收入等于总成本时,企业恰好保本。在平面直角坐标系上画出销售收入线和总成本线,其交点就是保本点,据此可以读出保本量和保本额的数值。具体作图步骤如下:

①建立平面直角坐标系,以横轴代表销量,纵轴代表金额。

②以销售单价户为斜率,过原点 O 在坐标图上画出销售收入线 $y = px$。

③以固定成本总额 a 为截距,以单位变动成本 b 为斜率,画出总成本线 $y = a + bx$。

若销售单价 p 大于单位变动成本 b,则销售收入线与总成本线必有交点(x_0,y),该点为保本点 BEP。其中,x_0 为保本量的值,y 为保本额的值(见图3.3),则:

$$销售收入线\ y = px$$

$$总成本线\ y = a + bx$$

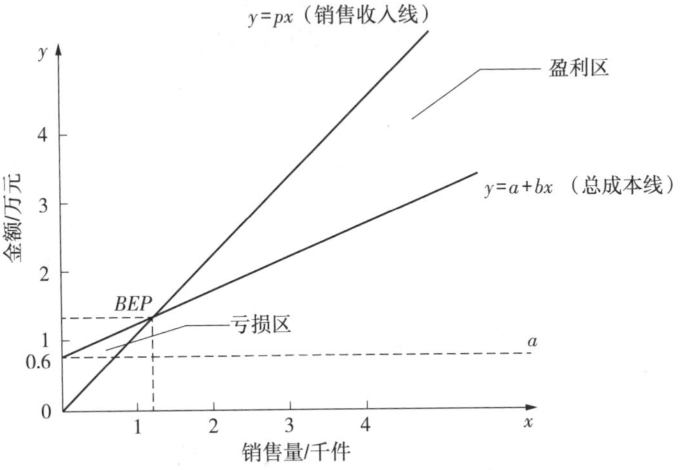

图3.3 保本图

这种方法的特点是直观、形象,容易理解,但不够精确。

3)多种产品的保本分析

当企业生产销售多种产品时,不同产品的实物量不能相加,只能以保本销售额反映企业所处的保本状态。

多种产品保本点的确定,可以采用综合边际贡献率法、分算法等。这里只介绍综合边际贡献率法。

综合边际贡献率法又称加权边际贡献率法,是指在掌握每种产品的边际贡献率的基础上,以各种产品销售额占全部产品销售额的比重为权数对其进行加权平均,据以确定企业的综合边际贡献率,进而计算多品种条件下保本额的一种方法。其具体步骤如下:

(1)计算各种产品的边际贡献率

$$边际贡献率 = \frac{单位边际贡献}{单价}$$

(2)计算各种产品的销售额比重

$$某种产品的销售比重 = \frac{各产品销售额}{产品销售总额} \times 100\%$$

(3)计算综合边际贡献率

$$综合边际贡献率 = \sum(某种产品边际贡献率 \times 该产品的销售额比重)$$

(4)计算多品种保本销售额

$$多品种保本销售额 = \frac{固定成本}{综合边际贡献率}$$

(5)计算各品种保本销售额

$$某产品保本额 = 综合边际贡献率 \times 该产品的销售比重$$

(6)计算某种产品保本销售量

$$某产品保本量 = \frac{某产品保本额}{该产品的单价}$$

【例 3.3】 客满意公司 2017 年的固定成本总额为 30 000 元,同时生产 A,B,C 3 种产品,有关资料见表 3.1。

表 3.1 某企业产品相关资料

产　品	销售量/件	单价/(元·件$^{-1}$)	单位变动成本/(元·件$^{-1}$)	销售收入/元	单位边际贡献/(元·件$^{-1}$)	单位边际贡献率/%
A	10 000	10	8.5	100 000	1.5	15
B	1 000	50	25	50 000	25	50
C	2 500	20	16	50 000	4	20
合　计	—	—	—	200 000	—	—

要求:计算该企业当年综合保本销售额及各产品保本销售额、保本销售量。

解:

$$A\ 产品的销售比重 = \frac{100\ 000\ 元}{200\ 000\ 元} \times 100\% = 50\%$$

$$B\ 产品的销售比重 = \frac{50\ 000\ 元}{200\ 000\ 元} \times 100\% = 25\%$$

$$\text{C产品的销售比重}=\frac{50\ 000\ \text{元}}{200\ 000\ \text{元}}\times 100\%=25\%$$

$$\text{综合边际贡献率}=15\%\times 50\%+50\%\times 25\%+20\%\times 25\%=25\%$$

$$\text{综合保本销售额}=\frac{30\ 000\ \text{元}}{25\%}=120\ 000\ \text{元}$$

$$\text{A产品保本销售额}=120\ 000\ \text{元}\times 50\%=60\ 000\ \text{元}$$

$$\text{A产品保本销售量}=\frac{60\ 000\ \text{元}}{10\ \text{元/件}}=6\ 000\ \text{件}$$

$$\text{B产品保本销售额}=120\ 000\ \text{元}\times 25\%=30\ 000\ \text{元}$$

$$\text{B产品保本销售量}=\frac{30\ 000\ \text{元}}{50\ \text{元/件}}=600\ \text{件}$$

$$\text{C产品保本销售额}=120\ 000\ \text{元}\times 25\%=30\ 000\ \text{元}$$

$$\text{C产品保本销售量}=\frac{30\ 000\ \text{元}}{20\ \text{元/件}}=1\ 500\ \text{件}$$

技能训练10

某公司生产甲、乙、丙3种产品，有关资料见表3.2。

表3.2

项　目	A产品	B产品	C产品
预计销售量/件	5 000	4 000	2 000
单价/元	20	10	15
单位变动成本/元	15	6	12
固定成本/元	25 000		

要求：采用综合边际贡献率法计算3种产品的保本销售量及保本销售额。

4）企业经营安全程度评价

（1）安全边际与安全边际率

①安全边际（绝对量指标）

安全边际是以绝对数的形式评价企业经营安全程度的一项指标，是实际或预计的销售业务量（包括销售量和销售额两种形式）与保本业务量（包括保本量和保本额两种形式）之差。它反映企业在一定条件下实际经营水平与保本销售水平的距离。该数值越大，说明企业经营安全程度越高；反之，说明企业经营越危险。

安全边际包括安全边际量和安全边际额。

其计算公式如下：

安全边际计算公式

安全边际量 = 实际或预计销售量 - 保本点销售量

安全边际额 = 实际或预计销售额 - 保本点销售额

②安全边际率(相对量指标)

安全边际率是以相对数的形式评价企业经营安全程度的一项指标,是安全边际量(额)与实际或预计的销售业务量(额)之比。安全边际率越大,说明企业经营越安全;反之,说明企业经营安全性越差,发生亏损的可能性越大。

其计算公式如下:

安全边际率计算公式

$$安全边际率 = \frac{安全边际量(额)}{实际或预计销售量(额)} \times 100\%$$

评价企业经营安全程度的一般标准见表 3.3。

表 3.3 企业经营安全性评价标准

安全边际率	10% 以下	10% ~20%	20% ~30%	30% ~40%
安全程度	危险	值得注意	较安全	安全

【例 3.4】 承[例 3.2]资料。

要求:计算安全边际指标并对企业经营安全性进行评价。

解:(1)计算安全边际指标

安全边际量 = 3 000 件 - 2 500 件 = 500 件

安全边际额 = 60 000 元 - 50 000 元 = 10 000 元

$$安全边际率 = \frac{500\ 件}{3\ 000\ 件} \times 100\% = 16.67\%$$

(2)企业经营安全性评价

通过查表 2.3 得知,安全边际在 10% ~20%,企业经营状况是值得注意。

(3)保本作业率

保本作业率又称危险率,是指保本销售量(额)占实际或预计销售量(额)的百分比。其计算公式如下:

保本作业率计算公式

$$保本点作业率 = \frac{保本销售量(额)}{实际或预计销售量(额)} \times 100\%$$

保本作业率是评价企业经营安全程度的一项反指标，指标数值越小，说明企业经营安全程度越高。

安全边际率与保本作业率的关系为：

$$安全边际率 + 保本作业率 = 1$$

【例3.5】 依据[例3.2]的资料。

要求：计算该企业保本作业率。

解：

$$保本作业率 = \frac{2\ 500\ 件}{3\ 000\ 件} \times 100\% = 83.33\%$$

或

$$保本作业率 = 1 - 16.67\% = 83.33\%$$

技能训练11

承[技能训练9]资料。

要求：计算该企业保本作业率。

3.2.2 保利分析

1)保利分析的含义

保本分析是利润为零条件下的本量利分析，它是本量利分析的特殊形态。任何企业都是追求盈利的，不能实现盈利是不正常的。只有在考虑盈利存在的条件下，分析成本、业务量和利润之间的依存关系，才更具有现实意义。

保利分析是在保本分析的基础上，研究企业实现目标利润时本量利关系的一种分析方法。保利分析的主要内容是确定保利点。

2)单一品种保利点的确定

(1)保利点的含义

保利点是指在单价和成本水平确定的情况下，为确保实现目标利润而应达到的销售量和销售额。

(2)保利点的计算

根据本量利基本模型，得

$$利润=(单价-单位变动成本)\times销售量-固定成本$$

所以

实现目标利润的销售量和销售额计算公式

$$实现目标利润的销售量=\frac{固定成本+目标利润}{单价-单位变动成本}$$

$$= \frac{固定成本 + 目标利润}{单位边际贡献}$$

$$实现目标利润的销售额 = 单价 \times 实现目标利润的销售量$$

$$= \frac{固定成本 + 目标利润}{边际贡献率}$$

【例 3.6】 依据[例 3.2]的资料，假设 2017 年目标利润为 50 000 元，价格和成本保持水平不变。

要求：计算该企业保利销售量和保利销售额。

解：

$$保利销售量 = \frac{20\ 000\ 元 + 50\ 000\ 元}{20\ 元/件 - 12\ 元/件} = 8\ 750\ 件$$

$$保利销售额 = 8\ 750\ 件 \times 20\ 元/件 = 175\ 000\ 元$$

想一想：

上例中的目标利润是指缴纳所得税前的利润，即税前利润。如果企业的目标利润是税后利润，其他条件不变，上述公式如何变化？

技能训练 12

某公司计划期经营 A 产品，预计单价为 60 元/件，单位变动成本为 20 元/件，固定成本总额为 148 000 元，计划期目标利润为税后利润 132 000 元（所得税税率为 25%）。

要求：计算实现目标利润的销售量和销售额。

3）多品种保利点的确定

多品种保利点的分析主要介绍综合边际贡献率法。根据保利点的含义和本量利分析的基本公式，则多品种保利点的计算公式如下：

多品种保利点计算公式

$$综合保利额 = \frac{固定成本 + 目标利润}{综合边际贡献率}$$

$$各种产品保利额 = 综合保利额 \times 该产品销售比重$$

【例 3.7】 依据[例 3.3]的资料，2017 年目标利润为 30 000 元，价格和成本保持水平不变。

要求：计算该企业当年综合保利销售额及各产品保利销售额、保利销售量。

解：

$$综合保利销售额 = \frac{30\ 000\ 元 + 30\ 000\ 元}{25\%} = 240\ 000\ 元$$

$$A产品保利销售额 = 240\,000元 \times 50\% = 120\,000元$$

$$A产品保利销售量 = \frac{120\,000元}{10元/件} = 12\,000件$$

$$B产品保利销售额 = 240\,000元 \times 25\% = 60\,000元$$

$$B产品保利销售量 = \frac{60\,000元}{50元/件} = 1\,200件$$

$$C产品保利销售额 = 240\,000元 \times 25\% = 60\,000元$$

$$C产品保利销售量 = \frac{60\,000元}{20元/件} = 3\,000件$$

技能训练 13

承[技能训练10]的资料,假设目标利润为53 000元。

要求:计算该企业当年综合保利销售额及各产品保利销售额、保利销售量。

任务3 因素变动对保本点和利润的影响

前面有关保本分析和保利分析的前提是:假定销售单价、单位变动成本、固定成本总额、产品销售结构等均未发生变化,但实际上这种静态平衡是不可能维持长久的。下面讨论有关因素变动对相关指标的影响,以便掌握其中的规律,用于指导实践。因素变动对保本点和利润的影响,如图3.4所示。

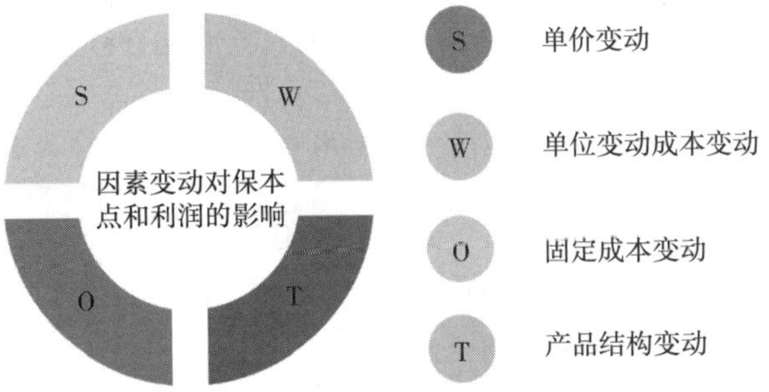

图3.4 因素变动对保本点和利润的影响

3.3.1 单价变动的影响

在其他因素不变时,单价的增减与保本点的升降呈反向变动,与利润的升降呈正向变动,即提高销售单价,盈利增加,保本点会降低;反之,单价降低,盈利减少,保本点升高。

【例 3.8】 用[例 3.2]所提供的数据,假定产品的单价上涨 10%,计算销售单价变动后的保本点和保利点。

解:$$销售单价变动后的保本量 = \frac{20\,000 元}{20 元/件 \times (1+10\%) - 12 元/件} = 2\,000 件$$

$$销售单价变动后的保本额 = 2\,000 件 \times 20 元/件 \times (1+10\%) = 44\,000 元$$

$$销售单价变动后的保利量 = \frac{20\,000 元 + 50\,000 元}{20 元/件 \times (1+10\%) - 12 元/件} = 7\,000 件$$

$$销售单价变动后的保利额 = 7\,000 件 \times 20 元/件 \times (1+10\%) = 154\,000 元$$

技能训练 14

承[技能训练 9]的资料,假定产品单价下降 5%,其他条件不变。

要求:计算销售单价变动后的保本点和保利点。

3.3.2 单位变动成本变动的影响

单位变动成本的变动会引起边际贡献和边际贡献率向相反方向变动,因而会使得保本点和保利点的变动方向正好与单位变动成本的变动方向一致。当单位变动成本上升时,会提高保本点和保利点,使得经营状况向不利的方向发展。而当单位变动成本下降时,情况刚好相反。

【例 3.9】 用[例 3.2]所提供的数据,假定产品的单位变动成本下降 2 元(由 12 元下降到 10 元),计算单位变动成本单独变动后的保本点和保利点。

解:$$单位变动成本变动后的保本量 = \frac{20\,000 元}{20 元/件 - 10 元/件} = 2\,000 件$$

$$单位变动成本变动后的保本额 = 2\,000 件 \times 20 元/件 = 40\,000 元$$

$$单位变动成本变动后的保利量 = \frac{20\,000 元 + 50\,000 元}{20 元/件 - 10 元/件} = 7\,000 件$$

$$单位变动成本变动后的保利额 = 7\,000 件 \times 20 元/件 = 140\,000 元$$

技能训练 15

承[技能训练 9]资料,假定产品单位成本上升 5%,其他条件不变。

要求:计算变动后的保本点和保利点。

3.3.3 固定成本变动的影响

固定成本单独变动会改变保本点和保利点。固定成本增加会提高保本点和保利点,使企业的经营状况向不利的方向发展;而当固定成本降低时,情况则会相反。

【例 3.10】 用[例 3.2]所提供的数据,假定产品的固定成本降低了 10 000 元

（由20 000元降到10 000元），计算固定成本单独变动后的保本点和保利点。

解：

$$固定成本变动后的保本量 = \frac{10\ 000\ 元}{20\ 元/件 - 10\ 元/件} = 1\ 000\ 件$$

$$固定成本变动后的保本额 = 1\ 000\ 件 \times 20\ 元/件 = 20\ 000\ 元$$

$$固定成本变动后的保利量 = \frac{10\ 000\ 元 + 50\ 000\ 元}{20\ 元/件 - 10\ 元/件} = 6\ 000\ 件$$

$$固定成本变动后的保利额 = 6\ 000\ 件 \times 20\ 元/件 = 120\ 000\ 元$$

技能训练16

承[技能训练9]资料，假定产品的固定成本上升5%，其他条件不变。

要求：计算变动后的保本点和保利点。

3.3.4　产品结构变动的影响

当企业生产多种产品时，由于各种产品的边际贡献率不一样，因此，产品结构的变动必然要对整个企业的保本点和保利点产生影响。一般来说，边际贡献率高的产品的销售比重上升，边际贡献率低的产品的销售比重下降，则加权平均边际贡献率提高，综合保本销售额也就随之下降；反之，边际贡献率低的产品的销售比重上升，边际贡献率高的产品的销售比重下降，则加权平均边际贡献率下降，综合保本销售额也就随之上升。

【例3.11】　某公司生产经营A，B，C 3种产品，单价分别为20元、24元、25元，单位变动成本分别为11元、18元、20元，全年固定成本总额34 000元。预计3种产品的销售量分别为5 000件、3 000件、2 000件，销售比重分别为50%，30%，20%。

要求：

（1）计算综合保本销售额和利润；

（2）假设将3种产品的销售比重调整为20%，30%，50%，则综合保本销售额和利润是多少？

解：（1）计算综合保本销售额和利润

第一步，计算各种产品边际贡献率。

$$A\ 产品边际贡献率 = \frac{20\ 元/件 - 11\ 元/件}{20\ 元/件} \times 100\% = 45\%$$

$$B\ 产品边际贡献率 = \frac{24\ 元/件 - 18\ 元/件}{24\ 元/件} \times 100\% = 25\%$$

$$C\ 产品边际贡献率 = \frac{25\ 元/件 - 20\ 元/件}{25\ 元/件} \times 100\% = 20\%$$

第二步，计算加权平均边际贡献率。

$$加权平均边际贡献率 = 45\% \times 50\% + 25\% \times 30\% + 20\% \times 20\% = 34\%$$

第三步，计算综合保本销售额。

$$\text{综合保本销售额} = \frac{34\,000\ \text{元}}{34\%} = 100\,000\ \text{元}$$

第四步，计算利润

利润 = [(20 − 11) × 5 000 + (24 − 18) × 3 000 + (25 − 20) × 2 000]元 − 34 000 元
= 39 000 元

(2)计算销售比重调整后的综合保本销售额和利润

第一步，计算加权平均边际贡献率

加权平均边际贡献率 = 45% × 20% + 25% × 30% + 20% × 50% = 26.5%

第二步，计算综合保本销售额。

$$\text{综合保本销售额} = \frac{34\,000\ \text{元}}{26.5\%} \approx 128\,302\ \text{元}$$

第三步，计算利润

利润=[(20−11)×2 000+(24−18)×3 000+(25−20)×5 000]元−34 000 元=27 000 元

计算结果表明，边际贡献率较高的 A 产品的销售比重下降(从 50%减少到 20%)，边际贡献率较低的 C 产品的销售比重上升(从 20%增加到 50%)，使加权平均边际贡献率从 34%降至 26.5%。相应地，综合保本销售额就从原来的 100 000 元增至 128 302 元，增加 28 302 元，利润从原来的 39 000 元降至 27 000 元，减少 12 000 元。

3.3.5 各种因素综合变动的影响

以上介绍了在其他因素不变时，单纯某一个因素变动对保本点和利润的影响。然而在实际工作中，各有关因素并不是孤立存在的，往往一个因素的变动会导致其他因素的变动，因此，就需要综合计算各有关因素同时变动对保本点和利润的影响。

【例 3.12】 用[例 3.2]资料，假设企业扩大经营规模后，固定成本总额增加 10%，单位变动成本下降 5%，单价上涨 10%，预计产销量增加至 5 000 件。

要求：计算各有关因素同时变动后的保本点和利润。

解：(1)保本销售量

$$= \frac{200\ 00 \times (1+10\%)\ \text{元}}{20 \times (1+10\%)\ \text{元/件} - 12 \times (1-5\%)\ \text{元/件}}$$

$$= \frac{22\,000\ \text{元}}{22\ \text{元/件} - 11.4\ \text{元/件}} \approx 2\,075\ \text{件}$$

(2)保本销售额 = 2 075 件 × [20 × (1 + 10%)]元/件
= 45 650 元

(3)利润 = [20 × (1 + 10%) − 12 × (1 − 5%)] × 5 000 元
− 20 000 × (1 + 10%)元 = 31 000 元

本量利分析

计算结果表明，因各种因素同时影响，保本销售量由原来的 2 500 件下降到 2 075 件，减少了 425 件。保本销售额由原来的 50 000 元下降到 45 650 元，减少了 4 350 元。利润从原来的 4 000 元增加到 31 000 元，增加 27 000 元。

技能训练 17

承[技能训练 9]资料,假定产品的单价上升 10%,单位变动成本下降 5%,固定成本上升 5%,预计产量增加 8%。

要求:计算各有关因素变动后的保本销售量、销售额和利润。

【同步训练】

一、单项选择题

1. 下列各项中,需要先计算综合保本额和保利额的多品种本量利分析的方法是(　　)。

A. 综合贡献边际率法　　B. 联合单位法

C. 分算法　　D. 主要品种法

2. 某企业只生产一种产品,单价为 56 元/件,单位变动成本为 36 元/件,固定成本总额为 4 000 元。如果企业要确保安全边际率达到 50%,则销售量应达到(　　)。

A. 143 件　　B. 222 件

C. 400 件　　D. 500 件

3. 某公司生产的产品,单价为 2 元,贡献边际率为 40%,本期的保本量为 20 万件,其固定成本为(　　)。

A. 16 万元　　B. 50 万元

C. 80 万元　　D. 100 万元

4. 已知某企业经营安全程度的评价结论为“值得注意”,据此可以断定,该企业安全边际率的数值(　　)。

A. 在 10% 以下　　B. 在 10% ~20%

C. 在 20% ~30%　　D. 在 30% ~40%

5. 当企业的贡献边际总额等于利润时,该企业的固定成本总额(　　)。

A. 等于 0　　B. 不等于 0

C. 大于 0　　D. 小于 0

二、多项选择题

1. 下列各项中,属于本量利分析内容的有(　　)。

A. 单一产品条件下的保本分析　　B. 单一品种条件下的保利分析

C. 单一品种条件下的保净利分析　　D. 多品种条件下的本量利分析

E. 目标利润的预测

2. 在下列各项中,属于正确的管理会计公式的有(　　)。

A. 销售利润率=安全边际率×贡献边际率

B. 销售利润率×贡献边际率=1

C. 安全边际率=贡献边际率+变动成本率

D. 贡献边际率+变动成本率=1

E. 保本点作业率+安全边际率=1

3. 在下列各项中,属于本量利分析基本假设的有(　　)。

A. 相关范围假设　　B. 线性假设

C. 产销平衡假设　　D. 品种结构不变假设

E. 目标利润假设

4. 在下列项目中,能够决定保本点大小的因素有(　　)。

A. 固定成本　　B. 单位变动成本

C. 现有销售量　　D. 销售单价

E. 目标利润

5. 安全边际指标包括的内容有(　　)。

A. 安全边际量　　B. 安全边际额

C. 保本作业率　　D. 变动成本率

E. 贡献边际率

三、判断题

1. 当企业的贡献边际等于固定成本时,企业处于保本状态。(　　)

2. 若单位产品售价与单位变动成本发生同方向同比例变动,则保本量不变。(　　)

3. 在多品种条件下,若整个企业的利润为零,则说明各产品均已达到保本状态。(　　)

4. 本量利分析应用的前提条件与成本性态分析的假设完全相同。(　　)

5. 在盈利条件下的本量利分析中,研究任何一个因素时,其他因素未必已知或固定不变。(　　)

四、计算分析题

1. 已知:A,B,C,D 4 家公司互不相关,在过去 1 年中它们的损益情况见表 3.4。

表 3.4　损益资料

单位:元

公司	销售收入	变动成本	贡献边际率	固定成本	净利润(或净亏损)
A	180 000	(1)	40%	(2)	12 000
B	300 000	165 000	(3)	100 000	(4)

续表

公司	销售收入	变动成本	贡献边际率	固定成本	净利润（或净亏损）
C	(5)	(6)	30%	80 000	-5 000
D	400 000	260 000	(7)	(8)	30 000

要求：填写表 3.4 中用编号表示的指标数值。

2. 已知：某企业上个月的保本额为 50 000 元，假定本月的固定成本增加 5 000 元，其他指标不变，为实现保本，本月需要增加销售额 8 000 元。

要求：计算以下指标：

(1) 上个月的固定成本。

(2) 贡献边际率。

(3) 变动成本率。

3. 已知：某公司生产 A，B，C 3 种产品，其固定成本总额为 19 800 元，3 种产品的有关资料见表 3.5。

表 3.5　相关资料

品　种	销售量/件	销售单价/(元·件$^{-1}$)	单位变动成本/(元·件$^{-1}$)
A	60	2 000	1 600
B	30	500	300
C	65	1 000	700

要求：

用综合贡献边际法的加权算术平均法计算该厂的综合保本销售额及各产品的保本量。

项目 3　同步训练答案

项目 4
预测分析

【知识结构】

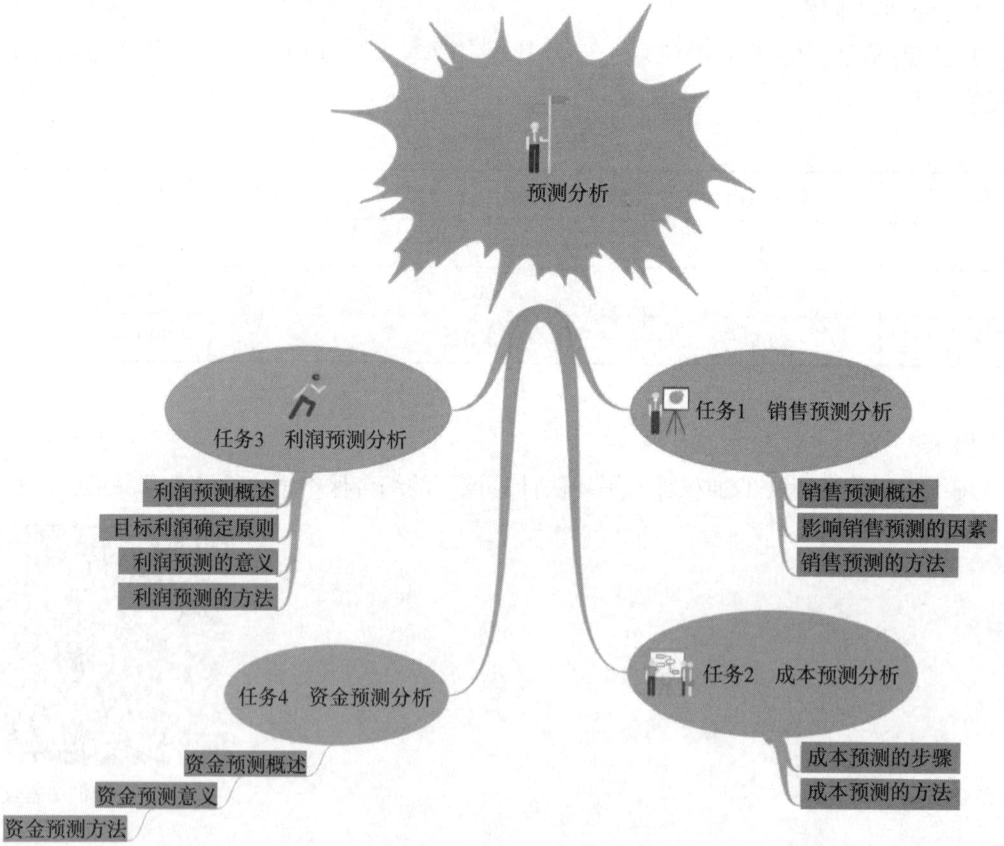

【知识目标】

1. 了解预测的含义及内容。
2. 掌握预测的基本方法。
3. 掌握经营预测的步骤。
4. 掌握销售预测的定量分析法。

【能力目标】

1. 能熟练运用经营预测的各种预测方法和适用条件,能正确做出销售预测、利润预测、成本预测和资金预测。
2. 能正确理解销售预测与成本预测、利润预测、资金需要量预测的关系。
3. 能正确理解经营预测的基本原则和程序。

【情境案例】

很多年前,某市小天使童装厂沾了独生子女的光,生产销售连年稳定增长。谁料该厂李厂长却在为产品推销、资金搁死大伤脑筋。原来,当年年初,该厂设计了一批童装款式,有男童的香槟衫、迎春衫,女童的飞燕衫、如意衫等。借鉴成人服装的镶、拼、滚、切等工艺,在色彩和式样上体现了儿童的特点,活泼、雅致、漂亮。因工艺比原来复杂,成本较高,价格比普通童装高出了80%以上,如一件香槟衫的售价在160元左右。为了摸清这批新产品的市场吸引力如何,在春节前夕,厂里与百货商店联合举办了"新颖童装迎春展销",小批量投放市场十分成功,柜台边顾客拥挤,购买踊跃,一片赞誉声。许多商家主动上门订货。连续几天亲临柜台观察消费者反应的李厂长,看在眼里,喜在心上。不由想到,现在都只有一个孩子,为了能把孩子打扮得漂漂亮亮的,谁不舍得花些钱?只要货色好,价格高些看来没问题,于是决定趁热打铁,尽快组织批量生产,及时抢占市场。为了确定计划生产量,以便安排以后的月份生产,李厂长根据往年的月销售统计数,运用加权移动平均法,计算出以后月份预测数,考虑这次展销会的热销场面,他决定生产能力的70%安排新品种,30%为老品种。2月的产品很快就被订购完了。然而,到4月初,3月的产品还没有落实销路。询问了几家老客商,他们反映有难处,原以为新品款式童装十分好销,谁知2月订购的那批货,卖了1个多月还未卖出1/3,他们现在既没有能力也不愿意继续订购这类童装了。

【情境分析】

案例中涉及企业日常经营中经常需要做的销售预测。一个失败的销售预测分析对一个企业来说可能是毁灭性打击。案例中,李厂长在对服装销售预测分析时并没有考虑成本上升、时间因素等对预测分析的影响而做出了错误的分析,导致产品严重积压、资金滞留,甚至更加严重的后果。可见精准的预测分析对一个企业的是多么的重要。

任务1　销售预测分析

4.1.1　销售预测概述

销售预测是指根据以往的销售情况或用户自定义的销售预测模型获得的对未来销售情况的预测。销售预测可以直接生成同类型的销售计划。销售计划的中心任务之一就是销售预测,无论企业的规模大小、销售人员的多少,销售预测影响包括计划、预算和销售额确定在内的销售管理的各方面工作。简单地说,销售预测是指对未来特定时间内全部产品或特定产品的销售数量与销售金额的估计。即销售预测是在充分考虑未来各种影响因素的基础上,结合本企业的实际情况,通过一定的分析方法提出切实可行的销售目标。

销售预测在实务中有非常重要的作用,具体如下:

①通过销售预测,可以调动销售人员的积极性,促使产品尽早实现销售,以完成使用价值向价值的转变。

②企业可以以销定产,根据销售预测资料,安排生产,避免产品积压。

③能合理有效管理产品库存,经过预测可对产品设立库存预警,对生产进度的安排具有指导意义。

④经过销售预测后,可对产品的补货安排提供参考数据。

4.1.2　影响销售预测的因素

尽管销售预测十分重要,但进行高质量的销售预测却并非易事。在进行预测和选择最合适的预测方法之前,了解对销售预测产生影响的各种因素是非常重要的。一般来说,在进行销售预测时考虑两大类因素,即外界因素和内部因素。

1)影响销售预测的外界因素

(1)需求动向

需求是外界因素之中最重要的一项,如流行趋势、爱好变化、生活形态变化、人口流动等,均可成为产品(或服务)需求的质与量方面的影响因素,因此,必须加以分析与预测。企业应尽量收集有关对象的市场资料、市场调查机构资料、购买动机调查等统计资料,以掌握市场的需求动向。

(2)经济变动

销售收入深受经济变动的影响,经济因素是影响商品销售的重要因素,为了提高销售预测的准确性,应特别关注商品市场中的供应和需求情况。尤其是近几年来,科技、信息快速发展,带来更多无法预测的影响因素,导致企业销售收入波动。因此,为了正确预测,需要特别注意资源问题的未来发展、政府及财经界对经济政策的见解以及基础工业、加工业生产、经济增长率等指标变动情况。尤其要关注突发事件对经济的影响。

(3)同业竞争动向

销售额的高低深受同业竞争者的影响,古人云"知己知彼,百战不殆"。为了生存,必须掌握对手在市场的所有活动。例如,竞争对手的目标市场在哪里,产品价格高低,促销与服务措施等。

(4)政府、消费者团体的动向

考虑政府的各种经济政策、方案措施以及消费者团体所提出的各种要求等。

简单地说,可用图 4.1 表示。

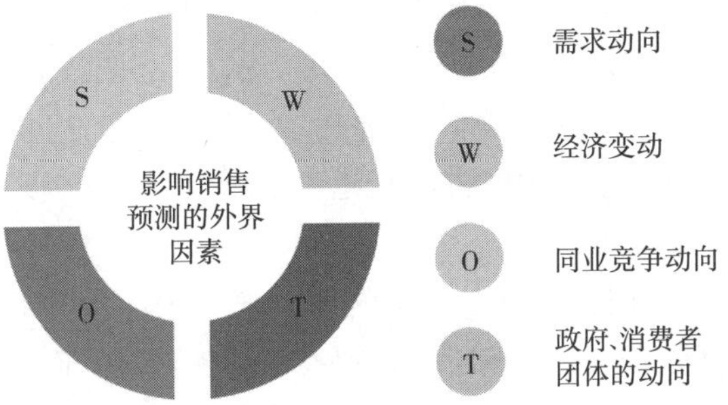

图 4.1　影响销售预测的外界因素图

2)影响销售预测的内部因素

(1)营销策略

市场定位、产品政策、价格政策、渠道政策、广告及促销政策等变更对销售额所产生的影响。

(2)销售政策

考虑变更管理内容、交易条件或付款条件、销售方法等对销售额所产生的影响。

(3)销售人员

销售活动是一种以人为核心的活动,所以人为因素对销售额的实现具有相当深远的影响力,这是我们不能忽略的。

(4)生产状况

货源是否充足,能否保证销售需要等。

简单地说,可用图 4.2 表示。

介于以上因素对销售预测的重大影响,显然在科学运用销售预测方法的同时必须考虑以上因素,加以调整销售预测的结果。

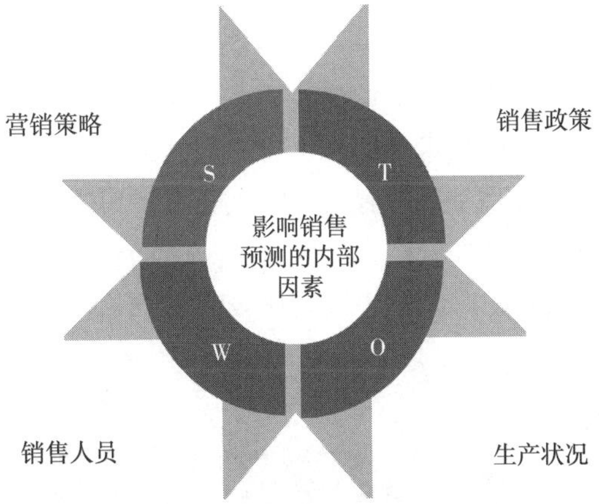

图 4.2　影响销售预测的内部因素图

4.1.3 销售预测的方法

销售预测的方法有很多，大致分为定性分析和定量分析两大类，如图4.3所示。

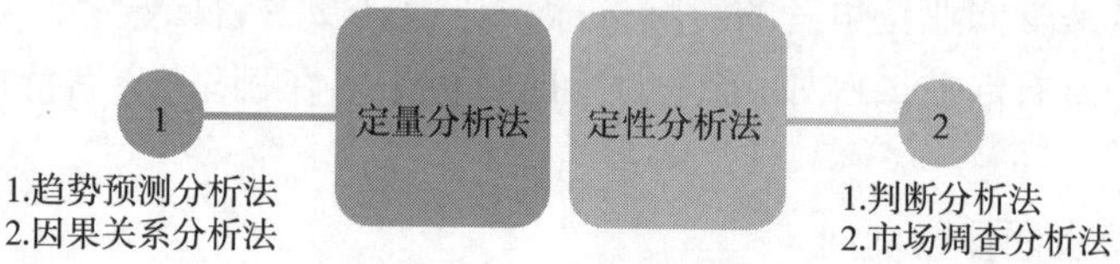

图4.3 销售预测的方法

1)**定量分析法**

定量分析法也称数量分析法，主要应用数学的方法，对与销售有关的各种经济信息进行科学的加工处理，并建立相应的数学模型，充分揭示各有关变量之间的规律性联系并做出相应预测结论，定量销售预测一般常用的方法有趋势预测分析法和因果关系分析法。

(1)趋势预测分析法

趋势预测分析法是指根据企业历史销售数据，并按照发生的先后顺序排列的销售数据，应用一定的数学方法进行加工处理，按时间数列找出销售随时间而发展变化的趋势，由此而推断其未来发展趋势的分析方法。常用的趋势预测分析法有简单算术平均法、加权算术平均法、指数平滑法，如图4.4所示。

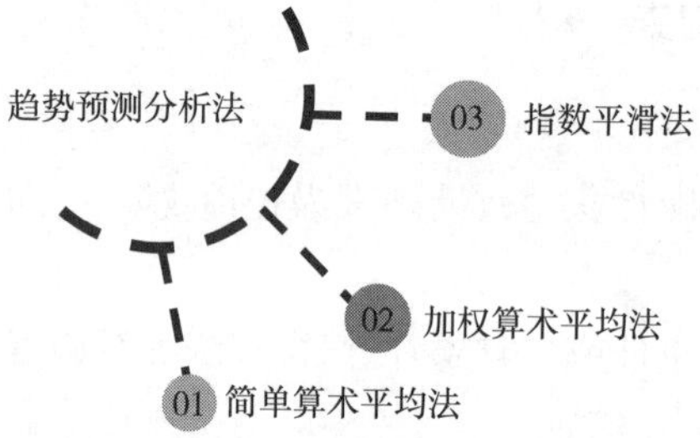

图4.4 趋势预测分析法

①简单算术平均法

用简单算术平均法进行销售预测，就是把若干历史时期的销售量或者销售额作为观测值，求出其算术平均数，并将该算术平均数作为下期销售量的预测值的方法。这种方法的假设前提是过去怎样，未来也会怎样发展，适用于各期销售水平变化不大的产品的销售预测。如果预测的产品销售波动比较大，则不适合采用此种方法。其计算公式如下：

简单算术平均法

$$\text{预测销售量(额)}=\frac{\text{各期销售量(额)之和}}{\text{期数}}$$

这种方法的优点是计算简便，但它使各个月份的销售差异平均化，特别是没有考虑近期的变动趋势，因而测出的预计数与实际数可能发生较大误差。

需要注意的是这种方法的适用条件：适用于销售量（销售额）比较稳定的商品，如没有季节性的食品、文具、日常用品等。

【例4.1】　客满意公司2017年上半年生产显示器销售资料见表4.1。

表4.1　客满意公司2017年上半年显示器销售额表

单位：万元

月份	1	2	3	4	5	6
销售额	28	22	23	24	27	26

要求：采用简单算术平均法对客满意公司2018年1月该产品的销售额进行预测。

解：由简单算术平均法可知

$$预测销售量(额)=\frac{各期销售量额之和}{期数}$$

$$=\frac{28\ 万元+22\ 万元+23\ 万元+24\ 万元+27\ 万元+26\ 万元}{6}=25\ 万元$$

可以看出该方法非常方便简易，但也有可能得出来的结果并不是很精确。

技能训练18

继［例4.1］，假设1月销售额为50万元，4月销售额为28万元，其他条件不变，要求采用简单算术平均法对客满意公司2018年1月该产品销售额进行预测。

②加权算术平均法

加权算术平均法是将若干历史时期的销售量或销售额作为观测值，将各个观测值与各自的权数相乘之积加总，然后除以权数之和，或者利用各个历史时期的观测值乘以各个时期的权重，然后加总，求出其加权平均数，并将加权平均数作为销售量的预测值。权数有自然数权数和权重，各个时期的权数要根据各期观测值对预测值的影响程度确定。在实务中常常这样来确定权数大小：接近计划期的实际销售情况对计划期预计数的影响较大。近期确定的加权数大，远期确定的权数小。当然也要看具体情况，具体分析。

【例4.2】　客满意公司2017年上半年1—4月生产显示器销售资料见表4.2。

表4.2　1—4月显示器销售额表

单位：万元

月份	1	2	3	4
销售额	28	22	23	24

且通过测算 1 月权数为 0.2,2 月权数为 0.3,3 月权数为 0.4,4 月权数为 0.1。现要求用加权算术平均法测算 5 月的销售额。

解:由加权算术平均数公式可得

预测销售量(额)= $\sum$(各期销售量(额)×各期权数)

= 0.2×28 万元+0.3×22 万元+0.4×23 万元+0.1×24 万元=26 万元

可以看出,加权算术平均法计算过程也是非常简单,但由于权数是人工测算出来的,可能会不是很准确,因此管理者也是要对结果进行进一步调整或用不同的方法来对其进行销售额进行预测再综合考虑其最终结果。

想一想:

简单算术平均法和加权算术平均法的优缺点分别是什么?

技能训练 19

继[例 4.2],假设 1 月权数为 0.5,2 月权数为 0.2,3 月权数为 0.1,4 月权数为 0.2,其他条件不变,要求用加权算术平均法测算 5 月的销售额。

③指数平滑法

指数平滑法实质上也是一种加权算术平均法。导入平滑系数 α,选取 α 值大于 0,小于 1。选取的平滑系数越大,则近期实际数对预测结果的影响越大;选取的平滑系数越小,则近期实际数对预测结果的影响越小。

指数平滑法

指数平滑法计算公式如下:

指数平滑法

预测销售量(销售额)= 平滑系数×上期实际销售数+(1−平滑系数)×上期预测销售数

(2)因果关系分析法

因果关系分析法是根据事物之间的因果关系来预测事物的发展和变化,通过对需求预测目标有直接或间接影响因素的分析找出其变化的规律,并根据这种变化规律来确定预测值。例如,联想微机的销量与联想的广告预算、微机价格、竞争对手的价格等影响因素有关。这里,微机的销量是因变量,其他变量则为自变量。影响产品销售的因素是多方面的,但在这些因素中,有些因素对产品销售起着决定性的作用或与产品销售存在某种函数关系,只要找到与产品销售(因变量)相关的因素(自变量)以及它们之间的函数关系,就可以利用这种函数关系进行产品的销售预测。简单地说,对销售预测来说就是通过对影响销售变动的各个因素进行分析,确定影响销售变化的主要因素,并根据主要因素和销售量(额)之间的因果关系建立数学模型,并根据模型推算出未来的销售量(额)。

在实务中,一元直线回归分析法是因果预测中最常用和最简单的方法之一。它只适用于只有一个相关因素变动影响销售量(额)且自变量与因变量间呈线性变动关系的情况。若不呈线性变动,则要用非线性回归分析;若有多个因素影响销售量(额)的话则需要用多元回归法,这里只介绍最简单的一元直线回归分析法。

一般情况下,销售量(额)与时间的关系比较密切,一般也是预测下一时期的销售量(额)。假设销售量(额)y 与因素时间 t 相关,且符合直线关系,则用一元线性回归分析法可建立模型 $y = a + bt$,其中 a,b 可由以下公式计算而得,从而利用模型预测未来销售量(额)。

一元线性回归法参数计算的公式

$$b = \frac{n\sum ty - \sum t \sum y}{n\sum t^2 - \left(\sum t\right)^2} \qquad a = \frac{\sum y - b\sum t}{n}$$

对时间 t 的处理,在实务中常常这样做计算起来比较简化:只要取得销售量的时间数列,就可以通过上述公式计算出参数的值,进而求出趋势线性方程,再将预测期的时间变量 t 的具体值代入,即可获得销售量预测值。为了使系数 a,b 的计算简化,可灵活设置时间变量 t 的序列取值,使得 $\sum t = 0$。具体做法如下:当取得的资料为奇数项时,可设中间一项的 t 值为0,再向两端各期以等差1为序列正负取值,如−3,−2,−1,0,1,2,3。

当取得的资料为偶数项时,可设中间两项的 t 值为−1,+1,再向两端各期以等差2为序列正负取值,如−5,−3,−1,1,3,5。模型中的系数 a,b 的简化计算公式如下:

一元线性回归法简化处理后的参数计算公式

$$b = \frac{\sum ty}{\sum t^2} \qquad a = \frac{\sum y}{n}$$

【例4.3】 已知客满意公司2011—2016年显示器销售量分别为138,136,142,134,146,144(单位:万台),现要求用因果关系分析法对2017年显示器销售量进行销售预测。

解:根据简化方法,我们可以看出资料的时间期数为偶数。则可设中间两项的 t 值为−1,+1,再向两端各期以等差2为序列正负取值,如−5,−3,−1,1,3,5。

其计算过程见表4.3。

表4.3 客满意公司销售预测表

年份	简化后的时间(t)	销售量(y)	ty	t^2
2011	−5	138	−690	25
2012	−3	136	−408	9

续表

年份	简化后的时间(t)	销售量(y)	ty	t^2
2013	−1	142	−142	1
2014	1	134	134	1
2015	3	146	438	9
2016	5	144	720	25
	$\sum t = 0$	$\sum y = 840$	$\sum ty = 52$	$\sum t^2 = 70$

根据一元线性直线回归简化后的公式可知:

$$b = \frac{\sum ty}{\sum t^2} = \frac{52}{70}\text{万台/年} = 0.74\text{万台/年}$$

$$a = \frac{\sum y}{n} = \frac{840\text{万台}}{6} = 140\text{万台}$$

则建立销售预测模型 $y = 140 + 0.74t$。

根据时间简化方法则2017年应简化为7,则代入预测模型得:

$$y = 140\text{万台} + 0.74\,t\text{万台} = 140\text{万台} + 0.74 \times 7\text{万台} = 145.18\text{万台}$$

则2017年销售量预测为145万台。

想一想:

用一元回归法进行销售预测时,为什么要对其进行简化?当期数为偶数和奇数时分别简化的方法是什么?

技能训练 20

继[例4.3],假设2011年销售量为140万台,2015年销售量为150万台,要求用因果关系分析法对2017年显示器销售量进行销售预测。

2)**定性分析法**

定性预测法又称非数量分析法,是一种直观性的预测方法,主要通过调查研究的方式,依靠个人的经验和综合分析能力,对未来销售量(额)进行预测的一类方法。定性预测法主要适用于缺乏历史资料以及需要对定量分析的结果进行补充的情况。因定性预测法都是通过预测者的经验和主观判断进行预测的,故称主观预测法。采用定性预测法分析时,要特别注意尊重客观实际,不能主观臆断。

定性预测法的优点是简便、计算量少,主要根据人们积累的经验和掌握的科学知识进行判断;其缺点是科学性差,主观臆断性强。

定性预测法的具体形式有很多,主要分为判断分析法和市场调查分析法两大类,如图4.5所示。

图4.5 定性分析法分类

(1)判断分析法

判断分析法是指通过一些具有市场经验的销售人员、经营管理人员或专家对企业未来某一特定时期的产品销售情况进行综合研究,并做出推测和判断的方法。一般是销售人员根据直觉判断进行预估,然后由销售经理加以综合,从而得出企业总体的销售预测的一种方法。判断分析法根据具体进行方式的不同,又可分为以下4种(见图4.6):

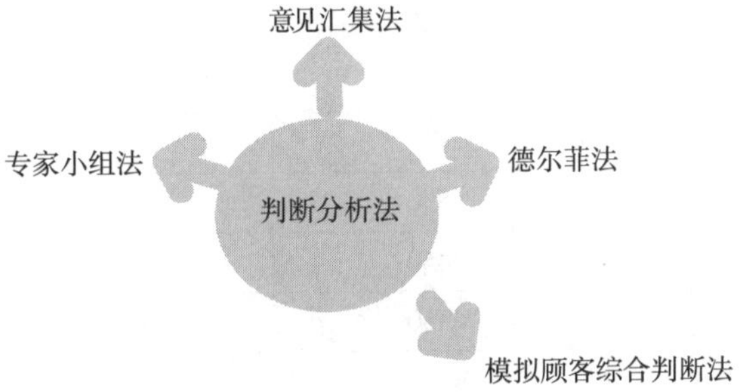

图4.6 判断分析法分类

①意见汇集法

意见汇集法也称主观判断法,是由本企业熟悉销售业务、对市场的未来发展变化的趋势比较敏感的领导人、主管人员和销售人员,根据其多年的实践经验集思广益,分析各种不同意见并对之进行综合分析评价后所进行的判断预测。企业内部的各有关人员因工作岗位和业务范围及分工有所不同,尽管他们对各自的业务都比较熟悉,对市场状况及企业在竞争中的地位也比较清楚,但其对问题理解的广度和深度却往往受到一定的限制。在这种情况下就需要各有关人员既能对总的社会经济发展趋势和企业的发展战略有充分的认识,又能全面了解企业当前的销售情况,进行信息交流和互补,在此基础上经过意见汇集和分析,就能做出比较全面客观的销售判断。

这一方法在企业实行分片推销责任制的情况下尤为适用。在这种推销方式下,每个销售人员对他所负责推销地区的各方面情况都比较熟悉,并能根据该地区消费习惯、消费结构、收入水平等因素的变动,凭经验及时地估计出本企业的产品在该地区的市场需求,并把本企业某一产品在所有地区的预测数汇总后,得到企业对该产品的整体销售预测。

【例4.4】 假设客满意公司生产显示器,其业务2部有3名销售人员、1名经理。每个预测者预计其销售量和概率见表4.4。假设经理的预测更准确、更重要,经理预测的结果权数为0.4,其他销售人员权数定为0.2,现要求对销售量进行预测。

表4.4　销售预测表

单位:台

	销售量	概率	销售量×概率
1号销售员预测			
最高	500	0.2	100
最可能	400	0.5	200
最低	300	0.3	90
期望值			390
2号销售员预测			
最高	600	0.2	120
最可能	500	0.6	300
最低	400	0.2	80
期望值			500
3号销售员预测			
最高	550	0.2	110
最可能	450	0.5	225
最低	350	0.3	105
期望值			440
销售经理预测			
最高	550	0.3	150
最可能	450	0.5	225
最低	300	0.2	60
期望值			435

解:根据意见汇集法的思想先用概率计算出每个预测者的期望值,然后用加权算术平均法加以综合,即:

$$\text{销售预测结果} = 0.2 \times (390 + 500 + 440)\text{台} + 0.4 \times 435\text{台} = 440\text{台}$$

可以看出采用这一方法,费时不长、耗费较小,运用灵活,并能根据销售市场的变动及时对预测数修正,是一种比较实用的方法。

技能训练21

继[例4.4],假设只有1号销售员和2号销售员,并且他们权数分别0.2和0.3,经理的权数为0.5,其他条件不变,要求用意见汇集法对销售进行预测。

②德尔菲法

德尔菲法又称专家调查法，是一种客观判断法，由美国兰德公司在20世纪40年代首先倡导使用。它主要是采用各种通信或函件交流的方法，通过向见识广、学有专长的各有关专家发出预测问题调查表来搜集和征询专家们的意见，并经过多次反复，综合、整理、归纳各专家的意见以后，做出预测判断。采用这一方法在征询意见时，各专家之间应尽量互不通气，以使各人能根据自己的经验、观点和方法进行预测，避免专家之间因为观点不同、地位不同等原因而产生干扰和影响。同时，在每次重复征询意见过程中，都应注意把上次征询意见的结果加工整理后反馈给各专家，特别要注意不应忽略少数人的意见，以使各专家在重复预测时能做出较全面的分析和判断。

③专家小组法

专家小组法也属于一种客观判断法，是由企业组织各有关方面的专家组成预测小组，通过召开各种形式座谈会的方式，进行充分广泛的调查研究和讨论，然后运用专家小组的集体科研成果做出最后的预测判断。与德尔菲法各专家“背靠背”预测形式相反，这一方法是由各专家组成小组面对面地进行集体讨论和研究。因此可以相互启发和补充，使对预测问题的分析、研究更为全面和深入，避免各专家之间因信息资料不共享而使预测带有片面性。采用这一方法，要求各专家从企业的整体利益出发，畅所欲言，充分表达各自的观点，而不要受不同意见的干扰和影响。

④模拟顾客综合判断法

先请各位专家模拟成各种类型的顾客，通过比较本企业和竞争对手的产品质量、售后服务和销售条件等做出购买决策，然后把这些“顾客”准备购买本企业产品的数量加以汇总，形成一个销售预测值。

(2)市场调查分析法

该方法是指通过市场调查的方法获得市场发展状况、消费者购买心理、意向和企业商品市场占有率等信息来对本企业未来销售量(额)进行预测。一般从以下方面来进行市场调查，根据分析结果得出未来的销售量(额)：

①调查市场环境

宏观市场环境调查的主要内容包括：政治法律、经济、人口、社会文化和技术环境等方面。

②调查市场需求

市场需求调查主要包括：市场商品需求量(市场需求总量主要关系6个因素：A. 产品，B. 顾客，C. 地理区域，D. 时限，E. 营销环境，F. 营销组合方案)；需求结构(指对吃、穿、用、住、行商品的需求结构)；需求时间(了解消费者需求的季节、月份以及需求时间内的品种和数量结构)。

③调查消费者

为了准确把握消费者的需求情况，通常需要对消费者的人口构成、家庭、职业与教育、收入、购买心理、购买行为等方面进行调查，然后再得出结论。

④调查企业自身经营的全过程

产品调查，主要包括：A. 生产者生产能力调查；B. 产品本身调查；C. 产品包装调查；D. 产品生命周期调查。

销售渠道调查，商品流通渠道的具体形式决定了销售渠道调查的具体内容，一般为：A. 批发商；B. 零售商；C. 生产者自销市场。

促销调查，具体内容包括促销形式、促销活动有无创新特点等。

销售服务调查，企业目前提供服务的网点数量、消费者的反应等。

⑤调查竞争对手

对竞争对手的调查主要是了解：

A. 竞争对手的数量，主要的竞争对手，是否具有潜在的竞争对手。

B. 竞争对手的经营规模、人员组成及营销组织机构情况。

C. 竞争对手经营商品的品种、数量、价格、费用水平和营利能力。

D. 竞争对手的供货渠道情况和对销售渠道的控制程度。

E. 竞争对手所采用的促销方式。

F. 竞争对手的价格政策。

J. 竞争对手的名称、生产能力、产品的市场占有率、销售量及销售地区。

简单地说，预测销售量（额）调查分析法可从 5 个方面进行调查，如图 4.7 所示。

图 4.7　市场调查分析法预测销售量（额）

【例 4.5】　客满意公司是一家计算机生产企业，为了预测销售额，专门做了针对消费者和市场的需求的调查，得到下表的数据，根据调查资料可测算出市场潜量和该公司销售量见表 4.5。

表 4.5　市场潜量和客满意公司销售量表

单位：元

家庭组别①	家庭户数②	每户平均购买额（按调查结果）③	预计市场总销售额 ④=③×②	本企业市场占有率⑤	本企业预计销售额 ⑥=④×⑤
100 000 元以下	80 000	100	8 000 000	30%	2 400 000
100 000 ~ 199 999 元	10 000	200	2 000 000	20%	400 000
200 000 ~ 299 999 元	5 000	300	1 500 000	20%	300 000
300 000 元以上	1 000	400	400 000	10%	40 000
合计	96 000		11 900 000		3 140 000

解:本例的企业预计销售量是通过调查而来的数据计算总市场的预计销售量,然后用市场预计销售量 × 本企业的市场占用率得到本企业的预计销售量,见表3.5。

最终预测销售额为3 140 000元。

可见,该方法是通过对有代表性顾客的消费意向的调查,了解市场需求的变化趋势,进行销售预测的一种方法。

想一想:

定性法分析销售预测有哪些方法?它们适用于什么情况下的销售预测?

技能训练22

继[例4.5],假设100 000元以下市场占有率为20%,100 000~199 999元市场占有率为30%,其他条件不变,要求预测该公司销售量。

任务2　成本预测分析

【情境案例】

2004年10月,北京三元牛奶已经在大本营北京市场上退居第三,排在蒙牛、伊利之后,而在巅峰时期,三元曾占据了北京市场的八成,即使是2003年,三元也有超过50%的市场份额。大本营失守以及成本控制乏力,使得三元利润大幅下滑。三元股份第三季度的季报披露,2004年1—9月,该公司的营业利润为-5 439万元。2004年12月22日,郭维健因业绩原因,辞去三元股份董事、总经理职位。

经专业人士分析,三元公司主要的问题有:成本控制乏力,2004年,各种原材料都出现了不同幅度的涨价。与2003年相比,最高时,玉米价格涨幅为33%,大豆涨幅为73%,而与此同时,奶价却下跌了近四成。这虽然是全行业性的困难,但与它的主要竞争对手相比,三元的成本控制能力明显较弱。2004年1—9月,伊利主营业务成本占主营业务比例为70.34%,而三元的比例为79.11%。这直接导致了三元的主营业务利润率低于伊利8个多百分点。三元的管理费用占主营业务收入比例也是伊利的好几倍。综上可以看出三元成本高于对手,除了地处北京,土地、原材料、环保以及奶源建设投入大,人工成本几乎要高于某些竞争对手2倍以上等客观原因外,主要还有一些管理人员主观的失误。

【情境分析】

本案例中三元公司成本控制乏力,当原材料上涨时,没有正确的预测出成本上涨对利润等因素的冲击,三元的主营业务成本更是高达近80%,导致主营业务利润低于同行业其他企业等方面都说明了三元公司成本控制及预测做得相当差,最终导致三元公司营业利润下滑,直至面临破产边缘,可见成本预测对一个企业生存和发展有多么的重要。

4.2.1　成本预测步骤

随着生产日益社会化和现代化,企业规模不断扩大,工艺过程愈加复杂,生产过程中某一环节或者是某一短暂时期内的生产耗费一旦失去控制,都有可能给企业造成无可挽回的经济损失。鉴于此,为了防止成本费用管理的失控现象,首先必须科学地预见生产耗费的趋势和程度,以便在此基础上采取有效措施,从而搞好成本管理工作。

在现代成本管理中,成本预测采用了一系列科学缜密的程序与方法,基本上能够把握成本变化的规律性。因此,成本预测的结果是比较可靠的。但是,根据历史资料来推测未来,成本预测就具有不可避免的局限性,这种局限性主要体现在不准确即近似这一点上。可靠性与近似性的对立统一是成本预测的显著特点。

成本预测是成本管理的重要环节。它是在编制成本预算之前,根据企业的经营总目标和预测期可能发生的各个影响因素,采用定量和定性分析方法,确定目标成本、预计成本水平和变动趋势的一种管理活动。成本预测步骤如下:

1)根据企业的经营目标,提出目标成本草案

目标成本应当是可行的,既不能"舒舒服服地达到",也不应"高不可攀"。

目标成本的确定一般可采用以下两种方法(见图4.8):

①以某一先进的成本水平作为目标成本。

②根据企业预期的目标利润,来测算目标成本。

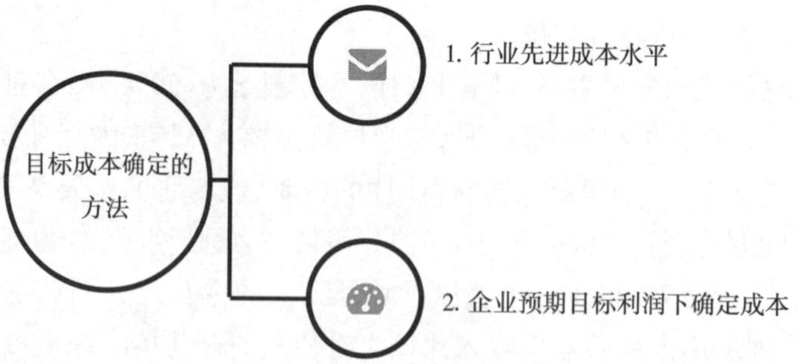

图4.8　目标成本确定的方法

2)收集相关资料

要做好经济活动的预测分析工作,必须掌握有关预测对象从过去到现在的经济数据资料和其他信息资料。收集资料是一项重要的工作,预测分析的目的和要求能否达到,在很大程度上取决于资料占有的情况。因此,做成本预测必须随时注意资料的收集和积累。

3)检查和筛选资料

预测分析必须依据正确、真实的资料,才能够得出正确的结果。为了保证所用的资料的正确性和真实性,必须对它们进行检查和筛选,将不正确的资料剔除,对不完全真实的资料进行整理和核实。

4)选择合适的预测方法

预测分析的方法有很多,不同的方法有不同的特点,而任何一个具体的预测方法必然有一个适应范围。但是,使用单一的预测方法往往不能得到最佳的预测结果。因此,需要将多种不同的预测方法结合起来使用,从不同的角度进行预测,然后综合所有的预测结果,得出最合适的预测结论。

5)进行预测

在选择完预测方法后,就可以进行具体的预测,并得到预测结果。如果利用多种不同的预测方法进行预测,则可能得出多个不同的甚至互相矛盾的预测结果,此时需要综合不同的预测方法对问题进行全盘考虑,最后得出比较合理的预测结论。

6)检查验证

任何理论预测结果与实际结果之间都会存在一定的偏差。对这些偏差,需要利用一定的方法进行计算和验证,然后据此估计预测的可靠程度和预测方法的精度,以便为今后的预测总结经验,进而设计出更加合乎实际情况的预测方法。

4.2.2 成本预测的方法

成本预测法常用的有目标成本预测法、历史成本预测法和新产品成本预测法 3 种,如图 4.9 所示。

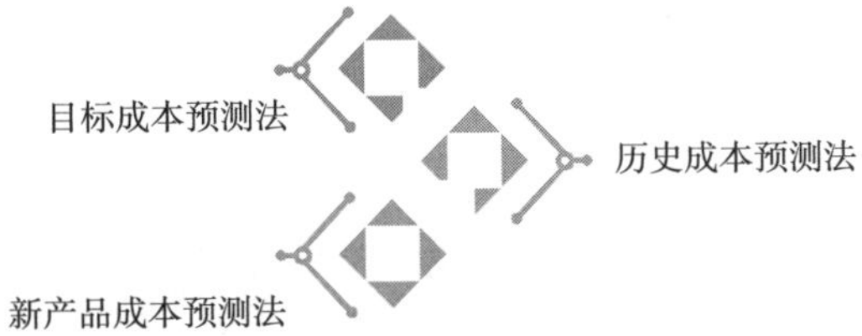

图 4.9 成本预测的 3 种方法

1)目标成本预测法

目标成本是为实现目标利润所应达到的成本水平或成本限额。目标成本预测法是在销售预测和利润预测的基础上,结合本量利分析预测目标成本的一种方法。用这种方法确定目标成本,能够将企业的成本预测与目标利润联系起来,有利于目标利润的实现。制定目标成本是在综合考虑未来一定期间内有关产品的品种、数量、价格和目标利润等因素的基础上进行的。

(1)根据目标利润制定目标成本。其计算公式如下:

根据目标利润制定目标成本
目标成本 = 预计销售收入 - 目标利润

(2)根据资金利润率制定目标成本。其计算公式如下:

根据资金利润率制定目标成本
目标成本 = 预计销售收入 - 预计资金利润率 × 平均资金占用额

(3)根据销售利润率制定目标成本。其计算公式如下:

根据销售利润率制定目标成本
目标成本 = 预计销售收入 × (1 - 销售利润率)

(4)以同行业先进的成本水平作为目标成本。

目标成本的制定还可以采用本企业历史上先进的成本水平或本企业上一年度的实际成本水平减去要求达到的成本降低幅度来确定,也可以按照国内外同类产品先进的成本水平来确定。

【例 4.6】 客满意公司生产的显示器,经过测算 2018 年销量估计为 2 000 台,预计销售单价为 2 000 元 1 台,预测目标利润为 1 500 000 元,预测该企业 2018 年的目标成本。

解:根据已知条件可知,运用目标利润来确定目标成本的方法来预测。

其计算公式为:

目标成本 = 预计销售收入 - 目标利润

= 2 000 台 × 2 000 元 / 台 - 1 500 000 元 = 2 500 000 元

则预测客满意公司 2018 年的成本为 2 500 000 元。

想一想:

目标成本法下预测成本时,目标成本的确定有哪几种方法?它们的依据是什么?

技能训练 23

继[例 4.6],假设经过测算 2018 年销量估计为 5 000 台,预计销售单价为 2 500 元一台,预测目标利润为 1 800 000 元,预测该企业 2018 年的目标成本。

2)历史资料分析法

历史资料分析法是根据有关的历史资料,将成本按照成本性态加以划分,运用数理统计的方法来推测、估计成本发展趋势的一种方法。

成本的发展趋势一般可以用直线模型来反映,即:

$y = a + bx$(注:a 为固定成本,b 为单位变动成本。)

只需要求出 a 和 b 的值,就可以利用该模型计算在任何产量下的产品总成本。求 a 和 b 的值的方法具体包括高低点法、加权算术平均法与回归分析法等。

需要注意的是,作为预测的历史资料,所选用的时期不能太长,也不能太短。时期太长使资料数据可比性下降,太短又不能真实反映成本变动的趋势。以最近 3 ~5 年的历史资料最为适当。如果所选用的时期资料中正好有偶然性的变动,如成本中金额较大的偶然性的费用则应把它剔除再运用历史资料分析法来预测。

(1)高低点法

该法是选用一定时期历史资料中的最高业务量和最低业务量的成本之差除以最高业务量和最低业务量之差,计算出单位变动成本 b,然后再求出固定成本总额 a 的值,并据以计算出在计划期一定产量下的总成本和单位成本。其计算公式如下:

成本预测法:高低点法参数计算公式

$$b = \frac{\text{最高业务量下的总成本} - \text{最低业务量下的总成本}}{\text{最高业务量} - \text{最低业务量}}$$

$$a = \text{最低(高)业务量的总成本} - b \times \text{最低(高)业务量}$$

再代入计划期的总成本公式,即可求得计划期产品的总成本和单位成本的预测值。

计划期成本预测计算公式

$$\text{计划期成本预测} = a + b \times \text{计划期预计业务量}$$

【例 4.7】 假设客满意公司只产销键盘,2017 年上半年的产量和成本数据,见表 4.6。若 7 月的预计产量为 10 万件,要求:用高低点法预测该企业 7 月键盘的总成本。

表4.6 客满意公司产量成本表

月份	产量/万件	成本总额/万元
1	6	110
2	8	115
3	4	85
4	7	105
5	9	120
6	5	110

解:从上述资料中找出产量最高与最低月份的产量与总成本的数据:

高点(5 月):产量,9 万件;成本总额,120 万元

低点(3 月):产量,4 万件;成本总额,85 万元

最高业务和最低业务量的成本之差:120 万元 - 85 万元 = 35 万元

最高业务量和最低业务量之差:9 万件 - 4 万件 = 5 万件

根据计算公式可得

$$b=\frac{\text{最高业务量下的总成本}-\text{高低业务量下的总成本}}{\text{最高业务量}-\text{最低业务量}}=\frac{35\text{ 万元}}{5\text{ 万件}}=7\text{ 万元}/\text{万件}$$

$$a=\text{最低业务量的成本}-b\times\text{最低业务量}$$
$$=85\text{ 万元}-7\text{ 万元}/\text{万件}\times4\text{ 万件}=57\text{ 万元}$$

将 a 和 b 的值代入计划期总成本公式得

$$7\text{ 月总成本预测值}=57\text{ 万元}+7\times10\text{ 万元}=127\text{ 万元}$$

可以看出:

该法仅使用个别成本资料,故难以精确反映成本变动的趋势。

技能训练 24

继[例 4.7],假设 5 月产量为 11 万件,成本总额为 135 万元,其他条件不变,要求:用高低点法预测该企业 7 月键盘的总成本。

(2)加权算术平均法

加权算术平均法预测成本即分别对固定成本和单位变动成本作加权算术平均法,分别得出加权平均后的固定成本和单位变动成本值为预测成本模型的固定成本 a 和单位变动成本 b。加权算术平均法一般适用于企业的历史成本资料具有详细的 a 和 b 的数据。其计算公式如下:

加权算术平均法预测成本参数的计算公式

$$固定成本 = \frac{\sum 每期固定成本 \times 该期权数}{\sum 每期权数}$$

$$单位变动成本 = \frac{\sum 每期单位变动成本 \times 该期权数}{\sum 每期权数}$$

【例 4.8】　客满意公司生产显示器,2017 年下半年的成本资料,见表 4.7。

要求:预测 2018 年 1 月生产 10 台显示器的总成本,假设月份即为权数。

表 4.7　客满意公司成本表

单位:元

月份	7	8	9	10	11	12
固定成本	1 000	1 100	1 200	1 100	1 300	1 400
单位变动成本	100	100	90	80	110	100

解:根据加权算术平均法预测成本的计算公式可得

$$固定成本 = \frac{\sum 每期固定成本 \times 该期权数}{\sum 每期权数}$$

$$= \frac{1\,000 \times 7 + 1\,100 \times 8 + 1\,200 \times 9 + 1\,100 \times 10 + 1\,300 \times 11 + 1\,400 \times 12}{7+8+9+10+11+12} 元$$

$$= 1\,205 元$$

$$单位变动成本 = \frac{\sum 每期单位变动成本 \times 该期权数}{\sum 每期权数}$$

$$= \frac{100 \times 7 + 100 \times 8 + 90 \times 9 + 80 \times 10 + 110 \times 11 + 100 \times 12}{7+8+9+10+11+12} 元/台$$

$$= 96 元/台$$

则可得到预测成本模型为:

$$y = a + bx = 1\,205 元 + 96\,x$$

预测出 10 台产品的总成本为:

$$y = a + bx = 1\,205 元 + 96\,x$$
$$= 1\,205 元 + 96 \times 10 元$$
$$= 2\,165 元$$

则用加权算术平均法预测出下年生产 10 台显示器的成本为 2 165 元。

从上例可进一步看出该方法只适用于企业的历史成本资料具有详细的固定成本总额与

单位变动成本的数据。

技能训练 25

继[例 4.8],假设 7 月固定成本为 1 200 元,单位可变成本为 95 元,11 月固定成本为 1 450 元,单位可变成本为 105 元。其他条件不变,要求预测 2018 年 1 月生产 10 台显示器的总成本。

(3)直线回归分析法

直线回归分析法是应用数学上最小平方法的原理来确定反映总成本随业务量变动而变动的趋势直线方程 $y = a + bx$。此时直线方程式中自变量 x 与因变量 y 之间具有误差平方和最小。此方法与前述的运用回归分析法进行销售预测相似。其 a 与 b 的值可以按下列公式确定:

直线回归法预测成本的参数确定

$$b = \frac{n\sum xy - \sum x \sum y}{n\sum x^2 - \left(\sum x\right)^2} \qquad a = \frac{\sum y - b\sum x}{n}$$

【例 4.9】 客满意公司生产显示器,2012—2016 年的产量和成本总额的历史资料,假定成本总额受产量的影响呈线性变化关系,见表 4.8。

要求:用回归分析法预测 2017 年产量为 50 千台时的成本总额。

表 4.8 客满意公司成本表

年份	2012	2013	2014	2015	2016
产量/千台	20	35	25	45	55
成本总额/万元	100	140	125	165	185

解:根据上表的数据,先计算出各期数据见表 4.9。

表 4.9 直线回归法预测成本

年份	x/千台	y/万元	x^2	xy
2012	20	100	400	2 000
2013	35	140	1 225	4 900
2014	25	125	625	3 125
2015	55	185	3 025	10 175
2016	45	165	2 025	7 425
合计	180	715	7 300	27 625

根据直线回归法预测成本的有关公式将表中有关计算数据代入 a,b 计算得：

$$b=\frac{n\sum xy-\sum x\sum y}{n\sum x^{2}-\left(\sum x\right)^{2}}=\frac{5\times 27\,625\text{ 万元}-180\times 715\text{ 万元}}{5\times 7\,300\text{ 千台}-180\times 180\text{ 千台}}=\frac{138\,125\text{ 万元}-128\,700\text{ 万元}}{36\,500\text{ 千台}-32\,400\text{ 千台}}$$

$$\approx 2.3\text{ 万元/千台}$$

$$a=\frac{\sum y-b\sum x}{n}=\frac{715\text{ 万元}-2.3\times 180\text{ 万元}}{5}=60.2\text{ 万元}$$

可得预测成本模型为：

$$Y=60.2\text{ 万元}+2.3x$$

将2017年的预计产量50千台代入，求得成本总额预测值为

$$Y=60.2\text{ 万元}+2.3\text{ 万元/千台}\times 50\text{ 千台}$$
$$=175.2\text{ 万元}$$

可以看出此方法适用于企业的单位产品成本忽高忽低、变动幅度较大的情况，运用此方法可以得到比较准确的成本预测值。

想一想：

历史资料法进行成本预测时常采用哪些方法？它们适用于什么情况下的成本预测？

技能训练26

继[例4.9]，假设2014年产量为20千台，成本总额为100万元，2016年产量为60千台，成本总额为200万元。其他条件不变，要求用回归分析法预测2017年产量为50千台时的成本总额。

3）**新产品预测法**

新产品预测法也称不可比产品成本预测法，适用于企业以往年度没有正式生产过的、其成本水平无法与过去进行比较的新产品成本预测。其主要有技术测定法和产值成本法，如图4.10所示。

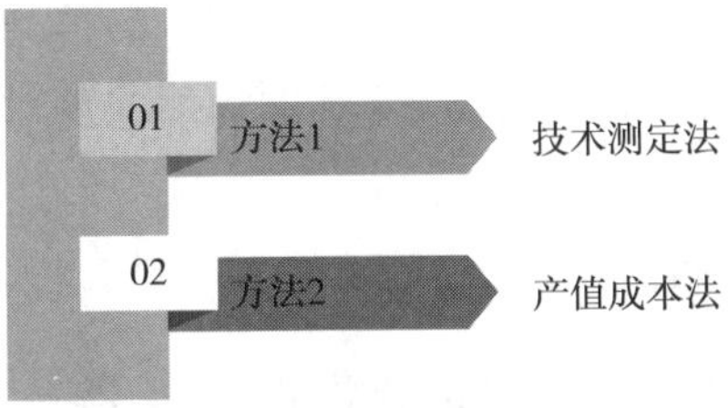

图4.10　新产品预测法的两种方法

(1)技术测定法

技术测定法是指在充分挖掘生产潜力的基础上,根据产品设计结构、生产技术条件和工艺方法,对影响人力、物力、消耗的各项因素进行技术测试和分析计算,从而确定产品成本的一种方法。

其基本理论是将材料、工时的投入量与产量进行对比分析,从而确定单位产量的消耗定额,然后将与产量有关的部分归集为单位变动成本,而将与产量无关的部分归集为固定成本。

技术测定法比较科学,但工作量较大,适合于品种少、技术资料比较齐全的产品。

(2)产值成本法

产值成本法是指按工业总产值的一定比例确定产品成本的一种方法。产品的生产过程同时也是生产成本的消耗过程,在这一过程中,产品成本体现为生产过程中的资金耗费,而产值则以货币的形式反映生产过程中的成果。产品成本与产品产值之间客观地存在着一定的比例关系,企业可以利用这种关系,同时参照同类企业相似产品的实际产值成本率加以分析确定。其计算公式如下:

产值成本法计算公式

预测总成本 = 该产品产值 × 预计产值利润率

预测单位成本 = 该产品产值 × 预计产值利润率预计产品产量

产值成本法的优点是工作量小,简单易行;其缺点是预测结果不够准确。

任务3 利润预测分析

4.3.1 利润预测概述

利润预测是对公司未来某一时期可实现的利润的预计和测算。它是按影响公司利润变动的各种因素,预测公司将来所能达到的利润水平,或按实现目标利润的要求,预测需要达到的销售量或销售额。因为公司的利润包括营业利润、投资净收益、营业外收支净额3个部分,所以利润的预测也包括营业利润的预测、投资净收益的预测和营业外收支净额的预测。通常在利润总额中,营业利润占的比重最大,是利润预测的重点,其余两部分可以用较为简便的方法进行预测。

4.3.2 目标利润确定原则

目标利润是指公司计划期内要求达到的利润水平。它既是公司生产经营的一项重要目标,又是确定公司计划期销售收入和目标成本的主要依据。正确的目标利润预测,可促使公司为实现目标利润而有效地进行生产经营活动,并根据目标利润对公司经营效果进行考核。

在实务中,目标利润确定原则如图4.11所示。

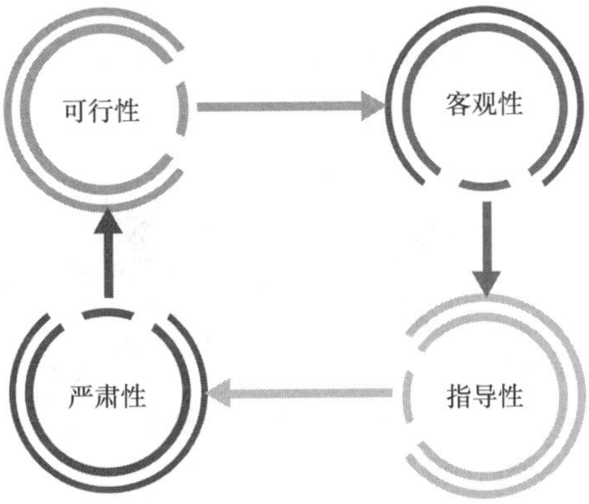

图4.11 目标利润确定原则

1)可行性

目标利润应该反映企业未来可能实现的最佳利润水平,但它必须是合理可行的。

2)客观性

在确定目标利润时,必须在客观市场环境、企业自身的客观现状、行业客观技术发展水平前提下,确定的目标利润,不能脱离客观实际,凭空确定目标利润。

3)严肃性

目标利润必须是经过反复测算、验证、调整后确定的,一旦目标利润确定则应保持相对稳定,不得随意改变它。

4)指导性

目标利润应当对业务量、成本、价格等因素未来发展起着指导作用。目标利润一旦确定,应及时在此基础上编制全面预算。

4.3.3 利润预测的意义

进行科学的利润预测,对改善企业的经营管理具有非常重要的意义,如图4.12所示。

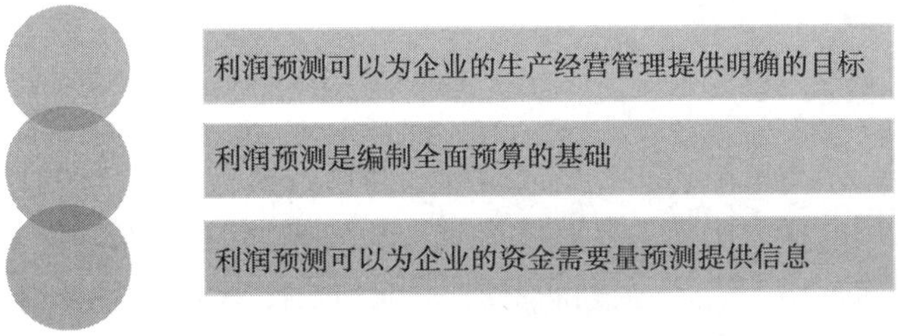

图4.12 利润预测的意义

4.3.4 利润预测的方法

利润预测的方法主要有本量利分析法、相关比率预测法和因素测算法，如图 4.13 所示。在实务中，前面两种应用较多，这里主要介绍这两种方法的使用。

图 4.13 利润预测方法

1）本量利分析法

本量利分析法全称成本-业务量（生产量或销售量）-利润分析法，也称损益平衡分析法，主要根据成本、业务量和利润三者之间的变化关系，分析某一因素的变化对其他因素的影响。它可用于利润预测。

这里介绍实务中最常用的本量利分析法中损益方程式的目标利润计算公式如下：

目标利润预测计算公式
目标利润 =（预计销售单价 - 预计单位变动成本）× 预计销售数量 - 固定成本总额

【例 4.10】 客满意公司 2016 年硬盘的销售量的预测值是 8 000 件，该产品的单价为 500 元，单位变动成本为 300 元，全年固定成本总额为 500 000 元。

要求：用本量利预测法预测 2016 年度的目标利润。

解：根据本量利方法下目标利润预测公式可得

目标利润 =（预计销售单价 - 预计单位变动成本）× 预计销售数量 - 固定成本总额

2016 年度预测目标利润 = 8 000 × 500 元 - 8 000 × 300 元 - 500 000 元 = 1 100 000 元

技能训练 27
继［例 4.10］假设该产品的单价为 600 元，单位变动成本为 500 元，全年固定成本总额为 800 000 元，其他条件不变，要求用本量利预测法预测 2016 年度的目标利润。

2）相关比率预测法

相关比率预测法是指根据利润与有关指标之间的内在关系，对计划期间的利润进行预测的一种方法。常用的相关比率主要有销售收入利润率、资金利润率等。相对应的相关比率预测法则有销售增长比率法、资金利润率法、利润增长比率法，如图 4.14 所示。

(1)销售增长比率法

销售增长率分析法是以商品的销售量增减快慢的速度,来判定、预测该商品处于寿命周期的哪个阶段的方法。一般而言,从相对长期趋势来观察,产品市场销售额呈直线上升时,属于成长阶段;销售额稳定且增长幅度趋于疲软时,属于成熟阶段;销售额连续下降时,属于衰退阶段。而销售增长与目标利润又有紧密的联系,因此,该方法是用销售增长和利润间的关系来预测目标利润的一种方法。其计算公式如下:

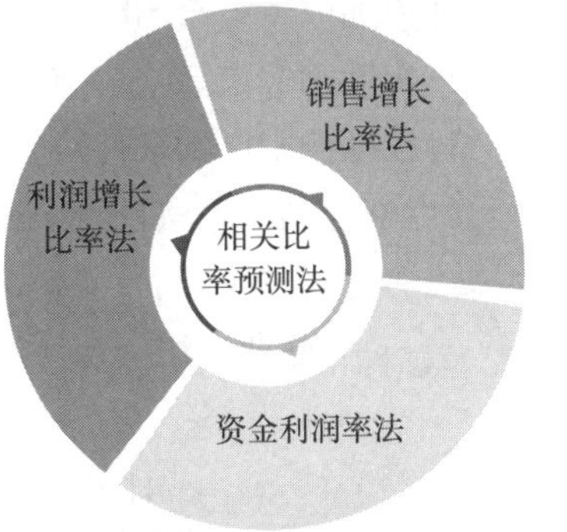

图4.14　相关比率预测法的3种方法

销售增长比率法预测利润的计算公式
目标利润 = 基期销售利润 × (1 + 预计销售增长率)

【例4.11】　客满意公司2017年实现销售利润为150万元,实际销售收入为1 600万元,通过测算预计该公司2018年计划销售额为2 000万元。

要求:预测该公司2018年的目标利润为多少?

解:根据销售增长比率法可知,目标利润计算公式为:

目标利润= 基期销售利润 ×(1 + 预计销售增长率)

$$= 150 \times \left(1 + \frac{2\,000-1\,600}{1\,600}\right) \text{万元} = 150 \times (1 + 25\%) \text{万元} = 187.5 \text{万元}$$

技能训练28
继[例4.11],假设客满意公司2017年实现销售利润为250万元,实际销售收入为2 800万元,其他条件不变,要求预测该公司2018年的目标利润为多少?

(2)资金利润率法

资金利润率是一个表示商品经济效益的综合性指标,它既是一个表示盈利能力的指标,又是一个表示投资回收能力的指标。该方法是根据企业预计的资金利润率水平,再结合基期实际资金占用状况与未来计划投资额来确定目标利润的一种方法。其计算公式如下:

资金利润法预测利润的计算公式
目标利润 =(基期占用资金 + 计划投资额)× 预计资金利润率

【例4.12】　客满意公司2017年实际固定资产平均占用额为1 200万元,流动资金占用额为400万元。2018年预计扩大生产规模,拟在年初购置价值为250万元的新设备投入生

产，另外追加流动资金 50 万元，预计 2018 年资金利润率为 10%。

要求：预测客满意公司 2018 年的目标利润。

解：根据例中已知条件可知，应用资金利润率法来预测目标利润。

又由资金利润率法计算公式可知

目标利润 =（基期占用资金 + 计划投资额）× 预计资金利润率

基期占用资金 = 2017 年固定资产占用 + 2017 年流动资产占用

= 1 200 万元 + 400 万元 = 1 600 万元

计划投资额 = 250 万元 + 50 万元 = 300 万元

目标利润 =（基期占用资金 + 计划投资额）× 预计资金利润率

=（1 600 + 300）万元 × 10%

= 190 万元

经过计算可知，客满意公司 2018 年预测的目标利润为 190 万元。

技能训练 29

继[例 4.12]，假设拟在年初购置价值为 300 万元的新设备搞入生产，另外追加流动资金 80 万元，预计 2018 年资金利润率为 15%，其他条件不变，现要求预测客满意公司 2018 年的目标利润。

（3）利润增长比率法

利润增长比率法是根据有关产品上一期间实际获得的利润额和过去连续若干期间的平均利润增长幅度（百分率），并全面考虑影响利润的有关因素的预期变动而确定企业目标利润的一种方法。在实务中可以根据企业基期的利润水平，结合近几年（一般为近 3 年）利润增长率变动趋势，以及影响利润有关因素加以考虑后确定一个预计的利润增长比率，来确定目标利润的方法。其计算公式如下：

利润增长比率法预测利润的计算公式

目标利润 = 基期利润 ×（1 + 预计利润增长率）

【例 4.13】 客满意公司 2017 年利润总额为 1 000 万元，根据过去 3 年的财务报表数据分析后预计 2018 年利润增长率为 10%。

要求：预测客满意公司 2018 年的目标利润。

解：根据例中已知条件可知，应用利润增长比率法来预测目标利润，即：

目标利润 = 基期利润 ×（1 + 预计利润增长率）

= 100 万元 ×（1 + 10%）= 1 100 万元

根据计算可知，客满意公司 2018 年预测目标利润为 1 100 万元。

技能训练 30

继[例 4.13],假设客满意公司 2017 年利润总额为 1 500 万元,根据过去 3 年的财务报表数据分析后预计 2018 年利润增长率为 15%,要求预测客满意公司 2018 年的目标利润。

想一想:

常用的利润预测分析有哪些方法?它们各自的特点是什么?

任务4　资金预测分析

【情境案例】

A 企业在短短几年内,产值从几百万上升到 10 个亿,利润从很低发展到近一个亿。这时,该企业的领导人就想到多元化的问题,一方面来分担产品线的风险,另一方面促进企业的发展。上项目,一个不够再加一个,4～5 个项目一起上,为达到国内 500 强而奋斗。到后来上马一个死一个(当然各种原因很多,不能说这个管理者选择错误),这家企业的产值上了百亿,但亏损达到几个亿,大量消耗了原有项目的周转资金。从根本上来讲,每个项目的资金关联度是很低的,横向占有资金需要有相当水平的管理能力才能控制。

B 企业,当家产品的产值达到十几亿,利润就有几个亿,也是多元化,干一个死一个,好在家底子厚,还留几个不死半活的项目。从资金链来看,这家企业还不成问题,因为当家的产品利润高,也有一定的家底,几个亿的亏损目前不会影响该企业的发展,也不会在资金链出现麻烦。但在激烈的市场竞争中,充满了许多危险和不确定性因素,不能保证以后也能长期找到平衡。

【情境分析】

由上述两例都可以看出两家企业的资金管理出现了问题,虽然产值、利润都不低,按理说应该发展都很好的企业却出现了资金链断裂的情况。众所周知,资金是一个企业的血液,几乎所有的企业稍做大一点,就会违背企业经营效率这个根本,因此,如何保证资金链的连续性发展,可以说是企业经营的根本。可见,资金预测对一个企业来说有多重要,资金预测的主要内容是资金需要量预测,通过预测保证资金供应,合理组织资金运用,提高资金利用效果。可以提前预见资金不足,而采取相应措施。

4.4.1 资金预测概述

资金预测是指企业根据生产经营的需求，对未来所需资金的估计和推测。企业筹集资金，首先要对资金需要量进行预测，即对企业未来组织生产经营活动的资金需要量进行估计、分析和判断，它是企业制订融资计划的基础。企业增加的资产，必然是通过增加负债或所有者权益的途径予以解决的。因此，通过预计资产的增减，可以确定需要从外部筹措的资金数额。为了预测资金需要量，首先应弄清楚影响资金需要量的主要因素。虽然企业的生产经营活动比较复杂，影响资金变动的因素不止一个，但从较短期间来看，影响资金需要量程度最大的就是预测期的预计销售收入。在一般情况下，企业在不同期间资金实际需要量的多少，同该期间经营业务量的大小基本上是相适应的。业务量较多时，销售收入水平也较高，资金需要量相应也较多；反之，则较低。因此，企业可以根据销售收入和资金需要量之间的相互关系预测出一定销售收入水平下的资金需要量。资金预测是在全面分析过去一定期间的资金来源和资金占用情况、经营资金总额同销售收入总额相互关系的基础上进行的，是企业资金（财务）管理的重要内容。

4.4.2 资金预测的意义

企业持续的生产经营活动，不断地产生对资金的需求，同时，企业进行对外投资和调整资本结构，也需要筹措资金。企业所需要的这些资金，一部分来自企业内部，另一部分通过外部融资取得。由于对外融资时，企业不仅需要寻找资金提供者，而且还需要做出还本付息的承诺或提供企业盈利前景，使资金提供者确信其投资是安全的并可获利，这个过程往往需要花费较长的时间。因此，企业需要预先知道自身的财务需求，确定资金的需要量，提前安排融资计划，以免影响资金周转。可用图 4.15 来表示资金预测的意义。

图 4.15 资金预测意义图

4.4.3 资金预测常用方法——销售百分比法

导致资金需要量发生变动的最直接、最重要的因素就是产品销售收入的变动。基于此，最常用的资金需要量预测方法就是销售百分比法。

销售百分比法就是根据资产、负债各个项目与销售收入总额之间的依存关系，并假定这些关系在未来时期保持不变的情况下，根据计划期销售额的增长幅度来预测需要相应追加多少资金的一种方法。

1)销售百分比法步骤

①分析基期资产负债表各个项目与销售收入总额之间的依存关系。

A.资产类项目。

B.负债与权益类项目。

②将基期的资产负债表各项目用销售百分比的形式另行编表。

③按公式计算计划期预计需要追加的资金数额。

可用图表示销售百分比法的步骤,如图4.16所示。

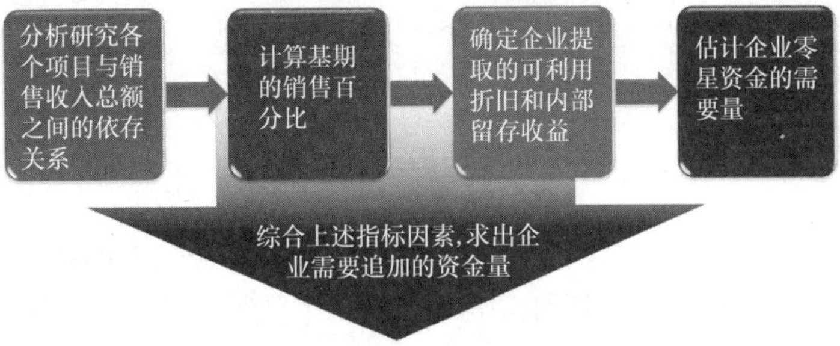

图4.16　销售百分比法步骤图

2)需要注意的问题

①分析资产负债表各个项目与销售收入总额之间的依存关系——资产类项目,如图4.17所示。

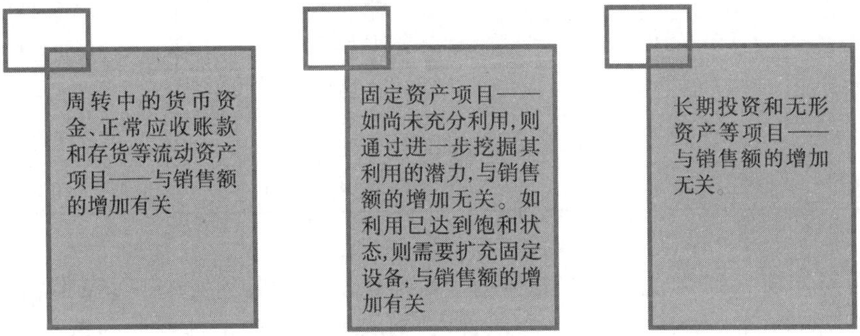

图4.17　资产类项目与销售收入依存关系图

②分析资产负债表各个项目与销售收入总额之间的依存关系——权益类项目,如图4.18所示。

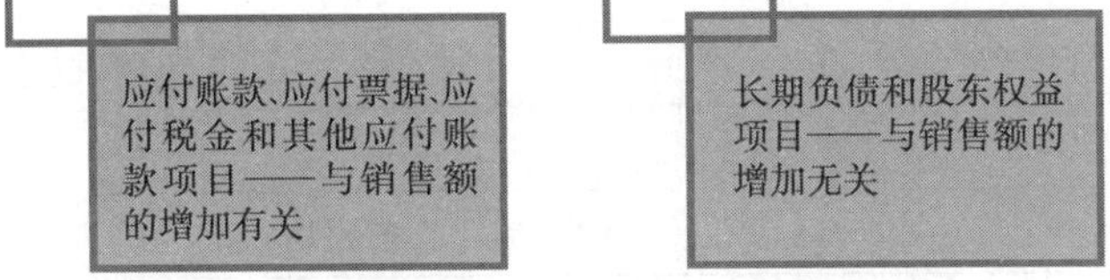

图4.18　权益类项目与销售收入依存关系图

3）销售百分比法计算公式

销售百分比法计算公式

$$\text{计划期预计需追加资金数额} = \left(\frac{A}{S_0} - \frac{L}{S_0}\right)(S_1 - S_0) - D_1 - S_1R_0(1 - d_1) + M_1$$

基期销售收入总额为 S_0，计划期销售收入总额为 S_1。

基期随销售额变动而变动的资产项目总额为 A。

基期随销售额变动而变动的负债项目总额为 L。

计划期提取的折旧减去用于固定资产更新改造后资金的余额为 D_1。

基期的税后销售利润率为 R_0，计划期的股利发放率为 d_1。

计划期的零星资金需要量为 M_1。

【例 4.14】 客满意公司在 2017 年的实际销售收入总额是 500 000 元，净利润 20 000 元，发放普通股股利 10 000 元，2017 年厂房设备利用率已经达到饱和状态。该公司 2017 年年末资产负债表见表 4.10。

表 4.10 客满意公司资产负债简表

单位：元

资 产		负债、权益	
现金	10 000	应付账款	52 000
应收账款	85 000	应交税费	25 000
存货	100 000	长期借款	115 000
厂房设备	150 000	实收资本	200 000
无形资产	55 000	留存收益	10 000
资产总计	400 000	负债、权益总计	400 000

若该公司计划 2018 年销售收入总额增加至 800 000 元，股利发放率与基期相同，折旧准备提取数为 20 000 元，其中 70% 用于改造现有厂房设备，又假定计划期间零星资金需要量为 14 000 元。

要求：预测 2018 年需要追加资金的数量。

解：首先根据上述数据编制出销售百分比形式的资产负债，见表 4.11。

表 4.11 资产负债表（用销售百分比表示）

资 产		负债、权益	
现金	2%	应付账款	10%
应收账款	17%	应交税费	5%

续表

资　产		负债、权益	
存货	20%	长期借款	与销售收入无关
厂房设备	30%	实收资本	与销售收入无关
无形资产	与销售收入无关	留存收益	与销售收入无关
合　计	69%	合计	15%

表 4.11 中，$(A/S_0) - (L/S_0) = 54\%$，表明该公司每增加 100 元销售收入，需要增加资金 54 元。

则根据公式

$$\text{计划期预计需追加资金数额} = \left(\frac{A}{S_0} - \frac{L}{S_0}\right)(S_1 - S_0) - D_1 - S_1 R_0 (1 - d_1) + M_1$$

2018 年需要追加资金

= 54% × 300 000 元 − 6 000 元 − 800 000 元 × 20 000 元/500 000 元 × 50% + 14 000 元

= 154 000 元

技能训练 31

继[例 4.14]，假设该公司计划 2018 年销售收入总额增加至 900 000 元，股利发放率与基期相同，折旧准备提取数为 28 000 元，其中 70% 用于改造现有厂房设备，又假定计划期间零星资金需要量为 20 000 元。其他条件不变，要求预测 2018 年需要追加资金的数量。

想一想：

用销售百分比法对资金预测的步骤有哪些？其原理是什么？

【同步训练】

一、单项选择题

1. 企业根据现有的经济条件和掌握的历史资料以及客观事物的内在联系，对生产经营活动的未来发展趋势和状况进行预计和测算的过程，就是管理会计的(　　)。

A. 经营决策　　　　B. 经营预测

C. 生产决策　　　　D. 生产预测

2. 下列各项中,属于因果预测分析法的是(　　)。

A. 趋势平均法　　B. 移动平均法

C. 指标建立法　　D. 平滑指数法

3. 下列各项中,不属于定量分析法的是(　　)。

A. 判断分析法　　B. 算术平均法

C. 回归分析法　　D. 平滑指数法

4. 通过函询方式,在互不通气的前提下向若干经济专家分别征求意见的方法是(　　)。

A. 专家函询法　　B. 专家小组法

C. 专家个人意见集合法　　D. 德尔菲法

5. 下列各种销售预测方法中,属于没有考虑远近期销售业务量对未来销售状况会产生不同影响的方法是(　　)。

A. 移动平均法　　B. 算术平均法

C. 加权算术平均法　　D. 平滑指数法

二、多项选择题

1. 下列各项中,属于预测分析内容的有(　　)。

A. 销售预测　　B. 利润预测

C. 成本预测　　D. 资金预测

E. 定性预测

2. 下列各项中,属于预测分析特征的有(　　)。

A. 客观性　　B. 不确定性

C. 相对性　　D. 可检验性

E. 灵活性

3. 下列各项中,属于影响销售量的外部因素的有(　　)。

A. 市场环境　　B. 竞争对手

C. 产品价格　　D. 经济发展趋势

E. 生产条件

4. 下列各项中,可用于销售预测的定量分析方法有(　　)。

A. 判断分析法　　B. 趋势外推分析法

C. 本量利分析法　　D. 因果预测分析法

E. 产品寿命周期推断法

5. 下列各项中,属于趋势外推分析法的有(　　)。

A. 平均法　　B. 修正的时间序列回归法

C. 因果预测分析法　　D. 综合判断法

E. 全面调查法

三、判断题

1. 预测就是对不确定的或不知道的事件做出叙述和描述。（　）
2. 预测是为决策服务的，有时候也可以代替决策。（　）
3. 定性分析法与定量分析法在实际应用中是相互排斥的。（　）
4. 销量预测中的加权算术平均法与移动加权算术平均法没有任何共同之处。（　）
5. 趋势平均法对历史上各期资料同等对待，权数相同。（　）

四、计算分析题

1. 已知：某企业生产一种产品，2005 年 1—12 月的销售量资料见表 4.12。

表 4.12　销售量资料

月份	1	2	3	4	5	6	7	8	9	10	11	12
销售量/吨	10	12	13	11	14	16	17	15	12	16	18	19

要求：分别按以下方法预测 2006 年 1 月销售量：

(1)平滑指数法(假设 2005 年 12 月销售量预测数为 16 吨，平滑指数为 0.3)。

(2)修正的时间序列回归法。

2. 已知：某企业只生产一种产品，本年销售量为 20 000 件，固定成本为 25 000 元，利润为 10 000 元，预计下一年销售量为 25 000 件(假设成本、单价水平不变)。

要求：预测下年的利润额。

3. 已知：某企业生产一种产品，最近半年的平均总成本资料见表 4.13。

表 4.13　总成本资料

单位：万元

月份	固定成本	单位变动成本
1	12 000	14
2	12 500	13
3	13 000	12
4	14 000	12
5	14 500	10
6	15 000	9

要求：当 7 月产量为 500 件，采用加权算术平均法预测 7 月产品的总成本和单位成本。

项目 4　同步训练答案

第 3 篇　财务决策

项目 5 短期经营决策分析

【知识结构】

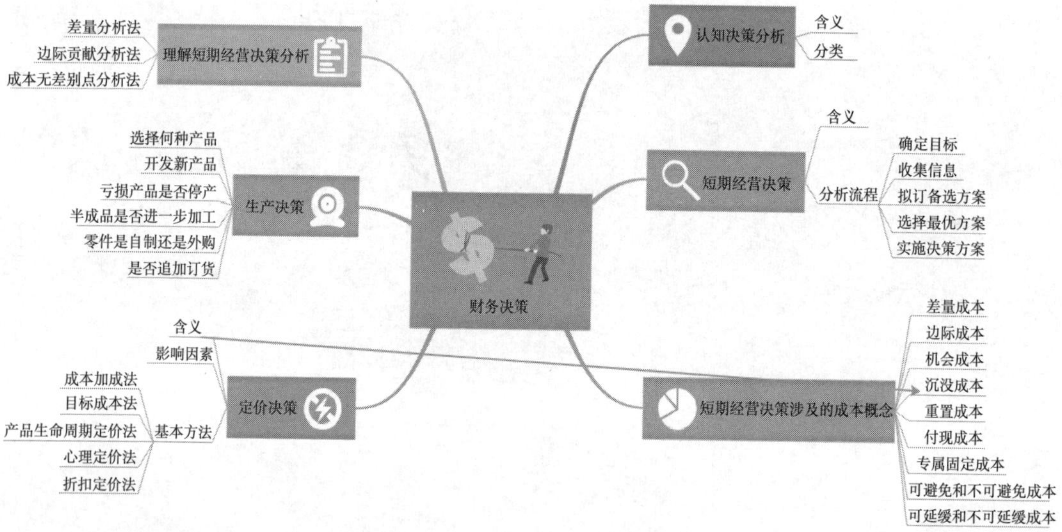

【知识目标】

1. 掌握短期经营决策的概念。
2. 掌握短期经营决策中涉及的成本。
3. 掌握生产决策中的各种情况。
4. 掌握定价决策的方法。
5. 了解定价决策中的影响因素。

【能力目标】

1. 能进行生产决策。
2. 能进行定价决策。

3. 能进行自我学习、独立收集信息、独立分析问题。

【情境案例】

某公司聘请了一位在管理经验方面非常优秀的企业经理人,盘某。该公司生产儿童玩具,分为 A 类玩具、B 类玩具、C 类玩具。除了供应销售玩具的零售商外,还根据一些大客户的需求生产定制特别的儿童玩具。由于公司产品的质量好、档次高,因此深受当地市场欢迎。最近在公司召开的高层管理者会议上,出现了一些棘手的问题。首先,市场部经理发言:“上午刚接到客户的一个订购单,其要在某个城市新开 15 个大型的游乐场连锁店,需要 A 类玩具 8 000 个,买家要求的单价不超过 80 元,并且要求 1 个月内交货。我们公司这种产品的正常售价是 120 元,这批订单是否可以接受呢?”生产部经理说:“刚建成的新厂房已经投入使用,现在还有大量的闲置生产能力,因此,在 1 个月内生产出 8 000 个应该没问题,但是客户对产品有特殊的要求,需要购买专用设备一台,价值 10 000 元。”财务部经理发言说:“A 类玩具每个的生产成本是 90 元(其中,直接材料 40 元,直接人工 20 元,变动制造费用 10 元,固定制造费用 20 元),这笔交易不合算。”作为职业经理人的盘某,面对这样的问题,该从哪些方面进行考虑?如何做出正确的决策?

【情境分析】

作为职业经理人的盘某所面临的问题,是企业短期经营决策的问题。盘某在公司是否接受低价订单时,应根据管理会计的理论和方法,考虑产品的单位变动成本、单位固定成本和专属成本与决策的关系。正确区分决策的相关成本与无关成本,这样才能做出正确的决策。

由于 A 类玩具是利用公司闲置的生产能力进行的生产,所以公司无论是否接受低价订单,固定成本都会发生,因此构成产品成本的固定制造费用是与决策无关的成本,决策时不需要考虑。公司只要接受订单,产品的变动成本就会发生,它是决策的相关成本,决策时需要考虑。为了满足客户的要求而购买专用设备的成本是接受订单的专属成本,也是决策时需要考虑的相关成本。通过分析,公司接受低价订单可获得的增量利润计算如下:

项　目	接受订单/元
增加的相关收入	80×8 000 = 640 000
增加的变动成本	70×8 000 = 560 000
增加的边际贡献	80 000
减:专属成本	10 000
增量利润	70 000

通过以上计算结果,盘某应该接受 8 000 个 A 类玩具的低价订单的决策,公司由此可获得 70 000 元的利润。

任务1 理解短期经营决策分析

5.1.1 认知决策分析

企业决策是一个企业的核心工作，直接决定着企业发展的兴衰存亡，是管理者们关注的核心。因此，当下社会绝大多数企业都结合各种网络，采用各种专门的方法对各种备选方案进行仔细地调查、研究、评价，使之做出更加科学、更加高效的决策。

1）决策的含义

决策是指企业为了实现特定的目标，根据客观的可能性，采取某些方法，通过综合分析从两个或者两个以上的备选方案中选择最优方案的过程。例如，生产何种产品、产品是否进一步加工、亏损产品是否停产或转产等。

2）决策的分类（见图5.1）

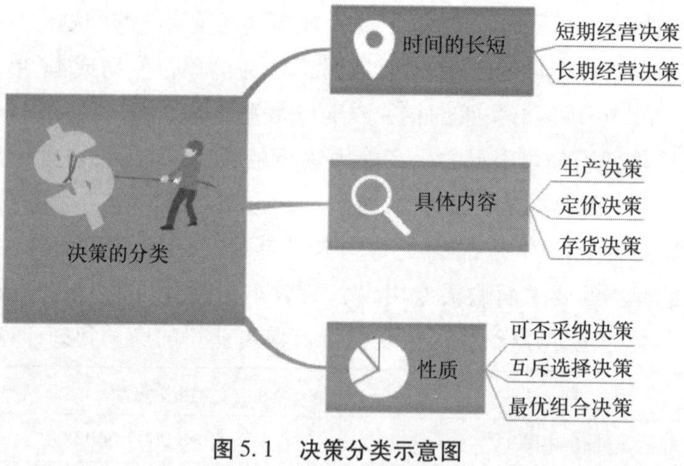

图5.1　决策分类示意图

①根据决策时间的长短分类，分为短期经营决策和长期经营决策。

②根据决策的具体内容，分为生产决策、定价决策和存货决策。

A. 生产决策是根据企业的经营战略方案及企业内外经营环境的状况确定企业的生产方向、生产目标、生产方针及生产方案的过程或职能。

B. 定价决策是把产品销售价格与产品销售数量、产品成本放在一起综合考虑，从而制定出一个能使企业获得最大利润的价格，这是企业生产经营活动中一个极为重要的问题。

C. 存货决策是指将原材料、在产品、产成品等各种物资与供应、生产和销售活动一起综合考虑。制定一个合理的存货率。避免成本浪费,生产不能正常进行,造成经济损失。

③根据决策性质分类,可分为可否采纳决策、互斥选择决策、最优组合决策,如图5.2所示。

图5.2　决策性质分类示意图

A.可否采纳决策。是指只有一个方案,通过分析可否接受而做出的决策。例如,亏损产品是否停产的决策,是否接受加工订货的决策。

B.互斥选择决策。是指在多个备方案中,存在着相互排斥的情况,通过比较分析,最终选择最优方案而排斥其他方案的决策。例如,零部件是自制或者外购的决策,联产品是否进一步加工的决策等。

C.最优组合决策。是指在多个备方案中,存在着并举。但是在资源有限的情况下,通过综合分析,最终选择最优化组合的方案,达到经济效益最优的决策。例如,在资金总额有限的情况下,哪种投资项目的组合最优。

5.1.2　短期经营决策的含义

短期经营决策是指1年以内或者一个经营年度或经营周期内,对企业经济效益产生影响,能够实现特定目标而进行的决策。它主要包括生产决策、定价决策等,例如关于企业零配件是自制还是外购的决策,是否接受追加订货的决策,生产甲产品还是乙产品的决策,以及选择生产工艺的决策等。短期经营决策一般不涉及新的固定资产投资,也不涉及大量资金的投入,主要是侧重于如何最有效、最充分地利用现有资源。

5.1.3　短期经营决策分析的流程

为了能更加科学、合理地做出短期经营决策,一般按照以下流程进行(见图5.3):

图5.3　短期经营决策分析流程图

1)确定决策目标

确定决策目标是制定决策的首要问题,例如,生产何种产品、亏损产品是否停产,在做出决策之前必须明确目标,然后根据目标进行界定。目标是利润最大化,还是成本最小化?在决策之前必须清晰界定,并作为选择最佳方案的标准和依据。

2)收集相关信息

在确定决策目标之后,应广泛收集与决策相关的信息并进行筛选。确定出符合本项目决策相关的信息。但需要注意的是,收集的相关信息一定要符合质量要求,满足定量和定性原则,财务信息与非财务信息相结合。

【知识窗】

3)拟订备选方案

根据收集到的相关信息从考虑现实与可行性等角度拟订备选方案,拟订的备选方案尽可能详细、科学化,便于后期对各个备选方案的优劣进行选择。

4)选择最优方案

该流程需要对各个备选方案进行详细的定性与定量分析,全方位评价各个备选方案的可行性、可靠性。该流程是决策是否正确的关键。

5)实施决策方案

选择出最优方案后,最后的流程是组织实施。在实施的过程中,可能会出现意想不到的新情况,则需要根据新情况调整或者修改原方案,加强实施过程中监控,可以保证决策的顺利开展,同时能够积累经验和数据,为今后的决策制定提供指导。

【知识窗】

5.1.4　短期经营决策分析中涉及的成本概念

确定最优方案是短期经营决策分析的最终目的。但是,选择最优方案的标准是在比较分析不同备选方案时,需要计算各个备选方案的收入和成本。管理会计中用于决策分析的成本概念与传统的成本概念既有区别又有联系。具体来说,短期经营决策分析中涉及的成本如图 5.4 所示。

1)差量成本

差量成本也称差别成本,管理会计中的差量成本主要是指企业在进行经营决策时,一个备选方案的预期成本与另一个备选方案的预期成本之差。这种差异主要是因为生产能力利用程度不同造成的。与差量成本项对应的主要是差量收入和差量利润。三者相互结合,可有效应用于多种决策方案的评价。诸如生产决策、定价决策。

【例 5.1】　客满意公司全年需要 1 500 件 A 零件,可以外购也可以自制。如果外购,单价为 5 元;如果自制,则单位变动成本为 3 元,固定成本 1 000 元。外购或自制决策的成本计算,见表5.1。

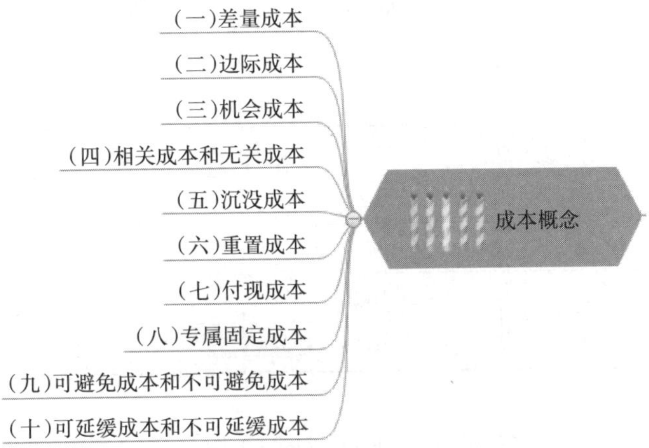

图5.4　短期经营决策分析中涉及的成本示意图

表5.1　外购或自制A零件成本计算表

单位:元

成　本	外　购	自　制	差量成本
采购成本	1 500×5＝7 500		
变动成本		1 500×3＝4 500	
固定成本		1 000	
总成本	7 500	5 500	2 000

2)**边际成本**

边际成本是指在企业的生产能量的相关范围内每增加或减少一个单位产量所引起的成本变动量。当业务量的增量为一个单位时,边际成本等于单位产品成本。但是边际成本与变动成本是有区别的。当产量在相关范围内变化时,固定成本在相关范围内保持不变,边际成本等于单位变动成本;当产量不在相关范围内变化时,固定成本会发生变化,边际成本则不等于单位变动成本。

此外,存在两个重要的关系:边际成本与平均成本之间存在一个重要关系,即当某种产品的平均收入与边际成本相等时,平均成本最低。边际成本和边际收入之间也有一个重要关系,当某种产品的边际收入与边际成本相等时,也就是边际贡献净增额为零时,企业实现的利润最多。这两个规律性的关系对企业经营决策和提高经济效益具有重要指导意义。

【**例5.2**】　产量、总成本、边际成本之间的变动关系见表5.2。

表 5.2　产量、总成本、边际成本关系表

产量/件	总成本/元	边际成本/元
20	80	
21	83	3
22	86	3
23	89	3
24	98	10
25	100	3
26	103	3

由表 5.2 可知，当产量从 20 件增加到 23 件时，在相关范围内固定成本不随产量变化而只是变动成本随产量变化，此时的成本变化就是边际成本；当产量从 23 件增加到 24 件时超出了原来的相关范围，增加固定成本，而后边际成本又变成固定数值 3，在新的相关范围内随单位产量的增加而增加。

由此可以看出，边际成本和变动成本是有区别的。当产量在相关范围内变化时，边际成本等于单位变动成本。

3）机会成本

机会成本是指在使用资源的决策分析过程中，选取某个方案而放弃其他方案所丧失的"潜在收益"。由于经济资源的稀缺和多种选择机会的存在，将有限的资源用在一个方面就不可能同时用在另一方面。因此，次优方案的可能收益作为最优方案的损失，作为在决策时要考虑的一个重要因素来分析，可以全面评价决策方案的得失关系。

【例 5.3】　客满意公司现有一空闲的生产线，既可以用于甲产品的生产，也可以用于出租。如果用来生产甲产品，其收入为 40 000 元，成本费用为 18 000 元，可获净利 22 000 元；用于出租则可获租金收入 20 000 元。

在决策中，如果选择用于生产 A 产品，则出租方案必然放弃，其本来可能获得的租金收入 20 000 元应作为生产 A 产品的机会成本由生产 A 产品负担。

技能训练 1

某企业有一笔闲置资金，如果用来购买设备，当年可盈利 70 000 元，也可入银行，每年得到利息 50 000 元，那么，企业主是否应将这笔钱用来购买设备？

4）相关成本和无关成本

相关成本是指与特定的决策方案相联系的、能对决策产生重大影响的、在短期经营决策

中必须予以充分考虑的成本。如果某项成本只属于某个经营决策方案,即如果这个方案存在,就会发生该项成本,若该方案不存在,就不会发生这项成本,那么这项成本就是相关成本。

与相关成本相对立的是无关成本。所谓的无关成本,是指不受决策结果的影响,与决策关系不大,已经发生或注定要发生的成本。如果无论是否存在某决策方案,均会发生某项成本,那么该项成本就是无关成本。

在短期经营决策分析过程中,不能考虑无关成本,否则,可能会导致决策失误。因此,了解和区分哪些是无关成本非常重要。

5)沉没成本

沉没成本是指过去已经发生并无法由现在或将来的任何决策改变的成本,是对现在或将来的任何决策都无影响的成本。一般而言,所有已经发生的成本对于决策来说都是无关的。

【例5.4】 客满意公司有一台旧设备要提前报废,其原始成本为10 000元,已提折旧8 000元,固定资产净值为2 000元,这2 000元的固定资产净值就是沉没成本。假设处理这台旧设备有两个方案可以考虑:一是将旧设备直接出售,可获得变价收入500元;二是经修理后再出售,则需支出修理费用1 000元,但可得1 800元。在进行决策时,由于旧设备固定资产净值2 000元属于过去已经支出再无法收回的沉没成本,因此不考虑,只将这两个方案加以比较,直接出售可得收入500元,而修理后可得净收入800元。显然,采用第二方案比采用第一方案可多得300元。因此,应将旧设备修理后再出售。

6)重置成本

重置成本也称现时成本或现行成本,是指目前从市场上购买同一项原有资产所需支付的成本。在短期经营决策的定价决策和长期投资决策的以新设备替换旧设备的决策中,需要考虑以重置成本作为相关成本。

【例5.5】 客满意公司2018年1月购进原材料甲材料200千克,购入价为每千克45元。假设5月中旬有某公司愿意以每千克50元全部买去。若按历史成本为基础来考虑,似乎每千克可获购销差价5元,共获毛利1 000元,但按管理会计观点,要做出正确的定价决策,必须以重置成本为根据。若5月在市场上该原材料甲材料的现时成本需52元,那么现以单价50元出售,不仅不获利,反而每千克亏损2元。

7)付现成本

付现成本是指那些由未来某项决策所引起的需要动用现金支付的成本。这类所指的现金是广义的现金,包括现金、银行存款和有价证券等。

【例5.6】 客满意公司计划进行A产品的生产。现有甲设备一台,原值50 000元,已提折旧35 000元,固定资产净值15 000元。生产A产品时,还需对甲设备进行技术改造,为此要追加支出10 000元。如果市场上有乙设备出售,其性能与改造后的甲设备相同,售价为20 000元。在是否改造旧设备的决策中,因为旧设备的固定资产净值属于沉没成本,不影响决策所以应将改造旧设备的付现成本10 000元与购买新设备的20 000元进行比较,从而做出正确的抉择:选择改造旧设备将比购买新设备节约支出10 000元。

8)专属固定成本

专属固定成本是指可以明确归属于企业的某种产品、某个批次、某个部门的固定成本。专属固定成本是与特定的产品或部门相联系的特定成本。它往往是为了弥补生产能力不足的缺陷,增加有关装置、设备、工具等长期资产而发生的。例如,在做采购材料决策时,到外地采购材料的差旅费支出就可以确认为采购方案的专属成本。

9)可避免成本和不可避免成本

可避免成本是由企业管理者的决策来决定其是否发生的成本,如广告费、职工培训费、管理人员奖金、研究开发费等。这些成本的开支数额一般是由企业的管理者根据计划期的具体情况和财务负担能力做出决定。

不可避免成本是为进行企业经营而必须负担的、不能改变的最低限度的成本,如厂房、设备等固定资产所提的折旧,不动产的税金、保险费以及管理人员薪金等,其发生与否与有关方案是否被选定无关。

【例5.7】 客满意公司在正常的生产能力范围内接受了某一特定订货,假定厂房设备的折旧费为50 000元,这部分折旧费就与特定订货的接受与否无关,不论该特定订货接受与否,原有厂房设备的折旧费照常发生。

不可避免成本因其不与特定方案直接相关,故在评价备选方案的经济性时可不予考虑。

10)可延缓成本和不可延缓成本

在短期经营决策中对某项已决定选用的方案推迟执行,还不至于对企业的生产经营产生重大影响,那么与该方案相关的成本称为可延缓成本,又称可递延成本。

不可延缓成本是指在短期经营决策中若对其暂缓开支就会对企业未来的生产经营产生重大影响的那部分成本。

【例5.8】 客满意公司原定于某月初开始扩建一条流水线,现经市场调查预测,该产品销售不畅,且公司资金紧张,经研究,决定推迟实施流水线扩建工程。这样,与该项工程有关的材料、人工等费用就属于可延缓成本。

【例5.9】 客满意公司过去一直将废水直接排放到企业附近的河里,环境污染严重。现决定安装防污废水处理装置,废水处理装置与相应的工程费用支出预计30万元,即使财力紧张,该方案也必须执行,否则政府会勒令公司停业。那么,与此方案有关的成本就属于不可延缓成本。

5.1.5 短期经营决策分析中常用的几种方法(见图5.5)

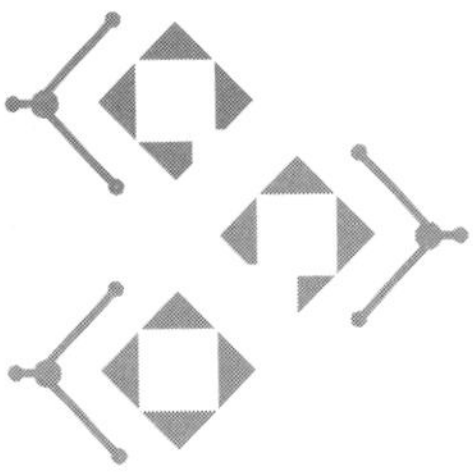

图5.5 短期经营决策分析中的方法示意图

1)差量分析法

差量分析法是根据两个备选方案计算其差量收入、差量成本,得出差量利润,根据差量利润是否大于0决定最优方案,见表5.3。

差量收入是指两个备选方案预期收入的差额。

差量成本是指两个备选方案预期成本的差额。

差量利润是指差量收入与差量成本的差额。

表5.3 差量成本分析表

	A方案	B方案
差量收入 = A方案的预期收入 - B方案的预期收入		
差量成本 = A方案的预期成本 - B方案的预期成本		
差量利润 = 差量收入 - 差量成本		
差量利润 > 0	最优	
差量利润 < 0		最优

采用差量分析法的关键在于:进行决策分析时,只考虑那些对备选方案的预期收入和预期成本会发生影响的项目;那些不相关的因素,则一概予以剔除。

【例5.10】 客满意公司的一台设备既可生产甲产品,也可生产乙产品,其预计销售单价、预计销售数量和单位变动成本资料见表5.4。

表5.4 甲、乙产品资料表

项 目	甲产品	乙产品
预计销售数量/件	1 000	800
预计销售单价/元	75	50
单位变动成本/元	60	45

根据以上资料，对客满意公司该生产何种产品进行决策分析。

解：采用差量分析法计算分析如下：

(1)计算差量收入

生产甲产品与生产乙产品的差量收入 = (1 000 × 75) 元 - (800 × 50) 元 = 35 000 元

(2)计算差量成本

生产甲产品与生产乙产品的差量成本 = (1 000 × 60) 元 - (800 × 45) 元 = 24 000 元

(3)计算差量损益

生产甲产品与生产乙产品的差量利润 = 35 000 元 - 24 000 元 = 11 000 元

从以上计算结果来看，由于生产甲产品比生产乙产品可多获利 11 000 元，因此，该企业生产甲产品比较有利。

以上差量分析过程也可以通过编制差量分析表来反映，见表 5.5。

表 5.5 差量分析表

单位：元

项　目	甲产品	乙产品	差量
差量收入	75 000	40 000	35 000
差量成本	60 000	36 000	24 000
差量利润	15 000	4 000	11 000

差量分析法科学、简单、实用、应用范围较广。只要两个备选方案的预期收入和预期成本资料齐全，就可以使用差量分析法。如果两个备选方案的预期收入相同，则只比较其预期成本即可，这种方法也称相关成本法。此时，遵循成本最小化原则，即哪个方案的成本低就选择哪个方案。如果两个备选方案的预期成本相同，则只比较其预期收入即可，此时遵循收益最大化原则，即哪个方案的收益大就选择哪个方案。如果有两个以上的备选方案，可分别进行两两比较分析，最终以能提供最大经济效益的方案为最优方案。

需要注意的是，应用差量分析法时，计算差量收入的顺序与计算差量成本的顺序必须保持一致；否则，差量收入和差量成本之间就失去了可比性，无法根据计算出的差额进行判断。此外，如果存在两个以上的备选方案，运用该方法的过程就略显复杂，并且工作量较大，必要时还须结合其他分析方法来进行综合判断。

技能训练 2

某企业计划生产 A 产品或生产 B 产品。A 和 B 两种产品预期的销售量分别为 200 件和 100 件，销售单价分别为 32 元和 50 元，单位变动成本分别为 15 元和 24 元。根据以上资料，做出生产哪种产品对企业较为有利的决策。

技能训练3

某个公司生产一种产品，单位售价为33元。在正常生产能力为10万台的范围内，该产品的单位成本资料如下：直接材料10元，直接人工8元，变动制造费用2元，固定费用10元，单位产品成本合计为30元。根据原有生产计划，该公司只安排了7万台该产品的生产，生产能力有剩余。目前有一客户拟按28元的单价订购该种产品10 000台。有人认为，如果接受该订单，将会出现亏损，至少使公司利润减少50 000元[10 000 ×(33 - 38)]；而有人认为，应当接受订单，不能流失客户。那么，该公司应否接受该客户的订单进行生产呢？

2)边际贡献分析法

边际贡献分析法是指在固定成本不变的情况下，计算各备选方案的边际贡献总额，通过对比备选方案中贡献毛益总额的大小确定最优方案。

值得注意的是，应以备选方案提供的贡献毛益总额的大小，或单位工时所创造的贡献毛益的大小作为选优标准，而不能以产品提供的单位贡献毛益的大小来判断方案的优劣。因为单位产品的边际贡献反映的是产品盈利能力的大小，不同产品所消耗的人工工时或者机器小时是不同的，在资源总量有限的条件下，所能生产的产品数量不同，所以不能以单位产品边际贡献为依据选择最优方案。

3)成本无差别点分析法

成本无差别点分析法是指两个备选方案的预期总成本在相等情况下的业务量。根据两个备选方案的成本无差别点，就可以确定在什么业务量范围内哪个方案较优。通过判断不同水平上的业务量与无差别业务量之间的关系，来做出互斥方案决策的一种方法。通过应用于业务量不确定的零部件取得方式的决策和生产工艺技术方案的决策，选成本最低的方案。

成本无差别点分析法是以成本无差别点业务量作为最终的评价指标，根据成本无差别点所确定的业务量范围来决定方案取舍的一种决策方法。这种方法适用于只涉及成本，而且业务量未知的方案决策，如图5.6所示。

成本无差别点分析法的关键在于：确定成本无差别点。

假设有甲、乙两个备选方案，甲方案的固定成本大于乙方案的固定成本，甲方案的单位变动成本小于乙方案的单位变动成本。

设甲方案的固定成本为 a_1，单位变动成本为 b_1；

设乙方案的固定成本为 a_2，单位变动成本为 b_2；

$$a_1 > a_2 \qquad b_1 < b_2$$

假设成本无差别点的业务量为 X_0，则：

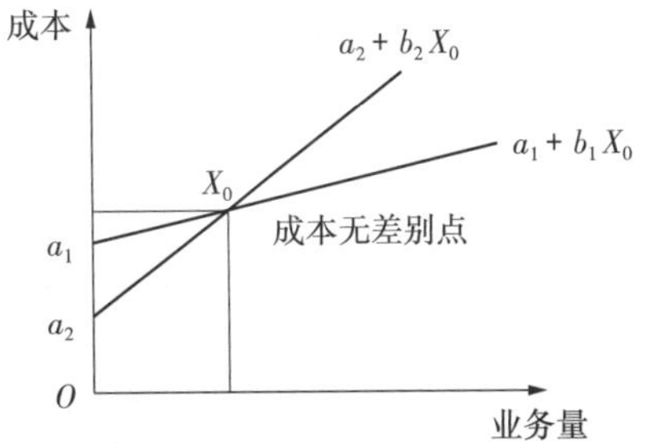

图5.6　成本无差别点示意图

$$a_1 + b_1X_0 = a_2 + b_2X_0$$

$$X_0 = \frac{a_1 - a_2}{b_1 - b_2}$$

如果预期业务量 X 的取值范围在 $0 < X < X_0$ 时，则应选择固定成本较小的乙方案；如果预期业务量在 $X > X_0$ 的区域变动时，则应选择固定成本较大的甲方案；如果 $X = X_0$，说明两方案的成本相同，决策中选用其中之一即可。

【例 5.11】 客满意公司生产一种产品，有两种工艺方案可供选择：

甲方案：固定成本总额 450 000 元，单位变动成本 300 元。

乙方案：固定成本总额 300 000 元，单位变动成本 400 元。

请确定选择甲方案还是乙方案。

解：根据原理成本无差别点的业务量为 X_0，即：

$$a_1 + b_1X_0 = a_2 + b_2X_0$$

$$X_0 = \frac{a_1 - a_2}{b_2 - b_1}$$

则

$$甲方案 = 450\,000 元 + 300X_0$$

$$乙方案 = 300\,000 元 + 400X_0$$

成本无差别点 = 1 500 件

(1) 当产量 = 1 500 件时，则即甲、乙两个方案均可取。

(2) 当产量>1 500 件时，假定为 1 600 件，则甲方案优于乙方案。

(3) 当产量<1 500 件时，假定为 800 件，即乙方案优于甲方案。

技能训练 4

已知：某企业常年生产需用的 B 部件以前一直从市场上采购，已知采购量在 5 000 件以下时，单价为 8 元/件；达到或超过 5 000 件时，单价为 7 元/件。如果追加投入 12 000 元专属成本，就可以自行制造该部件，预计单位变动成本为 5 元/件。

要求：用成本无差别点法为企业作出自制或外购 B 部件的决策，并说明理由。

4) 短期经营决策分析中常用 3 种方法适用类型

边际贡献分析法和差量分析法都是适用于收入成本型(收益型)方案的选择。

临界成本分析法适用于企业在产经营中，只涉及成本而不涉及收入的情况，包括成本型方案的选择、不同工艺进行同种零部件加工的决策等。

任务 2 生产决策

生产决策是企业短期经营决策分析中比较重要的内容。本部分内容主要学习企业在固定资源不变的情况下,该选择何种产品进行生产、是否适合开发新产品、亏损产品是否停产、零件是自制还是外购等问题。本任务重点从 5 个方面分析生产决策,如图 5.7 所示。

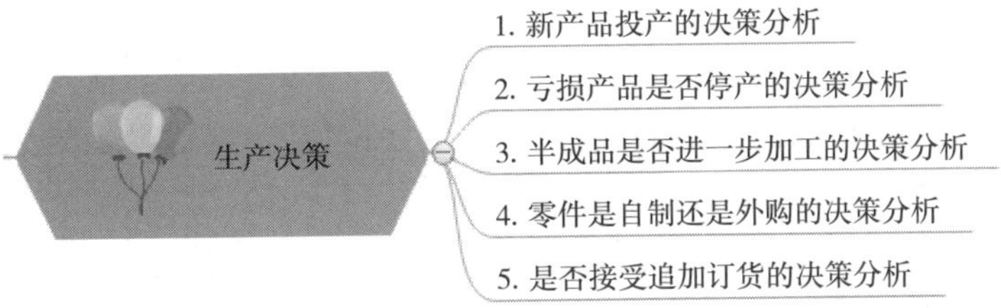

图 5.7　生产决策分析

5.2.1　新产品投产的决策分析

随着市场竞争的日益激烈,老产品终将被新产品所替代。因此,不断开发新产品是企业生存的关键。新产品开发决策主要是指利用企业现有剩余生存能力或老产品腾出来的生产能力开发新产品,对不同的新产品开发方案进行选择的决策。至于通过投资扩大生产能力开发新产品,则属于长期决策的范围。

【知识窗】

【例 5.12】　客满意公司原设计生产能力为 5 000 个机器工时,实际开工率只有原生产能力的 80%,现准备利用剩余生产能力开发新产品 A 或新产品 B。老产品及 A 和 B 两种新产品的有关资料见表 5.6。

表 5.6　3 种产品的有关资料

项　目	老产品	新产品 A	新产品 B
每件定额机器工时/机器工时	20	5	2
销售单价/元	60	82	44
单位变动成本/元	50	70	38
固定成本总额/元	14 000		

要求:根据上述资料做出开发哪种新产品较为有利的决策分析。

这项决策可采用边际贡献分析法。由于客满意公司是生产能力有剩的情况下开发新产品,并不增加固定成本。因此,创造边际贡献总额最多的方案就是最优方案。

根据已知的数据编制分析见表 5.7。

表 5.7

项　目	新产品 A	新产品 B
剩余生产能量/机器工时	5 000 × (1 − 80%) = 1 000	
每件定额机器工时/机器工时	5	2

续表

项　目	新产品 A	新产品 B
最大产量/件	$\frac{1\,000}{5}=200$	$\frac{1\,000}{2}=500$
销售单价/元	82	44
单位变动成本/元	70	38
单位边际贡献/元	12	6
边际贡献总额/元	$12\times 200=2\,400$	$6\times 500=3\,000$

由表5.7可知,新产品A每件创造的边际贡献率较新产品B大1倍,似乎开发新产品A比较有利,但由于A产品的产量只有B产品的40%,因此,对于边际贡献总额来说,还是开发新产品B较优。

另外还应指出,这样的结论是以该企业的新产品生产多少就能销售多少为前提条件的。按市场预测,情况并非如此,还应根据销售预测的数据进行修正。

技能训练5

某公司现准备开发一种新产品,生产经营能力成本为20 000元,现有A,B两种产品可供选择,单价分别为150元、100元,单位变动成本为120元、80元,单位产品消耗台时为5小时、4小时,该企业剩余的生产经营能力为20 000小时。根据以上资料如何做决策?

技能训练6

接上题目,开发A和B产品需追加专用模具(专属成本)分别为5 000元和6 000元,其他资料不变,如何选择?

5.2.2　亏损产品是否停产的决策分析

如果按照财务会计核算的结果,亏损产品继续生产只能产生负效益。但按照管理会计成本性态分析的理论,亏损产品的问题就有必要重新讨论。亏损产品分为两种情况如图5.8所示。

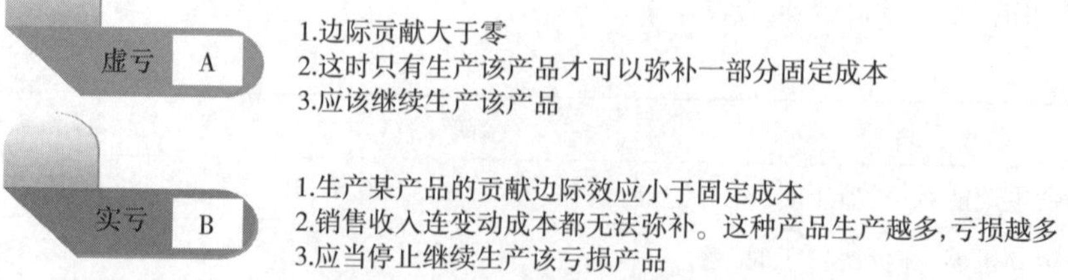

图5.8　亏损产品的两种情况

1)**生产能力无法转移时,亏损产品是否停产的决策**

所谓生产能力无法转移,是指当亏损产品停产后,剩余生产能力将被闲置,闲置下来的生产能力无法被用于其他产品或者对外出租等。本类决策的备选方案有两个:一是“继续按原规模生产亏损产品”方案;二是“停止生产亏损产品”方案。在这种情况下,只要亏损产品满足以下任何一个条件,就不应停产,如图5.9所示。

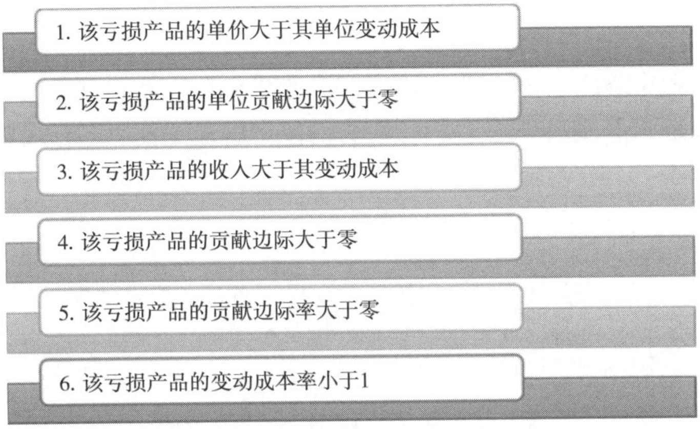

图5.9 亏损产品分析图

只要该亏损产品的贡献边际大于与相对剩余生产经营能力转移有关的机会成本,就不应停产;否则,企业将因此而多损失相当于上述贡献边际与机会成本之差那么多的利润。

【例5.13】 客满意公司生产甲、乙、丙3种产品,其盈亏情况见表5.8。

表5.8 甲、乙、丙3种产品盈亏表

单位:万元

产品	销售额	可变成本总额	边际贡献	固定成本总额	利润
甲	50	20	30	20	10
乙	40	20	20	16	4
丙	60	40	20	24	-4
合计	150	80	70	60	10

从表5.8可以看出丙产品亏损4万元,表面上看不应该继续生产。但实际上,丙产品具有边际贡献20万元,如果停止生产则边际贡献全部损失,其分担的固定成本24万元将由甲、乙产品负担,企业利润由原来的10万元变为(50+40)万元-(20+20)万元-60万元=-10万元,见表5.9。

表 5.9　甲、乙产品盈亏对比表

单位:万元

产　品	销售额	可变成本总额	边际贡献	固定成本总额	利　润
甲	50	20	30	32	−2
乙	40	20	20	28	−8
合　计	90	40	50	60	−10

由此可见,在上述条件下,虽然生产丙产品会造成单个产品利润亏损,但是丙产品却负担了 24 万元的固定成本,使企业盈利 10 万元,而停产后却亏损 10 万元,因此,继续生产丙产品较为有利。

技能训练 7

某公司生产甲、乙、丙 3 种产品,其中丙产品是亏损产品。如果停止生产丙产品,分摊在丙产品的固定成本全部继续存在。

有关资料见表 5.10。

表 5.10　甲、乙、丙 3 种产品有关资料

项　目	甲产品	乙产品	丙产品	合　计
销售收入	50 000	40 000	20 000	110 000
变动成本	35 000	30 000	17 000	82 000
边际贡献	15 000	10 000	3 000	28 000
固定成本	10 000	8 000	4 000	22 000
利润	5 000	2 000	−1 000	6 000

试根据上述资料做出丙产品应否生产的决策。

从表中看,似乎停止生产丙产品可使企业利润增加 1 000 元。其实不然。如果停止生产丙产品,将使企业的边际贡献率总额减少 3 000 元,但企业的固定成本总额不会减少。

因为,本例假定企业的固定成本是整个企业的经营或活动而发生的,它同各种产品的生产和销售无直接联系。各种产品所负担的固定成本是人为分配的。丙产品停产后,分摊在丙产品的固定成本全部继续存在。可见,如果丙产品停产后,分摊在丙产品上的全部固定成本应由甲、乙两种产品来共同负担。因此,丙产品停产后,不但不能使企业的利润增加 1 000 元,反而会使企业的利润减少 3 000 元。见表 5.11。

表 5.11　甲、乙、丙 3 种产品有关资料

项　目	甲产品	乙产品	合　计
销售收入	50 000	40 000	90 000

续表

项　目	甲产品	乙产品	合计
变动成本	35 000	30 000	65 000
边际贡献	15 000	10 000	25 000
固定成本	12 222	9 778	22 000
利润	2 778	222	3 000

固定成本总额22 000,按甲、乙产品销售收入占全部产品销售收入的比例分配。从上述分析可见,以继续生产丙产品为宜。

2)生产能力可以转移时,亏损产品是否停产的决策

如果亏损产品停产以后,闲置下来的生产能力可以转移,如转产其他产品,或将设备对外出租,这种情况就要对备选方案进行对比后再决策。是否考虑转产和停产的差量收益问题。把生产能力转移,其判断标准是看生产能力转移后产生的边际贡献总额是否大于原亏损产品提供的边际贡献总额。

承[例5.13]如果企业把剩余生产能力转产丁产品,预计销售额100万元,可变成本总额60万元。转产丁产品不需要追加专属固定成本。现在要求通过分析判断是否应该转产。具体分析见表5.12。

表5.12　甲、乙、丁3种产品转产分析表

单位:万元

产品	销售额	可变成本总额	边际贡献	固定成本总额	利　润
甲	50	20	30	20	10
乙	40	20	20	16	4
丁	100	60	40	24	16
合计	190	100	90	60	30

从表5.11可以看出,转产丁产品后比继续生产丙产品多提供边际贡献总额20万元,企业利润提高20万元。因此,企业应该停产亏损丙产品转而生产丁产品。

技能训练8

某企业每年生产甲半成品10 000件,单价46元,单位变动成本20元,固定成本总额150 000元。如果将甲半成品进一步加工为乙产品出售则单价可提高到80元,但需要追加单位变动成本23元,专属固定成本80 000元。

要求:做出甲半成品是直接出售还是进一步加工后出售的决策。

5.2.3 半成品是否进一步加工的决策分析

在现实企业生产中,经常会遇到半成品是直接出售还是继续加工的问题。对这种问题的决策,需要进一步分析加工后增加的收入是否超过加工过程中追加的成本。如果前者大于后者,则进一步加工的方案较优;如果前者小于后者,则应选择直接出售方案。具体见表5.13。

表5.13

a	b	进一步加工的方案	直接出售方案
进一步分析加工后增加的收入	加工过程中追加的成本	$a > b$	
进一步分析加工后增加的收入	加工过程中追加的成本		$a < b$

【例5.14】 客满意公司生产某产品,年销售量为20 000件。如加工为半成品销售给其他企业,单位售价为30元,单位变动成本为20元,单位固定成本为5元(固定成本总额为100 000元,每件产品分摊5元)。如加工为产成品对外销售,其单位售价可提高4元,单位变动成本将增加3元,并需要购买一台价值为8 000元的专用设备。该设备无其他用途,报废时无残值。试根据上述资料做出半成品出售或进一步加工的决策。

解:可采用差量损益分析法来分析,其分析形式见表5.14。

表5.14

单位:元

项　目	进一步加工为产成品
差量收入(20 000×4)	80 000
差量成本	68 000
变动成本(20 000×3)	60 000
固定成本	8 000
差量损益	12 000

从上述分析可见,半成品进一步加工后出售比直接出售能多收获12 000元的利润。因此,选择进一步加工为宜。

技能训练9

某企业每年生产甲半成品10 000件,单价46元,单位变动成本20元,固定成本总额150 000元。如果将甲半成品进一步加工为乙产品出售则单价可提高到80元,但需要追加单位变动成本23元,专属固定成本80 000元。

要求:做出甲半成品是直接出售还是进一步加工后出售的决策。

5.2.4　零件是自制还是外购的决策分析

在剩余的生产能力可以进行零部件自制，同时又可外购的情况下，零部件是自制还是外购就是一项需要解决的短期经营决策问题。对该问题，由于是利用剩余的生产能力自制零部件，因此不需要考虑现有的固定成本，它属于沉没成本，与决策无关，只需要比较两个不同方案的相关成本即可。

在零部件自制或外购的决策问题中，外购方案的相关成本包括买价、运杂费等，而自制方案的相关成本通常有两种具体情况，如图5.10所示。

企业剩余生产能力不能移作他用，自制不发生专属固定成本。在这种情况下，自制方案的相关成本包括自制零部件发生的变动生产成本。

企业剩余生产能力可以他用，自制不发生专属固定成本。在这种情况下，自制的相关成本包括变动生产成本和机会成本，即由于自制使生产能力不能移作他用而损失的收益。

图5.10　自制方案的相关成本的两种具体情况

【例5.15】　客满意公司制造某种产品，每年需用甲零件1 000个，该零件既可以自制，又可以外购。如自制，该企业的机械加工车间有剩余的生产能力，预计自制每个零件需要直接材料20元，直接人工4元，变动制造费用12元，固定制造费用8元（固定制造费用总额为8 000元，每个零件应分担8元）。如外购，每个零件的外购成本为40元，同时可制造甲零件的厂房、设备向外出租，预计可得租金收入为2 000元。试根据上述资料做出应自制还是外购该零件的决策。

解：由于企业机械加工车间的生产力有剩余，它原有的固定成本不会因自制甲零件而增加，也不会因外购零件同时出租用于自制甲零件的厂房、设备而减少。因此，分配给甲零件的固定成本是一项非相关成本，在决策分析时无须考虑。另外，出租厂房、设备可得的租金收入是自制甲零件的机会成本，在自制方案中应加入，见表5.15。

表5.15　差量成本分析法

单位：元

项　目	自　制	外　购
外购成本（1 000×40）		40 000
自制成本	38 000	
直接材料（1 000×20）	20 000	
直接人工（1 000×4）	4 000	
变动制造费用（1 000×12）	12 000	

续表

项　目	自　制	外　购
机会成本	2 000	
差量成本(外购比自制)		2 000

由上诉分析可见,外购方案的成本比自制方案的成本高 2 000 元,因此采用自制为宜。

技能训练 10

某企业生产 B 产品需要乙部件,可自制也可外购。若自制乙部件,每件单位变动成本为 15 元,需追加专属成本 3 000 元。若外购,每件采购成本为 20 元,其闲置生产设备可用于出租,预计每年可获得租金收入 3 500 元。

要求:采用成本无差别点分析法对零部件需求量不确定时自制还是外购做出决策。

5.2.5　是否接受追加订货的决策分析

如果企业在生产过程中有剩余的生产能力,除了考虑开发新产品外还可以考虑是否接受客户的追加订货。这种问题的决策可以采用边际贡献分析法,还可以考虑采用差量分析法。决策分析的基本原则,如图 5.11 所示。

决策分析的基本原则:

如果客户所开出的销售单价大于追加订货的单位变动成本,并能补偿其可能发生的专属固定成本和机会成本,即可接受;否则,不接受。

图 5.11　决策分析的基本原则示意图

【例 5.16】　客满意公司原来制造甲产品,年设计生产能力为 10 000 件,销售单价 68 元。其平均单位成本的数据为:直接材料 20 元,直接人工 16 元,制造费用 20 元,其中,固定费用 12 元,变动费用 8 元,单位成本合计 56 元。若该企业按照当前的生产情况,每年有 35% 的剩余生产能力未被利用。现有一用户要求订购甲产品 3 000 件,每件出价 45 元,而且该项订货还需要购置一台专用设备,价款 2 000 元(期满无残值)。

要求:根据上述资料做出是否接受该项追加订货的决策分析。

按照传统会计的观点来看,接受该项订货是不合算的。因为根据产品的单位成本(56 元)和对方出价(45 元)比较,每件明显损失了 11 元,何况接受订货还需要增加专属固定成本 2 000 元,更加扩大了亏损数额。但是,从管理会计的观点来看,由于接受该项订货是在企业有剩余生产能力的情况下,除专属成本需要考虑外,至于原有产品的固定成本,并非该项决策的相关成本,无须加以考虑。因此,只要对方出价略高于单位变动成本并能使专属固定成本得到补偿即可接受。

这项决策可以采用差量分析法，见表5.16。可以看出，由于差量收入大于差量成本，因此可以追加订货。

表5.16 差量损益分析表

单位：元

项 目	接受订货	不接受订货	差 量
差量收入			135 000
接受订货	135 000		
不接受订货		0	
差量成本			134 000
接受订货（变动成本）	132 000		
专属固定成本	2 000		
不接受订货		0	
接受订货的差量损益			1 000

技能训练11

某企业的机械加工车间生产甲产品，年设计生产能力为10 000件。目前，已接受订货8 000件，每件售价40元，预计单位成本为38元。其中，单位产品变动成本为30元，单位固定成本为8元。现有一用户前来要求订货1 000件，每件出价35元，而且这项订货还有一些特殊要求。如果接受这项订货需要为此购置一台价值为1 200元的专用设备。该设备无其他用途，报废时无残值。试根据上述资料做出是否接受这项追加订货的决策。

技能训练12

B公司生产F产品，已知在正常生产能力范围内，F产品的单位成本为：直接材料50元，直接人工60元，变动制造费用40元，固定费用80元，合计330元。根据目前的生产情况，该公司有剩余生产能力。现有一客户拟按290元的单价订购下产品500件，经测算，接受该订货将发生新增成本支出5 000元，该5 000元属于专属成本。专属成本是指可以明确归属于某种或某个部门的成本。请问B公司应否接受该订单？

任务3 定价决策

5.3.1 定价决策的含义

定价决策是指选择最优的销售价格水平以实现企业价值最大化，提高企业产品在市场的占有率的一种短期决策。当今市场风云变幻，电子商务的兴起让市场销售模式呈现多样化，企业对各自产品的定价受各个方面的影响，具有不确定性。因此，企业在进行定价决策时，坚持可持续发展战略，在传统思维模式的基础上进行创新，定性方法与定量方法结合使用，制定出最优的价格，实现企业价值最大化，保持和提高市场占有率，应对和防止竞争。

5.3.2 定价决策的影响因素

影响产品价格的因素有很多，主要考虑的因素有：资金周转、产品价值、成本消耗、产品质量、供求关系、价格弹性、企业竞争的目标、竞争对手的实力、购买者的购买力和购买心理、定价目标的导向、竞争能力态势、价格体系的完善程度、国家的价格政策、产品所处的寿命的周期阶段。

【知识窗】

5.3.3 定价决策的基本方法

1）成本加成定价法

（1）完全成本定价法

完全成本定价法是指按照产品的完全成本，加上一定百分比的销售利润，作为销售价格的依据，故称成本加成定价法。其计算公式如下：

完全成本定价法的计算公式
产品单位销售价格 = 产品预计单位完全成本 ×（1 + 利润加成率）

【例5.17】 客满意公司计划生产销售某产品20 000件，该产品预计单位变动成本为：直接材料20元，直接人工15元，变动制造费用11元，固定成本总额80 000元。预计利润按照完全成本总额的10%加成，如采用完全成本定价法，则该产品的单位销售价格应为多少？如果该产品的价格定在60元，在其他情况不变的条件下，利润额预计是多少？

解：产品单位销售价格 = 产品预计单位完全成本 ×（1 + 利润加成率）

$$p = \left(20 + 15 + 11 + \frac{80\,000}{20\,000}\right)\text{元} \times (1 + 10\%) = 55\text{ 元}$$

$$\text{利润额} = 20\,000 \times 60\text{ 元} - 20\,000 \times 46\text{ 元} - 80\,000\text{ 元} = 200\,000\text{ 元}$$

技能训练 13

某公司生产 C 产品 5 000 件，固定成本总额为 90 000 元，单位产品直接材料 15 元，直接人工 12 元，变动制造费用 10 元。该企业预计利润总额按完全成本总额的 10% 予以加成。

要求：计算 C 产品售价为多少时能达到企业的目标利润。

（2）变动成本定价法

变动成本定价法是指按照产品的变动成本加上一定数额的贡献毛益，作为产品销售价格的依据。也就是说，只要产品的销售价格能够补偿其变动成本，并可提供一定数额的贡献毛益时，该价格就可以接受。其计算公式如下：

变动成本定价法的计算公式

$$\text{产品单位销售价格} = \frac{\text{产品单位变动成本}}{1 - \text{贡献毛益率}} = \frac{\text{产品单位变动成本}}{\text{变动成本率}}$$

【例 5.18】 客满意公司生产甲产品，财务科测算出其单位成本为：直接材料 40 元，直接人工工资 30 元，变动制造费用 26 元，固定制造费用 20 元。甲产品预计边际贡献率为 20%。

采用变动成本定价法计算，该产品的单位售价应为多少？

解：

$$\text{产品单位销售价格} = \frac{\text{产品单位变动成本}}{1 - \text{贡献毛益率}} = \frac{\text{产品单位变动成本}}{\text{变动成本率}}$$

$$= \frac{40\text{ 元} + 30\text{ 元} + 26\text{ 元}}{1 - 20\%} = 120\text{ 元}$$

如果经过市场调查，经营者认为该产品的边际贡献率只有在 10% 的情况下才有竞争力。在其他条件不变的情况下，该产品预计定价是多少？

$$\text{产品单位销售价格} = \frac{\text{产品单位变动成本}}{1 - \text{贡献毛益率}} = \frac{\text{产品单位变动成本}}{\text{变动成本率}}$$

$$= \frac{40\text{ 元} + 30\text{ 元} + 26\text{ 元}}{1 - 10\%} = 106.67\text{ 元}$$

上述计算结果表明，该产品定价应为 106.67 元。

这种方法一般在企业利用剩余生产能力接受追加订货时采用，故未考虑固定成本。

技能训练 14

某公司生产 D 产品 1 000 件，预计边际贡献率为 30%，单位产品直接材料 20 元，直接人工 15 元，单位变动制造费用 10 元。固定制造费用总额 18 000 元。

要求：采用变动成本定价法确定产品单价。

2）目标成本法

目标成本法是一种以市场为基础的定价方法。它以具有竞争性的市场价格和目标利润倒推出产品的目标成本。目标价格是指预计潜在顾客愿意为一种产品或服务支付价格。目标成本是指可以为公司带来目标利润的产品服务的预计长期成本，它等于目标价格减去目标利润。例如，假设李宁公司能够以单价 290 元出售一种特殊类型的鞋，而且希望每双鞋赚取利润 180 元，这就为每双鞋的成本制定了 110 元的上限。目标成本法在汽车制造业的奔驰和丰田等厂家、电子业的松下等厂家、个人电脑业的苹果和东芝等厂家中得到了广泛的应用。

目标成本法主要用于对新产品在研发过程中的成本控制，以确保产品进入生产环节以后成本不会超过目标成本，从而能够为企业提供有保障的目标利润。在确定目标成本过程中，需要针对未来新产品的市场定价和目标顾客的需求程度等因素进行详细的分析，以确定未来新产品的目标售价。

3）产品生命周期定价法

每个产品在某一市场上通常都会经历导入期、成长期、成熟期和衰退期 4 个阶段，不同阶段应采用不同的定价策略。

（1）导入期定价策略

导入期定价策略包括市场撇脂定价策略，高价导入新产品，其目的是在短期内收回投资，迅速获利；市场渗透定价策略，低价投放新产品，旨在迅速开拓市场，抢占市场份额，抑制竞争对手的渗入。

（2）成长期定价策略

进入成长期后，产品的销售量开始迅速上升，利润达到最高点。促销的平均费用低于导入期的促销费用，竞争日趋激烈。此时可以考虑市场渗透定价，以巩固竞争地位。

（3）成熟期定价策略

在产品成熟期，销量达到最高点，而利润增长速度开始下降。此时，由于竞争已进一步加剧，因此可以适当下调价格。实力雄厚的企业将处于价格主导地位，弱小企业则处于比较被动的地位，是价格的追随者。

（4）衰退期定价策略

进入衰退期后，产品销量迅速下降，价格已降到最低水平，企业利润微薄，应考虑削价销售产品。

4）**心理定价策略**

心理定价策略的主要分类如图 5.12 所示。

图 5.12　心理定价策略的主要分类

(1)尾数定价

根据一些消费心理学家的调查，消费者从习惯上乐于接受尾数价格，不喜整数价格。

【知识窗】　【知识窗】

(2)分级定价

由于同类产品生产者多，花色品种各异，如果给同类产品定一个价格，会增加选购的难度。因此，零售商往往把同类产品分为若干档次定价，以满足具有不同购买力与购买意愿的消费者的不同需求。

(3)声望定价

一家商店的店号在消费者心中享有声望，则它出售的商品价格可比一般商店高些。名牌商品也可采用"优质高价"策略，既增加了盈利，又让消费者在心理上感到满足。

【知识窗】　【知识窗】

(4)习惯定价

有些商品市场价格基本已经固定下来。例如,钢材、水泥等原材料。定价时不宜改变那些约定俗成的价格。

(5)招徕定价

企业可以利用某个节假日、某个特定时间进行“大减价”。

5)折扣定价策略

折扣定价策略主要有两种,具体如图 5. 13 所示。

图 5. 13　折扣定价策略种类

(1)现金折扣

为了鼓励买主用现金购买或提前付款,通常在定价时给予一定的现金折扣。

(2)数量折扣

①累计数量折扣

规定在一定时间内购买商品总量达到一定数额时,给予折扣,这样可以是客户向某一特定的供应商订货,而不是从多个来源购买同一产品。

②非累计数量折扣

非累计数量折扣诱导客户从某一特定的卖主那里一次性购买大量产品。例如,季节折扣,淡季打折,鼓励提前定购,使厂商能在一年中维持比较稳定的生产;旺季打折,旨在提高市场占有率,巩固并增强竞争地位。非累计数量折扣属于只按一次购买数量大小给予折扣。例如,购买一件商品,单价 1 元,购买 10 件,每件 0. 9 元。

【知识窗】

【同步训练】

一、单项选择题

1. 下列各项中,属于无关成本的是(　　)。

A. 沉没成本　　B. 增量成本

C. 机会成本　　D. 专属成本

2. 是否接受低价追加订货决策的类型属于(　　)。

A. 是否生产决策　　B. 生产什么决策

C. 怎样生产决策　　D. 定价决策

3. 某企业常年生产需要的某部件以前一直从市场上采购，单价为8元/件，预计明年单价将降为7元/件。如果企业明年追加投入12 000元专属成本，就可以自行制造该部件，预计单位变动成本为5元/件，则外购与自制方案的成本无差别点业务量为（　　）。

A. 12 000件　　B. 6 000件

C. 4 000件　　D. 1 400件

4. 某产品按每件10元的价格出售时，可获得8 000元贡献边际，贡献边际率为20%，企业最大生产能力为10 000件；将价格调低为9元时，预计可实现销售9 000件，则调价前后的利润无差别点业务量为（　　）。

A. 9 000件　　B. 8 000件

C. 6 000件　　D. 4 000件

5. 在零部件自制或外购的决策中，如果零部件的需用量尚不确定，应当采用的决策方法是（　　）。

A. 相关损益分析法　　B. 差别损益分析法

C. 相关成本分析法　　D. 成本无差别点分析法

二、多项选择题

1. 下列各项决策中，属于“是否生产决策”内容的有（　　）。

A. 是否增产亏损产品的决策　　B. 是否接受低价追加订货的决策

C. 是否转产某种产品的决策　　D. 半成品是否深加工的决策

E. 零部件自制或外购的决策

2. 下列各项决策中，属于“生产什么决策”内容的有（　　）。

A. 是否增产亏损产品的决策　　B. 是否接受低价追加订货的决策

C. 是否转产某种产品的决策　　D. 半成品是否深加工的决策

E. 零部件自制或外购的决策

3. 下列各项中，属于联产品深加工决策方案可能需要考虑的相关成本有（　　）。

A. 加工成本　　B. 可分成本

C. 机会成本　　D. 增量成本

E. 专属成本

4. 下列各项中，属于生产经营决策相关成本的有（　　）。

A. 增量成本　　B. 机会成本

C. 专属成本　　D. 沉没成本

E. 不可避免成本

5. 下列各项中，属于生产经营决策方法的有（　　）。

A. 差别损益分析法　　B. 相关损益分析法

C. 相关成本分析法　　D. 成本无差别点分析法

E. 直接判断法

三、判断题

1. 相关业务量通常是通过对相关收入和相关成本的影响而实现对决策方案的影响。（　）

2. 机会成本是指应由中选的最优方案负担的，按所放弃的其他方案最低收益计算的那部分资源损失。（　）

3. 在短期经营决策中，所有的固定成本或折旧费都属于沉没成本。（　）

4. 对于那些应当停止生产的亏损产品来说，不存在是否应当增产的问题。（　）

5. 只有在有关业务量不确定的情况下，才可以利用成本无差别点法进行零部件自制或外购的决策。（　）

四、计算分析题

1. 已知：某企业每年需用 A 零件 2 000 件，原由金工车间组织生产，年总成本为 19 000 元，其中，固定生产成本为 7 000 元。如果改从市场上采购，单价为 8 元/件，同时将剩余生产能力用于加工 B 零件可节约外购成本 2 000 元。

要求：利用相关成本分析法为企业做出自制或外购 A 零件的决策，并说明理由。

2. 设某企业生产一种产品，单位售价为 12 元，单位变动成本 10 元，年产销 80 000 件，年固定成本 200 000 元，尚有剩余生产能力 20 000 件。

要求：

（1）计算该企业的年利润，说明该企业生产的产品是否为亏损产品，若是则分析确定是否停止生产该亏损产品。

（2）若剩余生产能力无法转移，应否接受 20 000 件定价为 11 元的订单？（假设企业为此需追加固定成本 10 000 元）

项目 5　同步训练答案

项目 6
长期投资决策分析

【知识结构】

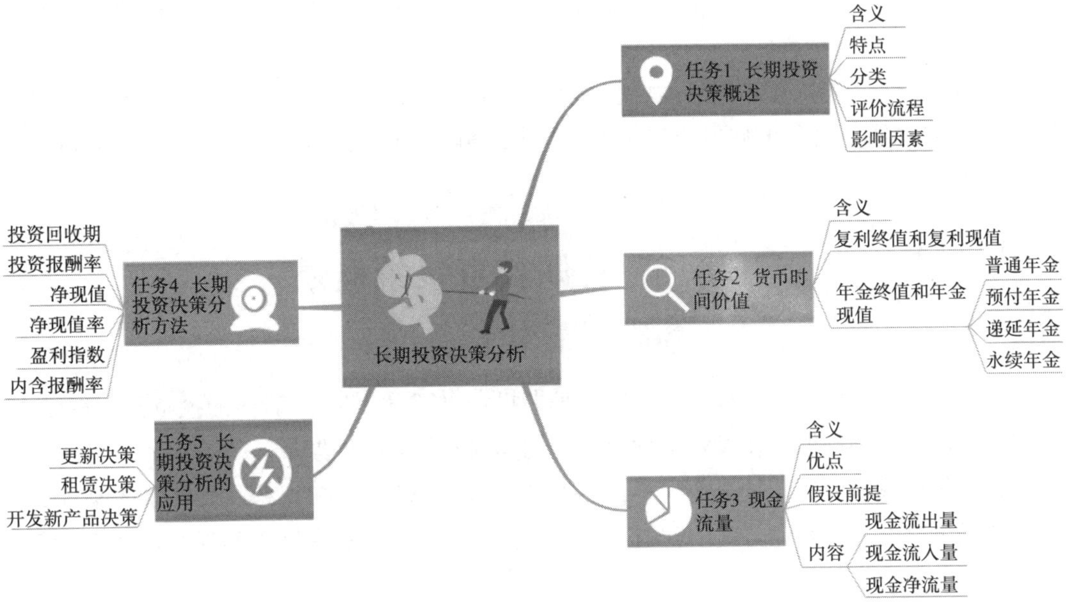

【知识目标】

1. 理解长期投资决策的概念。
2. 掌握资金时间价值的含义。
3. 掌握现金流量的计算方法。
4. 了解长期投资决策分析的方法。

【能力目标】

1. 能计算资金时间价值。

2. 能计算现金流量。

3. 能计算长期投资决策评价指标。

【情境案例】

美国国际商用机器公司为了从规模上占领市场,大胆决策购买股权。1982 年用 2.5 亿美元从美国英特尔公司手中买下了 12% 的股权,从而应付国内外电脑界的挑战;另一次是 1983 年,以 2.28 亿美元收购了美国一家专门生产电讯设备的企业罗姆公司 15% 的股权,从而维持了办公室自动化设备方面的霸王地位。早在 1956 年,美国的一家公司发明了盒式电视录像装置。可是美国公司只用它来生产一种非常昂贵的广播电台专用设备。而日本索尼的经营者通过分析论证,看到了电视录像装置,一旦形成大批量生产,其价格势必降低,许多家庭可以购买得起此种录像装置。这样一来,家用电子产品这个市场就会扩大,如果马上开发研究家用电视录像装置,肯定会获得很好的经济效益和社会效益。这一决策的成功,家用电视录像装置的市场一度被日本占去 90% 多,而美国则长期处于劣势。

此例说明,投资决策正确,可以使企业在风雨变幻的市场上居领先地位,并可保持企业立于不败之地。由此可见投资决策的重要性。本项目重点学习长期投资决策分析。

任务1　长期投资决策概述

企业的生产能力在一定程度上取决于长期投资决策,长期投资需要的投资额往往较大,投资收支所涉及的周期以及投资损益对经营周期损益的影响周期较长。

长期投资决策分析涉及企业生产经营全局性和战略性问题的决策,最终目的是提高企业总体经营能力和获利能力。因此,科学地进行长期投资决策,有助于实现企业生产经营长远规划。

6.1.1　长期投资决策的概念

长期投资决策是相对于短期投资决策而言的。短期投资决策通常发生在 1 年(或长于 1 年的一个经营周期)内,并只影响企业一个经营周期的损益,它一般不改变企业现有的生产能力。与此不同,长期投资决策则是企业为了适应今后若干年生产经营的长远发展需要而投入大量资金,期望在较长时间内获得更多回报或收益的经济活动。

由于与长期投资决策有关的资金支出在未来若干期内连续分次转化为各期费用,分批补偿回收,在会计上也称资本性支出。因此,长期投资决策分析也称资本性支出决策分析。

6.1.2 长期投资决策的特点

1)形成稳定的生产能力

长期投资是为满足企业生产经营发展的长远需要而进行的投资,这种投资通常会形成企业稳定的生产能力,扩大企业的生产规模,增加产品和服务的种类等。从客观上来说,长期投资的规模和水平决定着企业的生产规模和水平。当长期投资形成企业的生产能力,而企业却不能充分利用时,就会造成资源的浪费。

2)投资回收期长

长期投资是一次性的,而收回却是多次的,这就使占用在长期投资上的资金具有相对的固定性,因此大大地限制了企业资产的流动性。长期投资决策一经做出,便会在较长时间内影响企业,一般的项目投资都需要几年、十几年甚至几十年才能收回,对企业今后长期的经济效益,甚至对企业的命运都有着决定性的影响。由于长期投资决定企业的生产方向和能力,一旦投资项目完成,就对企业形成了硬约束,企业往往难以改变。因此,企业在进行项目投资时必须认真、谨慎进行可行性研究。

3)投资数额大

长期投资一般都需要较大的资金量,小到几千元的设备,大到几百万元甚至上亿元的建设项目,对企业现金流量、财务成果和资本结构有很大的影响,因此企业必须合理安排资金预算,适时筹措资金,尽可能减轻企业的财务压力。凡构成长期投资决策的项目,其金额一般都比较大,对企业资金运用和资金构成有很大影响,因此需要进行专门的资金筹措工作,以保证及时、足额地满足长期投资决策项目所需要的全部资金。

4)变现能力差

长期投资不管是形成生产设备,还是建造房屋、建筑物,一旦完成,要想改变往往为时已晚,不是无法实现,就是代价太大。因此有人称长期投资具有不可逆转性。企业只能在项目管理上充分挖掘潜力,使之处于满负荷工作状态,努力提高使用或营运效率,从而使长期投资真正为企业带来效益。

5)投资风险大

长期投资项目交付使用后的收益情况,受企业内外各种因素制约,这些因素之间的相互关系又是错综复杂的,而且由于投资项目寿命长,在投资中无法对未来各因素的发展变化做出完全准确的预测,投资风险自然较大,因此,企业有必要采用专门方法进行风险决策分析。

可见,长期投资绝不能在缺乏调查研究的情况下轻率进行,而必须按照一定的程序,认真、细致地收集信息,考虑各种计量和非计量的因素,运用科学的方法进行严格的论证,谨慎进行决策,并严格控制资本预算的执行过程,以求提高投资效率。

6)需要编制资本支出预算

长期投资决策确定以后,为了及时保证资金需要,提高资金的使用效率,企业还需要进行合理的筹资和投资活动。而为了有效地控制和考评长期投资的执行情况,企业就需要编制资本支出预算。资本支出预算主要根据经审批的各个长期投资项目编制,且要详细列出该项目在生命周期内各年度的现金流出量和现金流入量的资料。

7)影响企业未来的财务状况和经营盈亏

长期投资对企业未来的财务状况和经营成果影响深远。如果长期投资决策正确,就会形成企业新的利润增长点,给企业带来源源不断的财富;如果长期投资决策失误,不仅不会给企业带来利润,而且会造成企业资金的浪费,使企业陷入财务困境。

6.1.3 长期投资决策的分类

1)按投资决策的动机分类

按投资决策的动机将长期投资决策分为诱导式投资决策和主动式投资决策。

2)按投资决策涉及的大致内容分类

按投资决策涉及的大致内容将长期投资决策分为固定资产投资决策与流动资产投资决策。

3)按投资决策与再生产类型的联系分类

按投资决策与再生产类型的联系将长期投资决策分为合理型投资决策和发展型投资决策。

4)按投资决策影响的范围分类

按投资决策影响的范围将长期投资决策分为战术型投资决策与战略型投资决策。

5)按投资方案之间的关系分类

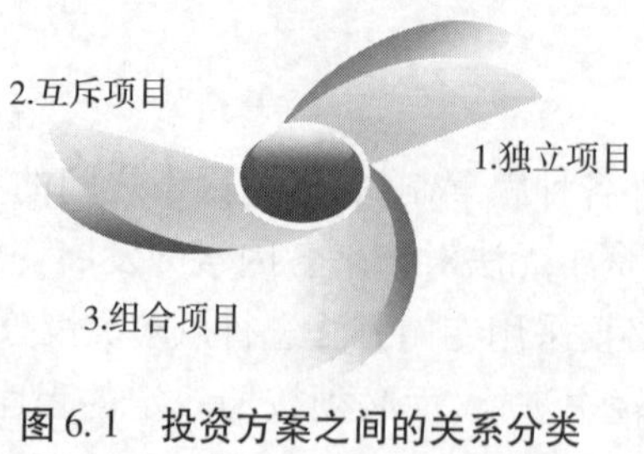

图 6.1 投资方案之间的关系分类

按投资方案之间的关系分类如图 6.1 所示。

独立项目是指一组相互分离、互不排斥的项目,选择其中一个项目并不排斥选择另一项目。如企业拟购置设备,新建厂房或办公楼就是独立项目。独立项目决策主要判别该项目是否具有财务可行性,不涉及项目之间的比较。

互斥项目是指一组相互关联、相互排斥的项目，选择其中一个项目就会排斥其他项目。如企业拟新增一台设备，有进口设备和国产设备两种选择，选择其中一个项目必然会放弃另一项目，这就是互斥项目。在对互斥项目进行决策时，主要是根据各项目的经济效益比较进行选优。

组合项目是指一组既不相互独立又不相互排斥的项目。组合项目决策是在不超过现有投资资金总量的前提下，在所有独立项目以及互斥项目的最优项目选择能使企业经济效益最大的一组项目的决策，即资本限量决策。

6）按投资的对象分类

按投资的对象，可分为购置新设备项目投资，新建固定资产项目投资和更新固定资产项目投资。

6.1.4　长期投资决策的意义

长期投资本身所具备的投入资金额大、影响持续时间长、回收慢、风险多等特点，决定了长期投资决策直接影响着企业未来长期效益与发展。若投资决策搞得好，企业未来一段期间内的经营状况就会好，经济效益就高；反之，决策失误，轻者会使企业长期蒙受巨大损失，重者将导致先天性亏损或难以弥补的功能缺陷，甚至将企业推到绝境。因此，对待长期投资决策绝不能掉以轻心，必须按科学办事，借鉴国外先进的投资决策经验，学习掌握和运用分析评价投资效果的方法，做好科学决策。

6.1.5　长期投资决策评价的流程

长期投资决策评价流程图如图 6.2 所示。

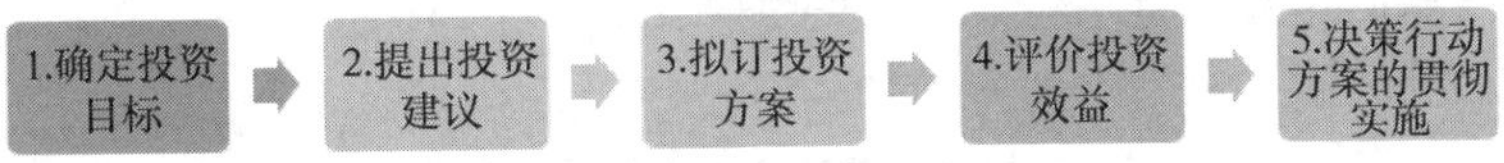

图 6.2　长期投资决策评价流程图

1）确定投资目标

长期投资决策必须按照企业长期经营目标的要求，明确规定投资项目在未来特定时间的投资报酬水平。对于特定投资项目而言，其决策目标的确立实际上又是企业未来总体奋斗目标的分解与落实。企业管理层必须通盘考虑某一投资决策项目面临的主客观环境，为其确立一个经努力可以实现的最高投资报酬水平，为投资决策评价提供依据。

2）提出投资建议

提出投资建议是长期投资决策程序中的重要一环。能否根据企业外部市场条件和企业内部经营需要提出合理的投资建议，对能否正确地确定投资方向、能否如愿地取得预期投资效益、能否最终实现投资目标关系极大。

3)拟订投资方案

投资项目确定之后,即应为其拟订两个以上的可行或备选投资方案,作为投资项目的可行性方案。首先,应能保证最终实现有关投资项目的特定决策目标;其次,应能同企业当时所面临的环境(条件)保持高度适应;再次,应当具有排他性。显然,要使有关可行性方案完全达到上述要求,必须经过某种特殊的设想、分析和探索过程,确切掌握各方案的基本结构、约束条件、预期结果和应对措施等。对有些项目还需进行可行性研究。

4)评价投资效益

可行性投资方案拟订之后,即可按照特定的评选标准,采用特定的评选方法,经过一系列的计量、分析、筛选和评价之后,从中选定在现实条件下令决策者满意的投资方案,也就是通常所说的最佳方案。可以说,投资效益的评价过程也就是若干备选投资方案之间明确差异、权衡利弊和比较优劣的过程。评价的直接目的是选定技术上最先进、经济上最合理的投资方案,然后交由企业管理层(决策者)进行最终决断,据以选定最佳的长期投资行动方案。

投资效益的评价所依据的5个步骤如图6.3所示。

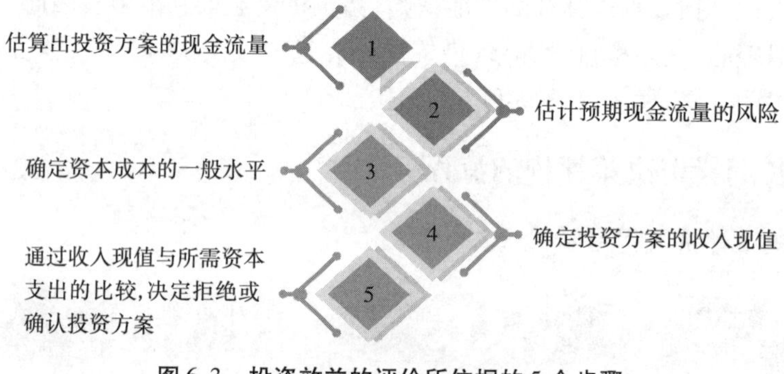

图6.3 投资效益的评价所依据的5个步骤

5)决策行动方案的贯彻实施

投资决策行动方案一经选定之后,即可按照与之相应的专项资本预算所限定的现金流量计划,具体组织方案的贯彻实施,待有关预算指标予以分项分解、层层落实,在企业内部有关责任部门或责任个人之间形成,针对特定投资项目的任务执行。

6.1.6 影响长期投资决策的主要因素

影响长期投资决策的主要因素如图6.4所示。

1)现金流量

现金流量包括现金流入和现金流出。项目投资的整个过程都会发生现金流出。项目建成后通过销售产品形成现金流入，比较现金流入能否高于现金流出是决策的前提条件。如果一个项目现金流入不能弥补现金流出，那么这个项目就不能实施。

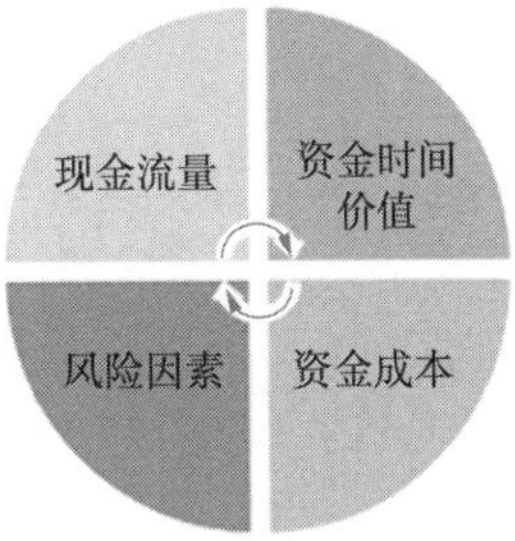

图6.4　影响长期投资决策的主要因素

2)资金时间价值

项目投资的时间较长，资金在不同的时点价值量不等。为了科学、合理地评价某一项目投资的可行性，需要考虑资金的时间价值。

3)资金成本

企业使用的资金不管是自有的还是外借的，都要付出代价，这就是资金成本。如果一个项目的投资报酬小于资金成本，该项目就不能实施。

4)风险因素

项目投资的风险是指投资过程中可能出现的收益或损失的不确定性，主要来自资金、技术、政治等诸多因素，在项目投资决策中应该充分考虑各个方面的因素。

任务2　货币时间价值

长期投资决策在较长时间里对企业有影响，需要分析资金的时间价值(或称货币的时间价值)，这是一个重要的基本财务理念。

6.2.1　货币时间价值的概念

资金时间价值是指作为资本运用的货币在被运用的过程中随时间推移而产生的价值增值。简单地说，就是指同等数量的货币在不同的时间里，其价值是不一样的。

货币具有时间价值是投资决策者首先要树立的价值观念，是长期投资决策分析过程中需要考虑的重要因素。其意义在于:不同时间单位货币的价值不相等，即同等数量的货币在不同时间上有不同的价值，因此，不同时间的货币收支不宜直接比较，需要换算到同一时间上才能进行比较。

资金时间价值的表达形式如图6.5所示。

通常资金时间价值的表示方式是利率，相当于没有风险和没有通货膨胀条件下的社会平均资金利润率或平均投资报酬率。银行存款利率、贷款利率，各种债券利率、贴现利率、股票的股利都可看作投资报酬率，但是它们除包含资金时间价值因素外，还包含通货膨胀和投资风险价值。

绝对数表示

用资金时间价值额表示,是指资金在生产经营过程中产生的增值额

相对数表示

用资金时间价值率表示,是指不包括风险价值和通货膨胀因素的平均资金利润率或平均投资报酬率

图 6.5　资金时间价值的表达形式

6.2.2　复利终值和复利现值

1)单利

仅对本金计息,利息不计息的增值方式,称为单利。单利终值即现在的资金在将来某一时点按照单利方式计算的本利和。单利终值和单利利息的计算公式如下:

按单利计算的终值的计算公式

$$F = P \times (1 + n \times i)$$

式中　P——本金,又称期初金额或现值;

i——利率;

F——本金与利息之和,又称本利和或终值;

n——时间,可以是年、季或月份。

2)复利

复利是指不仅本金计息,以前各期所产生的利息也要计息的一种增值形式,俗称"利滚利"。按复利计算的终值的计算公式如下:

按复利计算的终值的计算公式

$$F = P \times (1 + i)^n$$

其中,$(1 + i)^n$ 又称复利终值系数,用$(F/P,i,n)$ 表示,一般通过计算机计算得出,也可查复利终值系数表获得。

3)终值与现值

终值又称本利和,是指现在一定量的资金在未来某一时点上的价值,用 F 表示。现值又

称本金，是指未来某个时点上一定量的资金折算到现在的价值，用 P 表示。

资金时间价值的计算公式为

终值与现值相互换算如下：已知现值 P 求终值 F，即已知本金求本利和；已知终值 F 求现值 P，即已知本利和求本金，又称为折现。终值与现值的关系如图 6.6 所示。

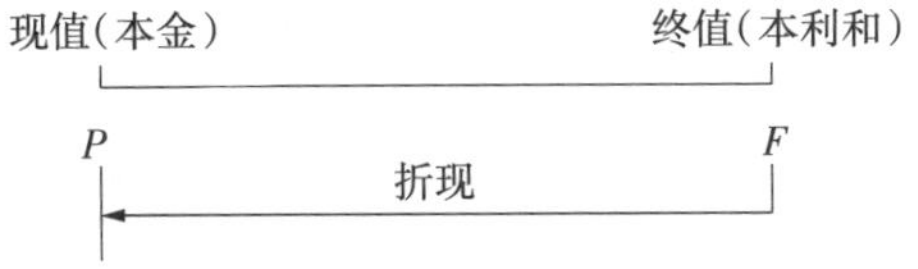

图 6.6　终值与现值的关系图

4）**复利终值**

如果在某一特定时点上一次性存入银行一笔资金，经过一段时间后再将该项存款的本利和一次性取出，当时的本金为复利现值，记作 P；存款期满后取出的本利和称为该项资金的复利终值，记作 F。

在已知现值 P、利率 i，求 n 期后的终值 F 时，复利终值的计算公式如下：

复利终值的计算公式
$$F = P \times (1 + i)^n$$ 其中，$(1+i)^n$ 被称为复利终值系数或 1 元的复利终值，用 $(F/P,i,n)$ 表示，则 $$F = P \times (1+i)^n = P \times (F/P,i,n)$$ 即　复利终值 = 现值 × 复利终值系数

例如，$(F/P, 10\%, 5)$ 表示利率为 10% 时 5 期复利终值的系数。为了便于计算，可编制“复利终值系数表”。该表的第一行是利率 i，第一列是计息期数为 n，相应的 $(1+i)^n$ 值在纵横相交处。该表的作用不仅在于已知 i 和 n 时查找 1 元的复利终值，还可在已知 1 元复利终值和 n 时查找 i，或已知 1 元复利终值和 i 时查找 n。

【例 6.1】　客满意公司在银行存入 50 000 元，年利率为 3%。

要求：计算 5 年后的复利终值。

解：

$$\begin{aligned} F &= 50\,000 \times (1 + 3\%)^5 \\ &= 50\,000 \times (F/P, 3\%, 5) \\ &= 50\,000 \text{ 元} \times 1.159\,3 \\ &= 57\,965 \text{ 元} \end{aligned}$$

即现在存入 50 000 元，5 年后的本利和为 57 965 元。

技能训练 15

老张目前有 50 000 元，拟投入报酬率为 6% 的投资项目，经过多少年才可使现有资金增加 1 倍？

5）**复利现值**

复利现值是复利终值的逆运算。它是指在未来某一时点上的一笔款项，按规定贴现率所计算的货币现值。其计算公式如下：

复利现值的计算公式

$$P=\frac{F}{(1+i)^{n}}$$

复利终值

终值系数表

公式中的

查阅复利现值系数表得到。

复利现值的计算公式

$$P=F\times(1+i)^{-n}=F\times(P/F,i,n)$$

复利现值 = 终值 × 复利现值系数

【例 6.2】 客满意公司年初打算存入一笔资金，3 年后一次取出本利和 50 000 元，已知年复利率（折现率）为 6%。

要求：计算企业现在应存多少钱。

解：$F=50\ 000, i=6\%, n=3$，则

$$P=\frac{F}{(1+i)^{n}}$$
$$=\frac{50\ 000}{(1+6\%)^{3}}$$
$$=41\ 981 \text{ 元}$$

答：客满意公司年初应存入 41 981 元。

总结：复利终值和复利现值之间存在以下关系：

①复利终值和复利现值互为逆运算。

②复利终值系数 $(1+i)^n$ 和复利现值系数 $(1+i)^{-n}$ 互为倒数。

复利终值和复利现值的计算关系图如图 6.7 所示。

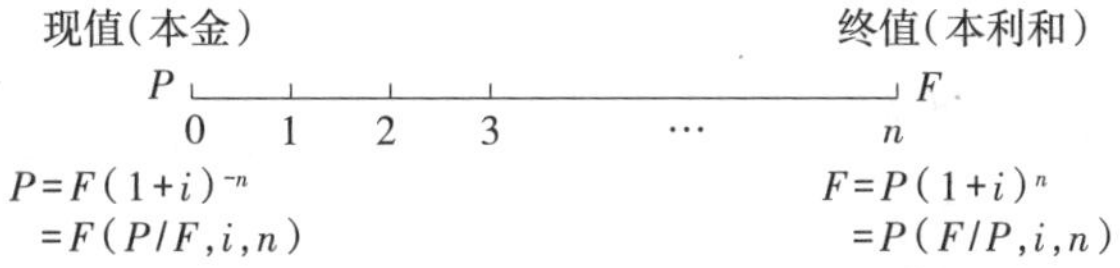

图 6.7　复利终值和复利现值的计算关系图

> **技能训练 16**
>
> 老张拟在 5 年后能够从银行取出 50 000 元，假设年利率为 3%，他现在应投入多少元？

6.2.3　年金终值和年金现值

在一定的期限内，每次发生的时间间隔相等；连续发生，不能中断的一系列等额收付款项称为年金，以 A 表示。年金在现实生活中应用广泛，如定期支付的租金、利息、保险费、整存零取的储蓄等。

根据年金收入时间的不同，年金可以分为普通年金、预付年金、递延年金和永续年金，如图 6.8 所示。

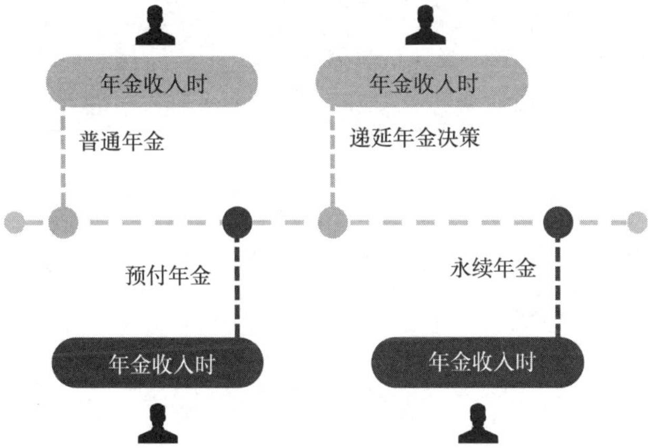

图 6.8　年金的分类

1)普通年金

(1)普通年金终值

普通年金终值 F 是指在一定时期内，每期期末等额收付款项的复利终值之和的金额。可以根据复利终值公式分别计算出每笔收付款项的终值，最后求和，即普通年金的终值(已

知年金 A,求终值 F)。这相当于在银行进行零存整取储蓄的本利和。

普通年金终值的计算公式为:

$$F = A + A(1+i)^1 + A(1+i)^2 + A(1+i)^3 + \cdots + A(1+i)^{n-1}$$

等式两边同乘 $(1+i)$ 可得到:

$$F(1+i) = A(1+i)^1 + A(1+i)^2 + A(1+i)^3 + \cdots + A(1+i)^n$$

上述两式相减,得:

$$F(1+i) - F = A(1+i)^n - A$$

$$F = A \times \frac{(1+i)^n - 1}{i}$$

式中,$\frac{(1+i)^n - 1}{i}$ 称为年金终值系数,记作 $(F/A,i,n)$,可通过直接查阅"年金终值系数表"求得有关数值。上式也可写作:

普通年金终值的计算公式

$$F = A \times (F/A,i,n)$$

【例 6.3】 客满意公司需要投资一个长期项目,该项目在 5 年建设期内每年年末从银行借款 500 万元,借款年利率为 8%,可项目竣工时应付本息的总额是多少?

解: $F = 500 \times (F/A, 8\%, 5) = 500$ 万元 $\times 5.866 = 2\,933.3$ 万元

技能训练 17

企业连续 10 年于每年年末存款 1 000 万元。

要求:计算年复利率为 10% 时,第 10 年年末可一次取出本利多少钱?

(2)偿债基金

偿债基金(已知终值,求年金)是指为了在约定的未来某一时点清偿某笔债务或积累一定金额的资金,每期期末应准备的年金数额。

由普通年金终值公式 $F = A \times (F/A,i,n)$ 可知,偿债基金的计算公式如下:

偿债基金的计算公式

$$A = \frac{F}{(F/A,i,n)} = F \times (A/F,i,n)$$

偿债基金与普通年金终值互为逆运算,只需要利用普通年金终值系数表查出普通年金终值系数,即可代入计算。

【例 6.4】 客满意公司拟在 10 年内每年年末存入银行一笔资金,以便在第 10 年年末归

还一笔到期值为100万元的长期负债。

要求：计算在存款利率为10%的条件下，每年年末应至少存多少钱？

解：已知 $F = 100, n = 10, i = 10\%$，则：

$$A = \frac{F}{(F/A,i,n)} = \frac{100}{(F/A,10\%,10)} = \frac{100\text{ 万元}}{15.934\,7} = 6.276\text{ 万元}$$

答：每年年末至少应存入银行6.276万元。

(3)普通年金现值

普通年金现值是指为了在每期期末取得相等金额的款项，现在需要投入的金额。在一定时期内，已知每期期末等额收付的金额，可以根据复利现值公式分别计算出每笔收付款项的现值，最后求和，即为普通年金的现值(已知年金 A，求现值 P)。

普通年金现值的计算公式为：

$$P = A(1+i)^{-1} + A(1+i)^{-2} + A(1+i)^{-3} + \cdots + A(1+i)^{-n}$$

等式两边同乘 $(1+i)$ 可得到：

$$P(1+i) = A + A(1+i)^{-1} + A(1+i)^{-2} + A(1+i)^{-3} + \cdots + A(1+i)^{-(n-1)}$$

上述两式相减，即：

$$P(1+i) - P = A - A(1+i)^{-n}$$

$$P = A \times \frac{1-(1+i)^{-n}}{i}$$

式中，$\frac{1-(1+i)^{-n}}{i}$ 称为年金现值系数，记作 $(P/A,i,n)$，可通过直接查阅“年金现值系数表”求得有关数值。上式也可写作：

普通年金现值的计算公式

$$P = A \times (P/A,i,n)$$

【例6.5】 客满意公司租入一台设备，每年年末需要支付租金50 000元，年折现率为8%，则6年内应支付的租金总额的现值是多少？

解：6年内应支付的租金总额的现值为：

$$\begin{aligned} P &= 50\,000 \times (P/A,8\%,6) \\ &= 50\,000\text{ 元} \times 4.622\,9 \\ &= 231\,145\text{ 元} \end{aligned}$$

答：6年内应支付的租金总额的现值是231 145元。

技能训练18

企业打算连续8年在每年年末取出100 000元。

要求：计算在年利率为10%的情况下，最初(第一年年初)应一次存入多少钱？

(4)年资本回收额

年资本回收额(已知现值,求年金)是指已知目前初始投入资本,计算约定年限内的等额收回额;或已知目前所欠债务,计算约定年限内的等额清偿额。

由普通年金现值公式 $P = A(P/A,i,n)$ 可知,年资本回收额的计算公式如下:

年资本回收额的计算公式

$$A = \frac{P}{(P/A,i,n)} = P \times (A/P,i,n)$$

年资本回收额与普通年金现值互为逆运算,只需要利用普通年金现值系数表查出普通年金现值系数,即可代入计算。

【例 6.6】 客满意公司拟投资 100 万元建设一个预计寿命期 8 年的更新改造项目。若企业期望的资金报酬率为 10%。

要求:计算企业每年年末至少要从这个项目获得多少报酬才是合算的?

解:本题是一个已知年金现值求年金 A 的问题。

由 $P = 100, n = 8, i = 10\%$,得:

$$A = \frac{P}{(P/A,i,n)} = \frac{100}{(P/A,10\%,8)} = \frac{100\text{ 万元}}{5.334\,93} = 18.744\text{ 万元}$$

答:企业每年年末至少要从这个项目获得 18.744 万元才是合算的。

2)预付年金

预付年金又称即付年金或先付年金,是指在一定时期内各期期初等额收付的系列款项。

预付年金与普通年金的区别在于收付款的时间不同,而求终值、现值的原理都是相同的,可以利用普通年金终值、现值的公式推导出预付年金终值、现值的计算公式。

由于没有预付年金的终值和现值系数表,因此进行预付年金的终值和现值的计算时需要将其转化为普通年金。预付年金与普通年金的区别如图 6.9 所示。

	0	1	2	…	n-2	n-1	n
普通年金:		A	A	…	A	A	A
预付年金:	A	A	A	…	A	A	

图 6.9 预付年金与普通年金的区别图

(1)预付年金的现值

预付年金的现值可以在普通年金现值的基础上加以调整。预付年金的计算公式如下:

预付年金现值的计算公式

$$P = A + A(1+i)^{-1} + A(1+i)^{-2} + \cdots + A(1+i)^{-n}$$

其中，$[(P/A,i,n-1)+1]$ 方括号内的数值称为预付年金现值系数。它是在普通年金现值系数的基础上，期数减1，系数加1所得的结果。可直接查“年金现值系数表”得到 $(n-1)$ 期的值，然后加1，便可得出对应的预付年金现值系数的值。

上述公式也可写作：

预付年金现值的计算公式

$$P=A\times[(P/A,i,n-1)+1]$$

【例6.7】 客满意公司准备采用分期付款方式购买一辆公用汽车，付款期为5年，每年年初支付40 000元，假设利率为8%，问该项分期付款相当于一次性支付现金购买汽车的价格是多少？

解：

$$\begin{aligned}P&=A\times[(P/A,i,n-1)+1]\\&=40\,000\text{ 元}\times[(P/A,8\%,5-1)+1]\\&=40\,000\text{ 元}\times(3.312\,1+1)=172\,480\text{ 元}\end{aligned}$$

答：该项分期付款相当于一次性支付现金的价格是172 480元。

(2)预付年金的终值

预付年金的终值是其最后一期期末时的本利和，是各期收付款项的复利终值之和。其计算公式如下：

预付年金终值的计算公式

$$F=A(1+i)+A(1+i)^2+A(1+i)^3+\cdots+A(1+i)^n$$

$$F=A\times\left[\frac{(1+i)^{n+1}-1}{i}-1\right]$$

其中，$\left[\frac{(1+i)^{n+1}-1}{i}-1\right]$ 称为预付年金终值系数。它是在普通年金终值系数的基础上，期数加1，系数减1所得的结果。通常记为 $[(F/A,i,n+1)-1]$，可直接查阅“年金终值系数表”得到 $(n+1)$ 期的值，减去1后便可得出对应的预付年金终值系数的值。因此，上述公式也可写作：

预付年金终值的计算公式

$$F=A\times[(F/A,i,n+1)-1]$$

【例6.8】 客满意公司决定连续8年于每年年初存入500万元作为住房基金，银行存款利率为10%，该公司在第8年年末能一次取出的本利和是多少？

解：第8年年末能一次取出的本利和为

$$F = A \times [(F/A, i, n+1) - 1]$$
$$= 500\text{ 万元} \times [(F/A, 10\%, 8+1) - 1]$$
$$= 500\text{ 万元} \times (13.579 - 1) = 62\,895\text{ 万元}$$

答:该公司在第 8 年年末能一次取出的本利和是 62 895 万元。

3)递延年金

递延年金是指第一次收付款时间不在第一期,而是递延若干期后才开始于每期期末收付的等额定期系列收支。凡不是从第一期开始的年金都是递延年金,它是普通年金的特殊形式。递延年金终值的计算方法与普通年金终值的计算方法相似。但要注意其中的 n 表示的是 A 的个数,与递延期无关。例如,长期经营决策分析中新项目建成投产后,要经历一段时间才会开始盈利,这就是递延年金的一种形式。

递延年金现值的计算方法有两种:

第一种方法:假设递延期为 m $(m < n)$,可先求出 m 期后的 $(n - m)$ 期普通年金的现值,然后将此现值折算到第一期期初的现值。其计算公式如下:

递延年金现值的计算公式

$$P = A \times (P/A, i, n - m) \times (P/F, i, m)$$

第二种方法:先求出 n 期普通年金的现值,然后扣除实际并未收付款的 m 期普通年金现值。其计算公式如下:

递延年金现值的计算公式

$$P = A \times [(P/A, i, n) - (P/A, i, m)]$$

【例 6.9】 客满意公司为了激励员工,降低员工离职率,拟在年初存入一笔资金用于员工的奖励,计划从第 5 年起员工每年取出 20 000 元,至第 10 年年末取完,利率 10%,则客满意公司为每个员工目前应一次性存入银行多少钱?

解:在本例中, $m = 4, n = 10$, 可计算为

$$P = 20\,000 \times (P/A, 10\%, 10 - 4) \times (P/F, 10\%, 4)$$
$$P = 20\,000\text{ 元} \times 4.355\,3 \times 0.683\,0$$
$$= 59\,494\text{ 元}$$

答:客满意公司为每个员工应该一次性存入银行的资金为 59 494 元。

技能训练 19

某公司购置一处房产作为办公用,房地产公司提出两种付款方案:①从现在起,每年年初支付 20 万元,连续支付 10 次,共 200 万元。②从第 5 年开始,每年年末支付 25 万元,

连续支付10次,共250万元。若利率为6%,请你帮助客满意公司决策应该选择哪个方案?

4)**永续年金**

永续年金是无限期期末定额收付的系列收支。它是普通年金的特殊形式,即期限 n 趋于无穷的普通年金。如无限期债券、优先股股利等可以看作永续年金。由于永续年金是无限期收付的,没有终止的时间,因此无法计算其终值,仅能利用极限的原理计算其现值。

根据普通年金现值公式,当 $n \to \infty$ 时,$(1+i\%)^{-n}$ 的极限为0,即:

$$\lim_{n\to\infty} P = A \times \frac{1-(1+i)^{-n}}{i} = \frac{A}{i}$$

永续年金现值的计算公式如下:

永续年金的计算公式

$$P = \frac{A}{i}$$

【例6.10】 企业持有的B公司股票每年股利收益为10万元。假定企业不准备在近期转让该股票,B公司的预期收益良好。

要求:对该项股票投资进行估价(已知折现率为10%)。

解:

$$P = \frac{A}{i} = \frac{10\text{万元}}{10\%} = 100\text{万元}$$

答:股票投资估价值为100万元。

技能训练20

某县政府为了该县教育事业的发展,在该县特设立奖学金。奖学金每年发一次,奖励每年高考的文理科状元各30 000元。假设银行一年的定期存款利率为3%。问该县政府现在要投资多少钱作为奖励基金?

想一想:

请同学们对比分析普通年金、预付年金、递延年金、永续年金的区别。

任务3 现金流量

6.3.1 现金流量的含义

现金流量是指投资项目在其计算期内因资本循环而发生的各项现金流入和现金流出的数量。现金流量的计算是以收付实现制为基础的。管理会计中所说现金是指广义的现金，它不仅包括货币资金，还包括由企业拥有的非货币性资产的变现价值。例如，某个长期投资项目需要使用现有的厂房、设备或材料，其相关的现金流量并非其账面价值，而是其预计的变现价值。

另外，此处的长期投资项目计算期是指项目投资从投资建设起点到项目清理结束为止的整个过程的全部时间。

完整的项目计算期包括建设期和生产经营期。建设期第1年年初（记作第0年）作为投产日，项目计算期的最后1年年末称为项目终结点。生产经营期是指从投产日到终结点的时间间隔，即

6.3.2 长期投资决策分析中计算现金流量的优点

长期投资决策分析中计算现金流量的优点如图6.10所示。

1. 现金的收支运动可以序时动态地反映投资的流向与回收的投入产出关系，便于全面评价投资效益

2. 采用现金流量可以回避权责发生制因存货估价和费用摊配不一致，使利润出现差异的情况

3. 利用现金流量使得应用货币时间价值的形式进行动态投资效果的综合评价成为可能

图6.10 长期投资决策分析中计算现金流量的优点

6.3.3 长期投资决策分析中计算现金流量的假设前提

要确定投资项目的现金流量，应先设定下列假设前提：

1)**全投资假定**

按投资项目的范围确定现金流量的内容,将整个投资项目的自有资金和借入资金都视为投资额,作为现金流出计算。

2)**项目计算期假定**

投资项目从开始建设到最后报废清理的全部时间称为项目计算期,项目计算期分为建设期和生产经营期两个阶段。项目计算期的第1年年初一般记为0年,称为建设起点,第1年年末记为1,第2年年末记为2。以此类推,最后1年年末称为终结点。假定项目最终报废清理均发生在终结点。

3)**时点假定**

为便于进行货币时间价值的计算,无论时点指标还是时期指标,都假定为时点指标处理。

4)**现金流量符号的假定**

假定现金流入用正值表示,现金流出用负值表示。

6.3.4 现金流量的内容

现金流量包括现金流出量、现金流入量和现金净流量。

1)**现金流出量**

现金流出量是指长期投资决策方案引起的企业现金支出的增加量。它主要包括:

(1)建设投资

建设投资是指在建设期内所发生的固定资产投资、无形资产投资和开办费投资等的总和,包括基建投资和更新投资。其中固定资产投资可能与计算折旧的固定资产原值之间存在差异,原因在于固定资产原值可能包括应构成固定资产成本的建设期内的资本化借款利息,两者的关系为

(2)垫付的流动资金

垫付的流动资金又称垫支流动资金或营运资金投资,是指项目投产前后分次或一次投放于流动资产项目的投资增加额。例如,原材料、在产品、产成品、存货和货币资金等流动资产的垫支。该投资可能发生在建设期内,也可能发生在生产经营期内,为了简化计算,一般

假定发生在建设期的期末。其计算公式如下：

垫付的流动资金的计算公式
某年流动资金投资额(垫支额)= 本年流动资金需用额 - 截至上年的流动资金投资额

(3)经营成本

经营成本又称付现的营运成本,是指在经营期内为满足正常生产经营活动而用货币资金支付的那部分成本。当年的总成本扣除该年折旧、无形资产摊销额、开办费摊销额等的差额。每年的总成本中包含有一部分当年非现金流出的内容,这些内容虽然也是成本,但不需要动用货币资金支出,故不属于付现的营运成本。经营成本是生产经营期最主要的现金流出量项目。

(4)支付的各项税款

对于企业来说,只有税后的现金流量才可真正支配使用,而企业实际支付的流转税、所得税是一种现金流出量。

2)现金流入量

现金流入量是指长期投资决策方案引起的企业现金收入的增加量。它主要包括：

(1)营业收入

营业收入是指项目投产后的生产经营期内实现的销售收入和业务收入,但必须是实现的现金收入。从理论上来说,本期发生的赊销额不应计入本期的现金流入,而回收以前时期的赊销额则应计入本期的现金流入,但为了简化计算,可假设两者相等,不再单独计算。根据前面所讲时点假定,生产经营期发生营业收入均作为每期期末的时点数。

(2)回收的固定资产残值

回收的固定资产残值是指投资项目的固定资产在报废处理时所收回的价值。此项现金流入一般发生在项目计算期的最后一年的年末,即发生在项目计算期的终结点。按规定,出售资产时价格高于账面价值,这部分差价属于资本利得,应缴纳所得税,多缴纳的所得税构成现金流出量。出售资产时发生的损失(出售价低于账面价值)可以抵减当年所得税支出,少缴纳的所得税构成现金流入量。

(3)回收的流动资金

回收的流动资金是指生产经营期结束时回收的原垫付的全部流动资金,此项现金流入只能发生在项目计算期的终结点。

3)现金净流量

现金净流量是指长期投资决策中,项目每年的现金流入量与现金流出量的差额。

当现金流入量大于现金流出量时,现金净流量为正数;当现金流入量小于现金流出量时,现金净流量为负数。项目计算期内由每年现金流入量与同年现金流出量之间的差额所形成的序列指标，是计算项目投资决策评价指标的重要依据，即：

6.3.5 现金流量的计算

项目投资决策中的现金流量3个阶段计算示意图如图6.11所示。

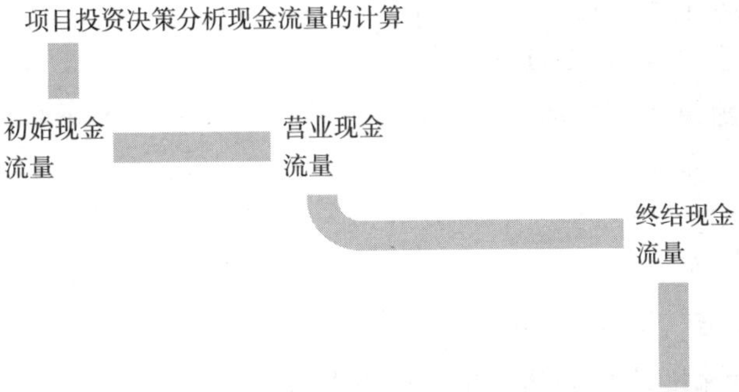

图6.11 项目投资决策中的现金流量3个阶段计算示意图

1）初始现金流量

初始现金流量是指为了使项目建成并投入使用而发生的现金流量。它主要包括固定资产投资、流动资产投资、其他投资费用、原有固定资产的变价收入和清理费用。

2）营业现金流量

营业现金流量是指项目投产后，在其寿命周期内由正常的生产经营活动所引起的现金流入和现金流出。它主要包括营业收入、付现成本和所得税支出等。

营业现金净流量计算公式如下：

营业现金净流量的计算公式

营业现金净流量＝营业收入－付现成本－所得税
＝营业收入－（营业成本－折旧）－所得税
＝营业收入－营业成本－所得税＋折旧
＝税后净利＋折旧

3）终结现金流量

终结现金流量是指项目投资终结时所发生的现金流量。它主要包括固定资产残值收入或变价收入、投资时垫支的流动资金的收回和停止使用的土地的变价收入等。

【例 6.11】 客满意公司拟购置 1 台设备,价款为 240 000 元,使用 6 年,预计净残值为 12 000 元,直线法计提折旧,建设期 1 年。使用该设备每年为公司增加营业收入 100 000 元,新增付现成本 20 000 元。所得税税率为 25%。

要求:计算每年的现金流入量、现金流出量和现金净流量。

解:

$$每年折旧 = \frac{240\,000\ 元 - 12\,000\ 元}{6} = 38\,000\ 元$$

所得税 =(100 000 元 - 20 000 元 - 38 000 元)× 25% = 10 500 元

第 0 年:现金流入量 = 0 元

现金流出量 = 240 000 元

现金净流量 =- 240 000 元

第 1 年:现金流入量 = 0 元

现金流出量 = 0 元

现金净流量 = 0 元

第 2 ~6 年:现金流入量 = 100 000 元

现金流出量 = 20 000 元 + 10 500 元 = 30 500 元

现金净流量 = 69 500 元

第 7 年:现金流入量 = 100 000 元 + 12 000 元 = 112 000 元

现金流出量 = 20 000 元 + 10 500 元 = 30 500 元

现金净流量 = 81 500 元

技能训练 21

某公司拟建设一条生产线,总投资 1 000 万元,建设期 2 年,生产期 10 年,预计净残值 100 万元,采用直线法计提折旧。另需投入流动资金 20 万元(假设建设期结束时一次性投入)。投产后,每年增加销售收入 800 万元,新增付现成本 400 万元。所得税税率为 25%。

要求:计算该项目在计算期内每年的现金流出量、现金流入量与现金净流量。

技能训练 22

东方公司计划增添一条生产流水线,以扩充生产能力。该生产线需要投资 500 000 元,预计使用寿命为 5 年,采用直线法折旧,预计残值为 20 000 元,预计年销售收入为 1 000 000 元,第一年付现成本为 660 000 元,以后在此基础上每年增加维修费 10 000 元。该生产线投入营运时,需垫支营运资金 200 000 元。公司所得税税率为 25%。

要求:计算各年的现金净流量。

任务4　长期投资决策分析方法

长期投资的金额大,影响的时间长,投资的风险大,一旦投资就难以改变或补救。因此,在投资以前,必须进行科学分析和评价,并在此基础上进行决策。长期投资决策评价指标是衡量和比较投资项目可行性并进行方案决策的定量化标准与尺度。它是由一系列综合反映投资效益、投入产出关系的量化指标构成的。

6.4.1　长期投资决策评价指标分类

1)按是否考虑资金的时间价值划分

(1)静态指标

静态指标又称非贴现指标,即不按货币时间价值进行统一换算,而直接按投资项目形成的现金流量进行计算的指标,包括投资报酬率(平均报酬率)、投资回收期(静态)等。

(2)动态指标

动态指标又称贴现指标,即在对投资项目形成的现金流量按货币时间价值进行统一换算的基础上进行计算的各项指标,包括净现值、净现值率、盈利指数和内含报酬率。

2)按指标重要性划分

(1)主要指标

贴现指标即净现值、净现值率、盈利指数和内含报酬率。

(2)次要指标

投资回收期。

(3)辅助指标

投资报酬率(平均报酬率)。

6.4.2　静态指标

1)投资回收期

投资回收期是指一个项目用其所产生的未折现现金流量来补偿初始投资需要的时间。当累计净现金流量等于初始投资额时所需要的时间。它反映的是项目投资回收的速度。投资回收期法是通过比较各个项目实际的投资回收期长短进行决策的方法。投资回收期越短,收回投资的速度越快,投资风险越小,投资方案越优。

(1)计算方法(见表6.1)

表6.1　投资回收期的计算方法

	计算公式
各年现金流量相等	$投资回收期=\frac{初始投资额}{年均现金流量}$
各年现金流量不相等	$投资回收期=累计净现金流量开始出现正值的年份-1+\frac{上一年度累计现金流量的绝对值}{当年净现金流量}$

【例6.12】　客满意公司决定购买一台设备,需投资20 000元,使用5年,预计净残值为0,采用直线法计提折旧。投产后,每年增加销售收入8 000元,新增付现成本2 500元。计算该项目的投资回收期(不考虑所得税因素)。

解:

$$每年现金净流量=8\ 000元-2\ 500元=5\ 500元$$

$$投资回收期=\frac{20\ 000}{5\ 500}年=3.64年$$

【例6.13】　客满意公司拟购入一台设备,需投资2 000元,使用5年,预计净残值为2 000元,采用直线法计提折旧,流动资金投资3 000元。投产后,每年增加销售收入12 000元,第1年新增付现成本4 000元,从第2年起逐年增加修理费400元。所得税税率为25%。

要求:计算投资回收期。

解:计算该项目投资回收期见表6.2。

表6.2

单位:元

项　目	第0年	第1年	第2年	第3年	第4年	第5年
各年现金净流量	-23 000	6 900	6 600	6 300	6 000	10 700
年末尚未收回的投资	-23 000	-16 100	-9 500	-3 200	2 800	

投资回收期为:

$$投资回收期=3年+\frac{3\ 200}{6\ 000}年=3.53年$$

(2)决策原则(见表6.3)

表6.3

项目类别	回收期		决策原则
独立项目	投资回收期(A)	期望回收期(B)	A小于等于B,方案可行,否则不可行
互斥项目	投资回收期(A)	期望回收期(B)	选择A最短的项目

(3)优缺点

①优点

投资回收期法的优点是:选择标准直观,易于理解,计算简便;将对现金净流量的预测重点放在“近期”，有利于控制投资风险。

②缺点

投资回收期法的缺点是：没有考虑回收期满后的现金流量状况，可能导致决策者优先考虑急功近利的投资项目；没有考虑资金的时间价值，这种缺陷可以用贴现投资回收期法弥补。

2）投资报酬率（平均报酬率）

投资报酬率（平均报酬率）是指项目计算期内的年平均投资报酬率。

（1）计算方法

通常用 ARR 表示。相关计算公式如下：

投资报酬率的计算公式

$$\text{投资报酬率（平均报酬率 ARR）}=\frac{\text{年平均净利润}}{\text{原始投资额}}\times 100\%$$

【例 6.14】 客满意公司拟购入一台设备，需投资 30 万元，可用 5 年，无残值，各年的利润分别为 2 万元、3 万元、4 万元、5 万元。

要求：计算投资报酬率。

解：

$$\text{投资报酬率}=\frac{\dfrac{2+3+4+5}{5}\text{万元}}{30\text{ 万元}}\times 100\%=9.3\%$$

（2）决策原则（见表 6.4）

表 6.4

项目类别	投资报酬率		决策原则
独立项目	投资报酬率（A）	期望投资报酬率（B）	A 大于等于 B，方案可行，否则不可行
互斥项目	投资报酬率（A）	期望投资报酬率（B）	选择 A 最大的项目

（3）优缺点

优点：计算简便，易于理解，可以较好地反映出投资的盈利程度。

缺乏：缺乏对资金时间价值的考虑，没有直接利用现金流量的信息。其判断的结果具有较大局限性。因此，该指标一般也只适用于方案的初选，或者投资后各项目间经济效益的比较。

6.4.3 动态指标

1）净现值

净现值法是用净现值（Net Present Value, NPV）作为评价方案优劣的指标。净现值是指特定方案未来现金流入的现值与未来现金流出的现值之间的差额。净现值是一个绝对值指标。

(1)计算方法

净现值的计算公式
净现值=生产经营期现金净流量现值 - 原始投资现值 =项目各期现金净流量的现值之和

(2)决策原则

①净现值为正数,折现后现金流入大于折现后现金流出,该投资项目的报酬率大于预定的折现率,方案可行。

②净现值为零,折现后现金流入等于折现后现金流出,该投资项目的报酬率相当于预定的折现率,方案可行。

③净现值为负数,折现后现金流入小于折现后现金流出,该投资项目的报酬率小于预定的折现率,方案不可行。

(3)优缺点

优点:

①计算期内全部净现金流量都考虑在内,体现了流动性与收益性的统一。

②考虑了资金的时间价值,投资经济性和评价的实用性有所提高。

③考虑了投资风险,项目投资风险可以通过提高贴现率加以控制。

缺点:

①不能从动态的角度直接反映投资项目的实际收益率。

②净现值的计算需要有较准确的现金净流量的预测,并且要正确选择折现率,而实际上现金净流量的预测和折现率的选择都比较困难。

③净现值的计算比较复杂,且较难理解和掌握。

【例6.15】 客满意公司投资200万元引进一条生产线,该生产线有效期为5年,采用直线法折旧,期满净残值为50万元。该生产线当年投产,预计每年可获净利润10万元。如果该项目的行业基准贴现率为8%,试计算其净现值并评价该项目的可行性。

解:

$$\text{年折旧}=\frac{200\text{万元}-50\text{万元}}{5}=30\text{万元}$$

$$NCF_0=-200\text{万元}$$

$$\text{营业期现金净流量}(NCF)=10\text{万元}+30\text{万元}=40\text{万元}$$

$$\text{期末回收额}=50\text{万元}$$

$$\begin{aligned}\text{净现值}(NPV)&=-200+40\times(P/A,8\%,5)+50\times(P/F,8\%,5)\\&=-200\text{万元}+40\times3.993\text{万元}+50\times0.681\text{万元}\\&=-6.23\text{万元}\end{aligned}$$

因为净现值小于0,该项目不可行。

技能训练23

某企业拟投资一条生产线,价值400万元,有效期10年,无残值,采用直线法计提折旧。期满净残值为40万元。该生产线当年投产,预计每年可获争利润20万元。如果该项目的行业基准贴现率为10%。

要求:计算该项目投资方案是否可行。

2)**净现值率**

净现值率是指项目净现值占原始投资现值的比率,通常用NPVR表示。它表示单位投资,即投资1元钱所能产生的净现值。净现值率越小,单位投资产生的净现值越低;净现值率越大,单位投资产生的净现值越高。净现值率指标可以用来比较原始投资额不同的项目。

(1)计算公式

净现值率的计算公式

$$净现值率(NPVR)=\frac{净现值(NPV)}{原始投资现值}$$

(2)决策原则

①独立项目决策中,净现值率大于等于0,方案可行,否则不可行。

②互斥项目决策中,选择净现值率大于等于0且净现值率最大的投资方案。

(3)优缺点

优点:

①考虑了资金时间价值。

②可以动态反映项目投资的资金投入与产出之间的关系。

缺点:

①不能直接反映投资项目的实际收益事。

②在资本决策过程中可能导致片面追求较高的净现值率,在企业资本充足的情况下,有降低企业投资利润总额的可能。

【例6.16】 客满意公司某个投资项目的净现值为47.69万元,原始投资现值合计为98万元。试计算其净现值率并评价该项目的可行性。

解:

$$净现值率=\frac{47.69万元}{98万元}=0.49$$

该项目的净现值率大于0,故可以投资。

3)盈利指数(现值指数)

净现值也称现值指数。与项目的规模有关。真实报酬水平相等的两个项目,规模越大,项目的净现值一般也越大,因此净现值不利于在不同规模的方案之间进行选择。一个可行的弥补办法就是考查投资项目的盈利指数。盈利指数也称现值指数(PI),是投资项目未来现金流入量现值和现金流出量现值的比率。

(1)计算方法

盈利指数(现值指数)的计算公式

$$盈利指数(PI)=\frac{生产经营期现金净流量现值总和}{原始投资现值}=1+净现值率(NPVR)$$

(2)决策原则

① PI > 1,则该投资项目可行。

② PI < 1,则该投资项目不可行。

如果几个投资项目的现值指数都大于1,那么现值指数越大,投资项目越好。但在进行互斥投资决策时,正确的选择原则不是选择现值指数最大的项目,而是在保证现值指数大于1的情况下,使追加投资收益最大化。

(3)优缺点

优点:考虑了资金时间价值,能够动态地反映投资项目的资金投入与总产出之间的关系,有利于在投资额不同的项目之间做出选择。

缺点:除了无法直接反映投资项目的实际收益率外,其计算过程比净现值法的计算过程复杂。

【例 6.17】 客满意公司目前存在两个独立方案,相关资料见表 6.5。

表 6.5

单位:元

项 目	方案甲	方案乙
原始投资额现值	160 000	140 000
营业期现金净流量现值	168 500	162 000
净现值	8 500	22 000

其现值指数为:

$$甲方案现值指数=\frac{168\ 500元}{160\ 000元}=1.05$$

$$乙方案现值指数=\frac{162\ 000元}{140\ 000元}=1.16$$

由于乙方案的现值指数大于甲方案,因此应选择乙方案。

4)内含报酬率

内含报酬率又称内部报酬率,是指投资项目的实际投资报酬率,是使生产经营期各年现金净流量(未来报酬)现值之和等于原始投资现值,即使净现值为零的贴现率,用 IRR 表示。内含报酬率反映的是方案本身的收益能力、内在获利水平。

(1)计算公式

> 内含报酬率的计算公式
>
> 净现值(NPV) = 生产经营期各年现金净流量现值之和
>
> 令 NPV = 0,就可以倒推出 IRR。

(2)决策原则

①内含报酬率大于等于资金成本率(或预期收益率)时,项目可行;否则项目不可行。

②多项目互斥决策,内含报酬率越大越好。

(3)优缺点

优点:

①考虑了资金时间价值。

②可以反映出投资项目的真实报酬率,且不受行业基准收益率高低的影响,比较客观适用于对投资额不同的项目的决策。

缺点:

①计算比较复杂,特别是对每年现金净流量不相等的投资项目,一般要经过多次测算才能求得答案。

②在进行互斥投资方案决策时,如果各方案的原始投资额现值不相等,有时无法做出正确的决策。

【例 6.18】 已知某项目在折现率为 10% 时,净现值为 25 万元,折现率为 12% 时,净现值为-5 万元,则该项目的内含报酬率为多少?

解:由于按照内含报酬率计算得出的净现值 = 0。因此,根据插值法可知:

$$\frac{25-0}{-5-25}=\frac{10\%-IRR}{12\%-10\%}$$

解得:IRR = 11.67% 。

6.4.4 各项评价指标的运用

1)动态指标的相互关系

净现值(NPV)、净现值率(NPVR)、盈利指数(PI)和内含报酬率(IRR),以及资金成本率(ic),其贴现指标之间的数量关系如下:

当 NPV > 0 时,NPVR > 0,PI > 1,IRR > ic。

当 NPV = 0 时,NPVR = 0,PI = 1,IRR = ic。

当 NPV < 0 时,NPVR < 0,PI < 1,IRR < ic。

2)长期投资项目独立方案的可行性决策

当只有一个投资方案可供选择时,应判断该方案是否具有财务可行性。当评价指标同时满足下列条件时,项目具有财务可行性: NPV ≥ 0,NPVR ≥ 0,PI ≥ 1,IRR ≥ ic;包括建设期的投资回收期 PP ≤ $n/2$(项目计算期的一半);不包括建设期的投资回收期 PP′ ≤ $n/2$(项目生产经营期的一半);投资利润率≥基准投资利润率(事先给定)。

如果非贴现的投资评价指标与贴现的投资评价指标的评价结论出现矛盾,应以贴现指标的结论为准。

3)长期投资项目互斥方案的比较决策

在有多个方案可供选择的情况下,首先应衡量各个方案是否具备财务可行性,再在具备财务可行性的方案之间进行比较、择优。

任务5　长期投资决策分析的应用

6.5.1　固定资产更新决策

固定资产是企业生产经营能力的重要体现,固定资产更新决策是项目投资决策的组成部分。企业现有的机器设备因磨损而不能或不宜继续使用,或者因技术进步而显得陈旧、落后,需要以效率更高、性能更好的机器设备进行替换,以改善设备质量,提高设备效率。这就需要企业管理层根据成本最低或收益最高的原则,着重解决生产设备是否更新、何时更新、用何种方式更新等问题,以选择最佳的设备更新方案。

1)生产设备是否更新

生产设备是否更新取决于继续使用原设备和改用新设备两者的预期经济效益分析的结果。一般来说,新设备性能好,生产效率高,加工出来的产品质量好,成本低,售价较高,但需要支付较高的购置成本;而旧设备虽性能较差,生产效率较低,但不需要重新进行投资。为此,企业应计量、分析使用新设备比使用旧设备增加的现金流入现值能否超过其所需投资。如果增加的现金流入的现值大于其投资额,则应更新;否则,还应继续使用旧设备。

2)生产设备何时更新

生产设备何时更新取决于设备年均成本的高低。在通常情况下,某项设备在其使用过程中,因物理磨损等因素的影响,维护费和使用费往往会不断增加,而一旦这类费用超出了某一特定限度,继续使用此项设备在经济上将不划算。此时,必须对现有的生产设备予以更新。

3)生产设备如何更新

生产设备如何更新取决于何种设备更新方式在经济上更为有利。在实际工作中,现有设备的更新方式有多种,如另行购入替代旧设备、对现有设备予以翻新、以旧换新等。在这种情况下,企业管理者必须对有关备选方案进行全面的经济评价,从中选取预期投资效益最佳的设备更新方式。

【例6.19】 客满意公司现有一台4年前购进的设备,价款为10 000元可使用10年,按直线法计提折旧,预计无残值。现已计提折旧40 000元,账面净值60 000元使用该设备每年可获得收入15 000元,每年支付的使用费为115 000元。该公司准备购买一台新式设备取代旧设备,买价190 000元,可使用6年,预计残值10 000元。如购入新设备,旧设备可按50 000元作价出售。使用新设备后,每年可增加销售收入200 000元,同时,每年可降低成本8 000元。该公司目标投资报酬率为12%。

要求:固定资产是否更新改造做出决策。

解:(1)计算购入新设备,出售旧设备后的现金流出量为:

$$现金流出量 = 190\,000\text{ 元} - 50\,000\text{ 元} = 140\,000\text{ 元}$$

(2)编制现金净流量比较表,见表6.6。

表6.6

单位:元

项目	旧设备	新设备	差额
销售收入	150 000	200 000	50 000
销售成本	115 000	107 000	-8 000
折旧	10 000	30 000	20 000
净利润	25 000	63 000	38 000
现金净流量	35 000	93 000	58 000

(3)计算使用新设备增加的现金净流量的现值为:

$$\begin{aligned}现金净流量的现值 &= [58\,000 \times (P/A, 12\%, 6) + 1\,000 \times (P/F, 12\%\ 6)] - 140\,000 \\ &= (58\,000 \times 4.111\,4 + 10\,000 \times 0.506\,6)\text{ 元} - 140\,000\text{ 元} \\ &= 103\,527.20\text{ 元}\end{aligned}$$

根据计算结果,购买新设备可增加净现值 103 527.20 元,该更新方案可行。

6.5.2 固定资产租赁决策

企业根据经营需要,计划添置机器设备、厂房或仓库等固定资产时,可以自行购置或建造,也可以采用租赁的形式。固定资产租赁不但可以解决企业投资所需大额资金筹集的问题,还能够使企业迅速形成生产能力。在进行购置还是租赁固定资产的选择决策时,应比较各方案的成本差异和对所得税产生的影响差异,选择最为经济的方案。

【例 6.20】 客满意公司计划增加一台生产设备。若购置,价款 350 000 元,可使用 5 年,预计残值 20 000 元;若租赁,每年年末支付租金 90 000 元。无论购置或租赁,生产任务相同。资金年复利率为 10%。

要求:为该公司做出固定资产购置还是租赁的决策。

解:

$$
\begin{aligned}
\text{购置成本现值} &= 350\,000\text{ 元} - 20\,000\text{ 元} \times (P/F, 10\%, 5)\\
&= 350\,000\text{ 元} - 20\,000\text{ 元} \times 0.620\,9\\
&= 337\,582\text{ 元}\\
\text{租赁成本现值} &= 90\,000\text{ 元} \times (1 + 10\%) \times (P/A, 10\%, 5)\\
&= 99\,000\text{ 元} \times 3.790\,8\\
&= 375\,289.20\text{ 元}
\end{aligned}
$$

根据计算结果,购置成本现值小于租赁成本现值,故应选择购置设备。

6.5.3 开发新产品的决策分析

企业为增强市场竞争能力与经济发展后劲,必须不断开发新产品。为此,许多企业需增加固定资产的投资,购置新设备,并为此作项目可行的研究。

【例 6.21】 客满意公司决定开发一种新产品。需要购入一套设备,期初购置设备需要一次性支付 300 000 元。需垫付的流动资金为 400 000 元,设备使用期为 5 年,每年可增加销售收入 600 000 元,增加经营成本 540 000 元,期满可收回的设备残值为 10 000 元,并且可收回全部流动资金,要求最低投资报酬率为 8%。用净现值法计算该方案是否可行。

解:

$$\text{每年营业现金净流量} = 600\,000\text{ 元} - \left(540\,000 - \frac{300\,000}{5}\right)\text{元} = 120\,000\text{ 元}$$

$$\text{营业现金净流现值} = 120\,000\text{ 元} \times (P/A, 8\%, 5) = 479\,160\text{ 元}$$

$$\text{终结现金净流量的现值} = -(10\,000 + 400\,000)\text{元} \times (P/F, 8\%, 5) = 279\,210\text{ 元}$$

$$\text{NPV} = (479\,160 + 279\,210)\text{元} - (300\,000 + 400\,000)\text{元} = 58\,370\text{ 元}$$

净现值大于 0,方案可行。

【同步训练】

一、单项选择题

1. 在管理会计中，$(P/F,i,n)$ 代表的是(　　)。

A. 复利终值系数　　B. 复利现值系数

C. 年金终值系数　　D. 年金现值系数

2. 利用已知的零存数求整取的过程，实际上就是计算(　　)。

A. 复利终值　　B. 复利现值

C. 年金终值　　D. 年金现值

3. 某企业每年末将100 000元资金划拨为技术改造资金，专户存储，已知10年10%的年金现值系数为6.144 57，年金终值系数为15.937 4。到第10年年末，企业可用于技术改造的资金总量为(　　)。

A. 385 543元　　B. 614 457元

C. 1 000 000元　　D. 1 593 740元

4. 在下列各项中，计算结果等于先付年金现值系数的是(　　)。

A. $(F/A,i,n+1)-1$　　B. $(F/A,i,n+1)+1$

C. $(F/A,i,n-1)+1$　　D. $(F/A,i,n+1)-1$

5. 在下列各项中，属于现金流入量项目的是(　　)。

A. 营业收入　　B. 回收固定资产余值

C. 流动资金投资　　D. 回收流动资金

二、多项选择题

1. 在下列项目中，属于长期投资特点的有(　　)。

A. 收入资金多　　B. 影响持续时间长

C. 资金回收慢　　D. 承受风险大

E. 与收益性支出相联系

2. 下列各项中，属于揭示现金流量指标优点的说法有(　　)。

A. 可以序时动态地反映项目的投入产出关系

B. 便于完整、准确、全面地评价项目的效益

C. 能克服利润信息相关性差的缺点

D. 能简化投资决策评价指标计算

E. 便于动态分析评价投资效果

3. 在下列各项中，与年金流量现值系数等价的有(　　)。

A. $\frac{(1+i)^n-1}{i}$　　B. $\frac{1-(1+i)^{-n}}{i}$

C. $(F_A/A,i,n)$　　　　D. $(P_A/A,i,n)$

E. $\frac{(1+i)^n-1}{i(1+i)^n}$

4. 如果更新改造投资项目的固定资产投资均在建设期内投入，建设期为一年，且建设期末不发生新固定资产投资，也不涉及追加流动资金投资，则计算建设期末的净现金流量时需要考虑的因素有(　　)。

A. 该年发生的新固定资产投资　　B. 因更新改造而增加的折旧额

C. 旧固定资产变价净收入　　D. 适用的企业所得税税率

E. 旧固定资产清理净损失

5. 年金是一种特殊的等额系列收付款项，其特点包括(　　)。

A. 连续性　　B. 等额性

C. 同向性　　D. 一次性

E. 递减性

三、判断题

1. 虽然复利现值系数与复利终值系数之间是倒数关系，但年金现值系数与年金终值系数之间并不存在倒数关系。(　　)

2. 年偿债基金的计算是年金现值的逆运算。(　　)

3. 计算递延年金现值，应当考虑递延年金持续发生时间、发生数额、递延时间和折现率等回素。(　　)

4. 只能计算永续年金的现值，而不能计算它的终值。(　　)

5. 只有在经营期才存在净现金流量。(　　)

四、计算题

已知：李某身体健康，有长期稳定的工资收入来源，2020 年 1 月 1 日是他 25 周岁的生日。他打算从 2020 年起于每年年末支付一定数额的现金，购买一份养老保险，连续交 35 年，以便在他 60 周岁退休后连续 20 年年末能从保险公司取得 10 000 元的退休金。假定李某退休后可取得的退休金折合为其退休日的现值合计等于截至李某退休日其每年年末支付的各年养老保险金的终值合计，每年利息按固定利率 6% 计算。有关的货币时间价值系数资料见表 6.7。

表 6.7　相关资料

N	$(F_A/A,6\%,n)$	$(A/F_A,6\%,n)$	$(P_A/A,6\%,n)$	$(A/P_A,6\%,n)$
19	33.760 0	0.029 62	11.158 1	0.089 62
20	36.785 6	0.027 19	11.469 9	0.087 2

续表

N	$(F_A/A, 6\%, n)$	$(A/F_A, 6\%, n)$	$(P_A/A, 6\%, n)$	$(A/P_A, 6\%, n)$
35	111.434 8	0.008 97	14.498 2	0.068 97
36	119.121 0	0.008 39	14.621 0	0.068 39

要求：

(1)判断李某退休前每年年末支付的养老保险金和退休后每年年末取得的退休金的性质，并比较它们之间的区别。

(2)计算李某退休后可取得的退休金合计和这些退休金折合为截至其退休时的现值合计。

(3)判断截至李某退休日其每年年末支付的各年养老保险金的终值合计是多少？

(4)计算李某退休前每年年末应支付的各年养老保险金数额和截至李某退休时他所支付的养老保险金合计。

(5)假定李某打算将退休前每年支付的养老保险金由年末支付改为年初支付，计算其数额。

项目6　同步训练答案

第 4 篇　财务预算

项目 7
财务预算

【知识结构】

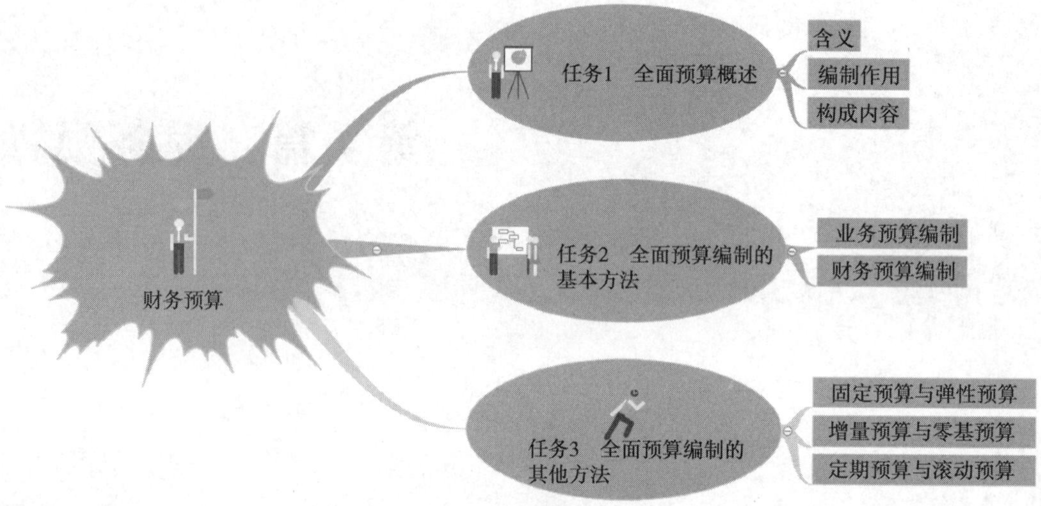

【知识目标】

1. 了解全面预算管理的组织体系。
2. 掌握全面预算的编制程序。
3. 掌握全面预算管理的编制方法。
4. 了解全面预算管理的分析与考核。

【能力目标】

1. 能进行业务预算的编制。
2. 能进行财务预算的编制。
3. 熟悉弹性预算、零基预算和滚动预算的编制。

【情境案例】

上海电气(集团)总公司是中国机械工业销售排名第一位的装备制造集团。上海电气(集团)总公司财务总监董鉴华在接受中国会计报记者采访时表示,上海电气一直推行全面预算管理,经过20年的发展,建立了较为完善的全面预算管理体系,但面对新常态,如何适应集团发展战略,建立新的预算和绩效标准体系,已成为当务之急。上海电气建立了"4+8"的预算管控指标体系。其中,"4"个核心指标:自由现金流、新接订单、营业收入、净利润。核心指标综合精简,体现经营成果,作为年度考核指标。"8"个质量指标:运营盈利率、毛利率、经营性利润占比、净资产收益率、应收账款存货占比、有息负债规模、人均销售、百元销售人工成本。8个质量指标根据企业个体情况有选择性地作为管理类考核指标。为更好地实现预算和绩效战略的衔接,体现集团对各个预算单位的管控要求,电气集团对各个预算单位建立了"4+8"指标的预算管控标准,自上而下指导集团所属企业预算编制,实行绩效管理。

【情境分析】

首先,上海电气的"4+8"预算管控指标体系的"4"个核心指标中,自由现金流、营业收入、净利润属于财务指标,而"新接订单"属于非财务指标,体现了财务指标与非财务指标的结合;其次,核心指标综合精简,不仅能体现经营成果,又能作为年度考核指标;最后,"8"个质量指标涵盖面广,既涉及企业运营的关键因素,又能根据企业个体情况有选择性地作为管理类考核指标具有很强的适应性。总的来说,这些指标体系相互联系,形成了一个有机整体,较好地实现预算和绩效战略的衔接,体现集团对各个预算单位的管控要求。

任务1　全面预算概述

7.1.1　全面预算的含义

全面预算是关于企业在一定时期内(一般为一年或一个既定期间内)各项业务活动、财务表现等方面的总体预测。它包括经营预算和财务预算。经营预算主要包括开发预算、销售预算、销售费用预算、管理费用预算等;财务预算主要包括投资预算、资金预算、预计利润表、预计资产负债表等。全面预算的编制是为了贯彻、落实企业短期经营目标的实施,是企业计划目标的数量化说明。全面预算编制的好坏直接影响企业短期经营目标的实现与否。

7.1.2 编制全面预算的作用

全面预算是沟通企业内部各层次的重要信息。通过编制全面预算,有助于各部门乃至全体职工明确工作任务,协调并控制各部门的工作,并使工作业绩的评价有一个客观的标准。编制全面预算的作用,主要有以下方面见(图 7.1):

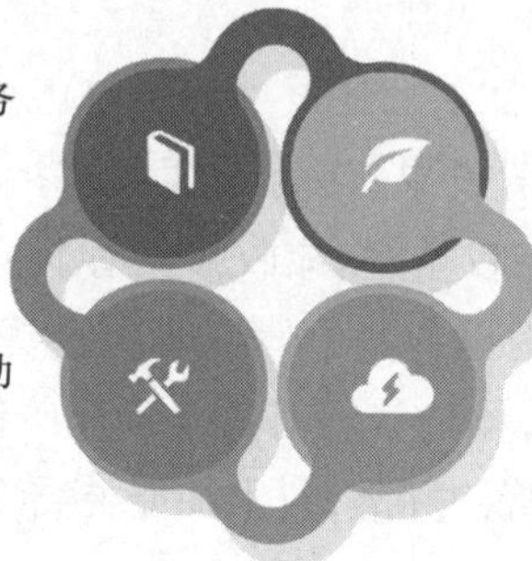

图 7.1 编制全面预算的作用

1)明确各部门工作任务

通过全面预算的编制,企业内部各个部门可以明确各自的具体工作任务以及要达到的目标,明确各自在成本、利润、资金等方面必须达到的水平,从而使其工作能在总目标和具体行动计划的指导下有条不紊地进行。只有企业内部各个部门完成了工作任务,企业的购销以及成本、利润、现金收支等方面的目标才能达到。

2)协调各部门工作

现代化大生产条件下的企业,若要实现其经营目标,单靠某个或某几个部门的努力是不够的。它需要企业内部各部门组成一个有机整体,通力配合、相互协调、均衡发展。编制全面预算,将总目标以数量指标体系体现出来,并将这些指标分解落实到每一个部门,使购、销、调、存各环节、各部门的工作,在企业预算的指导下,协调进行,从而达到正确处理企业内部各部门的相互关系,减少内部矛盾的目的。

3)控制企业日常经济活动

在经营过程中,将各项指标的完成数同预算数相比较,可以及时发现实际与预算的差异,以便总结经验,采取有效措施及时纠正偏差,从而使各项经济活动经常处于预算指标控制之下,以保证企业总目标的实现。

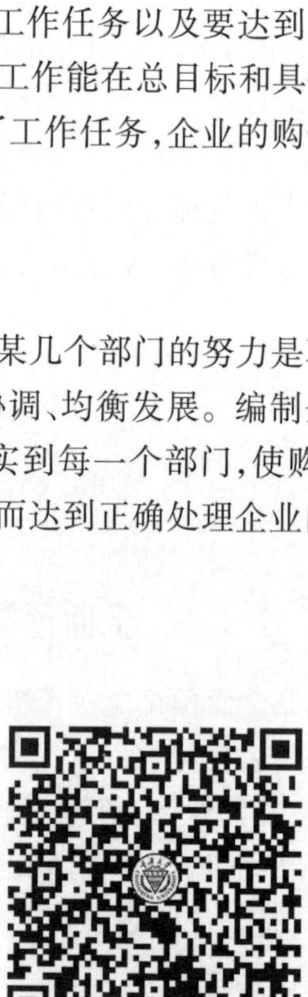

浙江移动全面预算管理案例分析

4)衡量各部门工作业绩

企业经营目标的实现不仅需要将总体目标分解、落实到每一个部门,而且需要对各部门所承担的工作任务定期地进行检查与考核,以了解各部门的工作业绩,及时发现薄弱环节,采取措施,予以纠正。而评价和考核各部门业绩的主要依据,就是企业的预算。

7.1.3　全面预算体系的构成内容

全面预算是由一系列预算按其经济内容及相互关系有序排列组成的有机体,主要包括经营预算、财务预算和专门决策预算3部分(见图7.2)。

1)经营预算

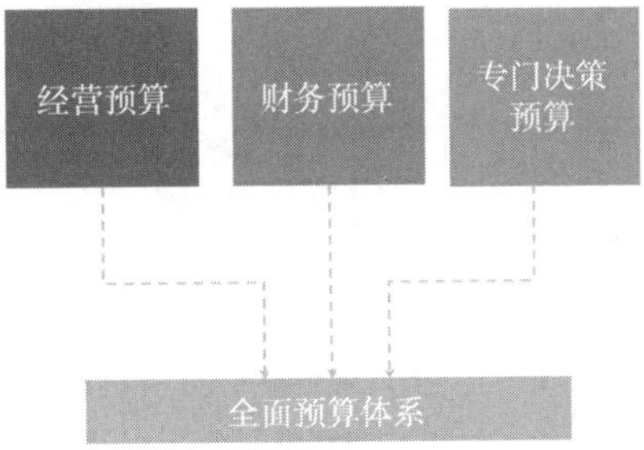

图7.2　全面预算体系的构成内容

经营预算是指与企业日常业务直接相关、具有实质性的基本活动的预算,通常与企业利润表的计算有关。它主要包括:销售预算;生产预算;直接材料消耗及采购预算;直接人工预算;制造费用预算;产品成本预算;期末存货预算;销售与管理费用预算等。这些预算以实物量指标和价值量指标分别反映企业收入与费用的构成情况。

2)财务预算

财务预算是指与企业现金收支、经营成果和财务状况有关的各项预算。它主要包括:现金预算;预计利润表;预计资产负债表;预计现金流量表。这些预算以价值量指标总括反映经营预算和资本支出预算的结果。

3)专门决策预算

专门决策预算主要涉及长期投资,故称资本支出预算,是指企业不经常发生的、一次性业务的预算,如企业固定资产的购置、扩建、改建、更新等都必须在投资项目可行性研究的基础上编制预算,具体反映投资的时间、规模、收益以及资金的筹措方式等。

企业的全面预算是以战略目标为出发点,以市场需求的研究和预测为基础,以销售预算为主导,进而包括生产、成本和现金收支等各个方面,并特别重视生产经营活动对企业财务状况和经营成果的影响,整个预算体系是以预计的财务报表作为终结。如果仅从三大类预算看,业务预算和专门决算是财务预算的基础,财务预算是依赖于业务预算和专门决算预算编制的,是整个预算体系的主体,销售预算又是业务预算的编制起点。

任务2　全面预算编制的基本方法

7.2.1　业务预算的编制

业务预算的编制如图7.3所示。

图7.3　业务预算的编制

1)销售预算

销售预算是安排预算期销售规模的计划。它是编制全面预算的关键和起点,其他预算均以销售预算为基础。通常销售预算是在销售预测的基础上,根据企业年度目标利润确定的销售量和销售额来编制的。

销售预算的主要内容是销售量、单价和销售收入。销售量是根据市场预测或销售合同并结合企业生产能力确定的;单价是根据市场供求关系并通过价格决策决定的;销售收入是两者的乘积,在销售预算中计算得出。

在编制销售预算时,首先按产品的名称、数量、金额、销售地区和销售对象等项目加以编制,然后进行归并汇集。为了以后编制现金预算,在销售预算表的下面,还应附有预算期间预计现金收入计算表,主要包括前期应收销售货款的收回、本期销售货款的收入。

【例7.1】　客满意公司生产和销售甲产品,为编制2015年的销售预算,收集的资料如下:公司预计销售甲产品63 000件,其中,第一季度10 000件、第二季度15 000件、第三季度20 000件、第四季度18 000件,产品销售单价为40元。收款条件为当季收款占销售货款的70%,其余在下季度收取。假定不考虑坏账因素,2014年第四季度的销售货款为62 000元。

要求:编制2015年的销售预算表。

解:根据资料,编制2015年的销售预算表,见表7.1和表7.2。

表7.1 2015年度客满意公司销售预算表

项目	第一季度	第二季度	第三季度	第四季度	合计
预计销售量/件	10 000	15 000	20 000	18 000	63 000
预计单位售价/(元·件$^{-1}$)	40	40	40	40	40
销售收入/元	400 000	600 000	800 000	720 000	2 520 000

表7.2 2015年度客满意公司预计现金收入表

单位:元

项目		现金收入				
		第一季度	第二季度	第三季度	第四季度	全年合计
第一季度应收账款	62 000	62 000				62 000
第一季度销售收入	400 000	28 000	120 000			400 000
第二季度销售收入	600 000		420 000	180 000		600 000
第三季度销售收入	800 000			560 000	240 000	800 000
第四季度销售收入	504 000				504 000	504 000
现金收入合计		342 000	540 000	740 000	744 000	2 366 000

编表说明:

第一季度的现金收入由两部分组成,计算如下:

上年应收账款本季度收回数: 62 000元。

第一季度销售款本当季收回部分:

$$400\ 000\text{元} \times 70\% = 280\ 000\text{元}$$

共计: 342 000元。

第二季度、第三季度以及第四季度的计算方法同上。

想一想:

进行销售预测时,应当考虑哪些因素?

技能训练1

某公司是一家以加工定制零件为主业的小型加工机械加工企业。2014年该公司预备为一大客户生产4 000件某种特殊备件。公司估计,如果接下这份订单,公司将无剩余能力生产其他产品。根据合同规定,该专用备件的价格为每件1 200元,公司按季度向客户供货,四个季度的供货量分别是800件、900件、1 000件、1 100件。合同规定的付款方式为:

各季度的货款应在本季度支付 50%，其余 50% 在下季度支付。目前，该客户尚欠本公司 40 万元货款，预计在 2015 年第一季度付清。

要求：编制 2014 年度的销售预算表。

2）**生产预算**

生产预算是安排预算期生产规模的计划。它是在销售预算的基础上编制的，并为进一步预算成本和费用提供依据。生产预算一般根据预计的销售量按品种分别编制。由于企业的生产和销售不能做到“同步同量”，必须设置一定的存货，以保证能在发生意外需求时按时发货，并可均衡生产，节省赶工的额外开支。因此，预算期间除必须备有充足的产品以供销售外，还应考虑预算期初存货和预算期末预计存货等项因素。预计生产量的计算公式如下：

预计生产量的计算公式

预计生产量 = 预计销售量 + 预计期末存货量 - 预计期初存货量

公式中的预计销售量可在销售预算中找到；预计期初存货量等于上季期末存货量；预计期末存货量应根据长期销售趋势来确定，在实践中，一般是按事先估计的期末存货量占本期销售量的比例进行估算。在编制预算时，应注意保持生产量、销售量、存货量之间合理的比例关系，以避免储备不足、产销脱节或超储积压等。

【例 7.2】 承前述资料，客满意公司希望能在每季末保持相当于下季度销售量 10% 的期末存货，上年年末产品的期末存货为 1 000 件，单位成本为 23 元，共计 23 000 元，预计下年第一季度销售量为 20 000 件。

要求：编制 2015 年生产预算表。

解：根据资料，编制 2015 年度生产预算见表 7.3。

表 7.3 2015 年度客满意公司生产预算表

项 目	第一季度	第二季度	第三季度	第四季度	全年合计
预计销售量/件	10 000	15 000	20 000	18 000	63 000
加：期末存货/件	1 500	2 000	1 800	2 000	2 000
合 计	11 500	17 000	21 800	20 000	65 000
减：期初存货/件	1 000	1 500	2 000	1 800	1 000
预计生产量/件	10 500	15 500	19 800	18 200	64 000

编表说明：

①预计销售量数据来源于销售表（见表 7.1）。

②一季度期末存货 = 二季度销售量 × 10% = 1 500 件。

二季度期末存货 = 三季度销售量 × 10% = 2 000 件。

三季度期末存货 = 四季度销售量 × 10% = 1 800 件。

四季度期末存货 = 2016 年一季度销售量 × 10% = 2 000 件 。

③一季度期初存货：1 000 件(例题中已知条件,数据来源于上年度资产负债表)。

二季度期初存货 = 一季度期末存货 = 1 500 件。

三季度期初存货 = 二季度期末存货 = 2 000 件。

四季度期初存货 = 三季度期末存货 = 1 800 件。

想一想：

编制生产预算时应该如何合理地估计存货数量?

技能训练 2

承[技能训练 1]资料,该公司预计,为保证供货的连续性,预算期内各季度的期末产品库存零应达到下期销售量的 20%。同时,根据与客户的长期合作关系来看,下年第一季度销售量大约为 1 000 件。该公司期初存货为 100 件。

要求:编制 2014 年度生产预算表。

3)直接材料预算

直接材料预算主要是用来确定预算期材料采购数量和采购成本。它是以生产预算为基础编制的,并同时考虑期初、期末材料存货水平,以避免材料的供应不定,造成停工待料或超储而造成积压。直接材料预算主要包括单位产品直接材料用量、生产需要量、期初期末存量、预计材料采购量和预计采购金额。预计材料采购量的计算公式如下：

预计材料采购量的计算公式

预计采购量 = 预计耗用量 + 预计期末量 - 预计期初量

式中, 预计材料耗用量 = 预计生产量 × 单位产品材料耗用量。

公式中单位产品材料耗用量可根据标准单位耗用量或定额用量来确定。期末库存量一般按照下期生产需要量的一定百分比来计算。

为了便于以后编制现金预算,通常要预计材料采购各季度的现金支出。每个季度的现金支出包括偿还上期应付账款和本期应支付的采购货款。

【例 7.3】 承前述资料,假定该公司生产甲产品只耗用一种材料,该公司期望 2015 年年末材料的库存量为 5 000 千克,上年年末库存材料为 3 000 千克。每件产品耗用的材料定额为 3 千克,材料的单价为 5 元。每一季度的期末存料量按下一季度的生产用料量的 10% 安排。材料采购的货款有 60% 在本季度付清,剩下的部分在下季度付清,该公司的期初应付账款为 60 000 元。

要求:编制 2015 年度的直接材料预算表。

解:根据资料,编制 2015 年直接材料预算见表 7.4。

表 7.4　2015 年度客满意公司直接材料预算

项　目	第一季度	第二季度	第三季度	第四季度	全年合计
预计生产量/件	10 500	15 500	49 800	18 200	64 000
单位产品材料用量/(千克·件$^{-1}$)	3	3	3	3	3
生产需用量/千克	31 500	46 500	59 400	54 600	192 000
加:预计期末存量/千克	4 650	5 940	5 460	5 000	5 000
合　计	36 150	52 440	645 860	59 600	197 000
减:预计期初存量/千克	3 000	4 650	5 940	5 460	3 000
预计采购量/千克	33 150	47 790	58 920	54 140	194 000
单价/(元·千克$^{-1}$)	5	5	5	5	5
预计采购金额/元	165 750	238 950	294 600	270 700	970 000

编表说明:

①预计生产量数据来源于生产预算表(见表 7.3)。

②单件产品材料消耗定额来源于例题中的已知条件。

③一季度预计期末存料量 = 二季度用料量 × 10% = 46 500 千克 × 10% = 4 650 千克。

二季度预计期末存料量 = 三季度用料量 × 10% = 59 400 千克 × 10% = 5 940 千克。

三季度预计期末存料量 = 二季度用料量 × 10% = 54 600 千克 × 10% = 5 460 千克。

四季度预计期末存料量 = 5 000 千克(例题中的已知条件)。

④一季度预计期初存料量 = 3 000 千克(例题中的已知条件)。

二季度预计期初存料量 = 4 650 千克(一季度期末存料量)。

三季度预计期初存料量 = 5 940 千克(二季度期末存料量)。

四季度预计期初存料量 = 5 460 千克(一季度期末存料量)。

⑤材料单价来源于例题中的已知条件。

表 7.5　2015 年度客满意公司预计现金支出表

单位:元

项　目		现金支出				
		第一季度	第二季度	第三季度	第四季度	全年合计
期初数	60 000	60 000				60 000

续表

项目		现金支出				
		第一季度	第二季度	第三季度	第四季度	全年合计
第一季度	165 750	99 450	66 300			165 750
第二季度	238 950		143 370	95 580		238 950
第三季度	294 600			176 760	117 840	294 600
第四季度	270 700				162 420	162 410
现金支出合计		159 450	209 670	272 340	280 260	921 720

编表说明:

第一季度的现金支出由两部分构成,计算如下:

上年应付账款本季度支付数:60 000 元(例题中的已知条件)。

第一季度采购材料货款本季度支付数:

$$165\,750 \text{ 元} \times 60\% = 99\,450 \text{ 元}$$

共计:60 000 元 + 99 450 元 = 159 450 元。

第二季度、第三季度以及第四季度的计算方法同上。

技能训练3

承[技能训练2]资料,该公司生产该备件主要使用一种合金材料。根据以往的加工经验,平均每件产品需要料4千克。这种合金材料一直有公司以每千克150元的价格跟一位长期合作的供应商订购,并且双方约定,购货款在购货当季和下季各付一半。目前,该公司尚欠该供应商货款为500 000元,预计在2014年第一季度付清。公司为保证生产的连续性,规定预算期内各期期末的材料库存量应达到下期生产需要量的10%,同时规定各年年末的预计材料库存量应维持在600千克左右。

要求:编制2014年度的生产预算表。

4)直接人工预算

直接人工预算也是以生产预算为基础编制的。其主要内容有预计生产量、单位产品工时、人工总工时、每小时人工成本和人工总成本。直接人工预算能直接为编制现金预算提供资料。

【例7.4】 承前述资料,该公司直接工时小时工资率为8元,单位产品工时定额为0.5小时。

要求:编制2015年度直接人工预算表。

解:根据资料,编制2015年直接人工预算见表7.6。

表 7.6　2015 年度客满意公司直接人工预算

项　目	第一季度	第二季度	第三季度	第四季度	全年合计
预计生产量/件	10 500	15 500	19 800	18 200	64 000
单位产品工时/小时	0.5	0.5	0.5	0.5	0.5
人工总工时/小时	5 250	7 750	9 900	9 100	32 000
每小时人工成本/元	8	8	8	8	8
人工总成本/元	42 000	62 000	79 200	72 800	256 000

编表说明：

①生产量数据来源于生产预算(见表 7.3)。

②定额工时、小时工资率来源于例题中已知条件。

技能训练 4

承[技能训练 2]资料，该公司根据以往的加工经验估计，生产一件备件大约需要 8 个工时。而依据公司与工人签订的劳动合同规定，每小时需要支付工人工资 10 元。

要求：编制 2014 年度的直接人工预算表。

5)**制造费用预算**

制造费用预算是指除了直接材料和直接人工预算以外的其他的一切生产成本的预算。制造费用按其形态，可以分为变动制造费用和固定制造费用两部分。采用变动成本计算法时，变动制造费用以生产预算为基础来编制，即根据预计生产量和预计的变动制造费用分配率来计算，计入产品成本。固定制造费用是期间成本直接列入利润表，作为当期利润的一个扣减项目，与本期的生产量无关，一般可以按照零基预算或增量预算的编制方法来编制。

在制造费用预算中，除了折旧费以外都需要支付现金。为了便于编制现金预算，需要预计现金支出，将制造费用预算总额扣除折旧折旧费后，调整为“现金支出的费用”。

【例 7.5】　承前述资料，该公司的变动制造费用为 6 元/小时，其中，间接材料为 2 元/小时，间接人工为 1 元/小时，修理费为 1.5 元/小时，水电费为 1 元/小时，其他费用为 0.5 元/小时。全年固定制造费用为 60 000 元，其中修理费为 24 000 元，水电费为 5 000 元，管理人员工资为 8 000 元，折旧费用 20 000 元，保险费用 3 000 元，除了当期计提的固定资产折旧外，制造费用均为现金支付。

要求：编制 2015 年度的制造费用预算表。

解：根据资料，编制 2015 年度制造费用预算见表 7.7。

表 7.7　客满意公司 2015 年度制造费用预算表

单位:元

项　目	每小时费用分配率	第一季度	第二季度	第三季度	第四季度	全年合计
预计人工总工时/小时		5 250	7 750	9 900	9 100	32 000
变动制造费用						
间接费用	2	10 500	1 550	19 800	18 200	64 000
间接人工	1	5 250	7 750	9 900	9 100	32 000
修理费	1.5	7 875	11 625	14 850	13 650	48 000
水电费	1	5 250	7 750	9 900	9 100	32 000
其他	0.5	2 625	3 875	4 950	4 550	16 000
小计	6	31 500	46 500	59 400	54 600	192 000
固定制造费用						
修理费		24 000	24 000	24 000	24 000	96 000
水电费		5 000	5 000	5 000	5 000	20 000
管理人员工资		8 000	8 000	8 000	8 000	32 000
折旧		20 000	20 000	20 000	20 000	80 000
保险费		3 000	3 000	3 000	3 000	12 000
小计		60 000	60 000	60 000	60 000	240 000
合计		91 500	106 500	119 400	114 600	432 000
减:折旧		20 000	20 000	20 000	20 000	80 000
现金支出费用		71 500	86 500	99 400	94 600	352 000

编表说明:

①人工总工时来源于直接人工预算表(见表 7.6)。

②间接材料 = 人工总工时 × 间接材料小时费用率。

③间接人工 = 人工总工时 × 间接人工小时费用率。

④修理费 = 人工总工时 × 修理费小时费用率。

⑤水电费 = 人工总工时 × 水电费小时费用率。

⑥其他费用 = 人工总工时 × 其他费小时费用率。

想一想:

制造费用的编制应该采用什么方法?

技能训练 5

承[技能训练 4]资料,该公司变动制造费用分配率为 6 元/小时,其中间接费用为

2元/小时，水电费为2元/小时；每季度固定费用为40 000元，其中，车间管理人员的工资为10 000元，设备折旧费为20 000元，设备维护费为10 000元。

要求：编制2014年度的制造费用预算表。

6）**产品生产成本预算**

为了计算产品的销售成本，必须先确定产品的生产总成本和单位成本。产品生产成本预算是生产预算、直接材料预算、直接人工预算、制造费用预算的汇总。在变动成本计算法下，产品生产成本包括直接材料、直接人工和变动制造费用。

【例7.6】 承前述资料，该公司的变动制造费用为0.5元/小时，且该公司采用先进先出法核算产品成本。

要求：编制2015年度的单位产品生产成本预算表。

解：根据资料，编制2015年度产品生产成本预算见表7.8。

表7.8 客满意公司2015年度产品生产成本预算表

成本项目	全年生产量64 000/件			
	单位消耗	单价/元	单位成本/（元·件$^{-1}$）	总成本/元
直接材料	3	5	15	960 000
直接人工	0.5	8	4	256 000
变动制造费用	0.5	8	3	192 000
合　计			22	1 408 000
产成品存货	数量/件	单位成本/元	总成本/元	
年初存货	1 000	23	23 000	
年末存货	2 000	22	44 000	
本年销售	63 000		1 387 000	

编表说明：

由于期初存货的单位成本为23元，而本年生产产品的单位成本为22元，两者不一致，因此，存货流转采用先进先出法。

想一想：

采用先进先出法与采用后进先出法编制的产品成本预算有何区别？

技能训练6

承[技能训练3]至[技能训练5]资料。

要求：编制2014年度的单位产品成本预算表。

7）销售及管理费用预算

销售及管理费用预算是指为了实现产品销售和维持一般管理业务所发生的各项费用。它是以销售预算为基础的。按照成本的性态，可分为变动销售及管理费用和固定销售及管理费用。其编制方法与制造费用预算相同。

【例7.7】　承前述资料，该公司的变动销售及管理费用为销售收入的10%。其中，每季度销售佣金为销售收入的1.5%，运输费用为销售收入的1.5%，广告费用为销售收入的7%。固定销售及管理费用为25 000元。其中，管理人员工资为5 000元，办公费用为9 000元，保险费用为4 000元，其他费用为7 000元。

要求：编制2015年度的销售及管理费用预算表。

解：根据资料，编制2015年度销售及管理费用预算见表7.9。

表7.9　客满意公司2015年度销售及管理费用预算

单位：元

项　目	变动费用率（按销售收入）	第一季度	第二季度	第三季度	第四季度	全年合计
预计销售收入		400 000	600 000	800 000	720 000	2 520 000
变动销售及管理费用						
销售佣金	1.5%	6 000	9 000	12 000	10 800	37 800
运输费	1.5%	6 000	9 000	12 000	10 800	37 800
广告费	7%	28 000	42 000	56 000	50 400	176 400
小计	10%	40 000	60 000	80 000	72 000	252 000
固定销售及管理费用						
管理人员工资		5 000	5 000	5 000	5 000	20 000
办公费		9 000	9 000	9 000	9 000	36 000
保险费		4 000	4 000	4 000	4 000	16 000
其他		7 000	7 000	7 000	7 000	28 000
小计		25 000	25 000	25 000	25 000	100 000
合计		65 000	85 000	105 000	97 000	352 000

编表说明：预计销售表来源于销售预算表（见表7.1）。

技能训练7

承［技能训练1］资料，该公司的变动销售费用为10元；2014年度的预计固定销售费用为每季度支付10 000元；管理费用包括管理人员工资、办公室和房租3项，均属于固定成本，每季度支出额分别为5 000元、3 000元、2 000元。

要求：编制2014年度销售及管理费用预算表。

7.2.2 财务预算的编制

财务预算的编制内容如图 7.4 所示。

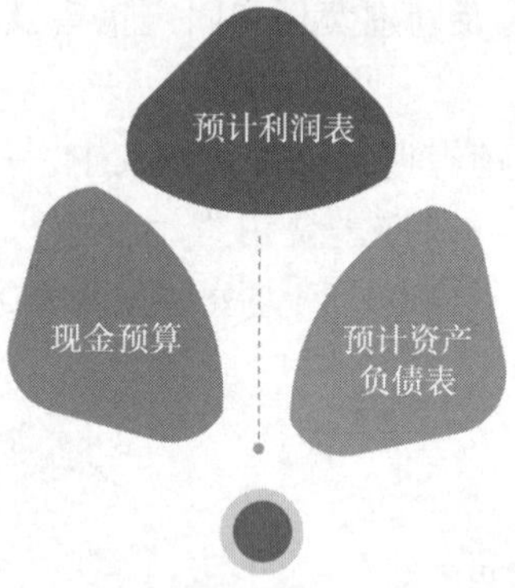

图 7.4 财务预算的编制内容

1）现金预算

现金预算是用来反映预算期内由营业和资本支出引起的一切现金收支及其结果的预算。这里的现金是指企业的库存现金和银行存款等货币资金。编制现金预算的目的是合理地处理现金收支业务，正确地调度资金，保证企业资金的正常流转。现金预算由以下 4 部分组成：

（1）现金收入

现金收入包括期初的现金结存数和预算期内发生的现金收入，如现销收入、收回的应收账款、应收票据到期兑现和票据贴现收入等。

（2）现金支出

现金支出是指预算内预计发生的现金支出，如采购材料支付货款、支付工资、支付部分制造费用、支付销售费用、管理费用、财务费用、偿还应付款项、交纳税金、支付利润以及资本性支出的有关费用（设备购置费）等。

（3）现金收支差额

现金收支差额是指列示现金收入合计与现金支出合计的差额。差额为正，说明收大于支，现金多余；差额为负，说明支大于收，现金不足。

（4）资金的筹集与运用

根据预算期现金收支的差额和企业有关资金管理的各项政策，确定筹集或运用资金的数额。如果现金不足，可向银行取得借款，或发放短期商业票据以筹集资金，并预计还本付息的期限和数额；如果现金多余，除了可用于偿还借款外，还可用于购买作为短期投资的有价证券。

现金预算实际上是其他预算有关现金收支部分的汇总，以及收支差额平衡措施的具体计划。它的编制，要以其他各项预算为基础，或者说其他预算在编制时要为现金预算做好数据准备。

【例 7.8】 承前述资料，假设客满意公司每季度末应保持现金余额 30 000 元，若资金不足或者多余，可以以 1 000 元为单位进行借入或者偿还，借款年利率为 6%，于每季初借入，每季末偿还，借款利息于偿还本金时一起支付。同时，在 2010 年度万达公司准备投资 240 000 元购买设备，于第二季度与第三季度分别支付价款 50%。每季度预交所得税 20 000 元，预算在第三季度发放现金股利 50 000 元，第四季度购买国库券 100 000 元。

要求：编制 2015 年度现金预算表。

解：根据上述资料，编制 2015 年度现金预算表见表 7.10。

表 7.10　客满意公司 2015 年度现金预算表

单位:元

项　目	第一季度	第二季度	第三季度	第四季度	全年合计
期初现金余额	30 000	30 050	30 880	30 940	30 000
加:销货现金收入	342 000	540 000	740 000	744 000	2 366 000
可供使用现金	372 000	570 050	770 880	774 940	2 396 000
减:现金支出					
直接材料	159 450	209 670	272 340	280 260	921 720
直接人工	42 000	62 000	79 200	72 800	256 000
制造费用	71 500	86 500	99 400	94 600	352 000
销售及管理费用	65 000	85 000	105 000	97 000	352 000
预交所得税	20 000	20 000	20 000	20 000	80 000
购买国库券				100 000	100 000
发放股利			50 000		50 000
购买设备		120 000	120 000		240 000
支出合计	357 950	583 170	745 940	664 660	2 351 720
现金收支差额	14 050	13 120	24 940	110 280	44 280
向银行借款	16 000	44 000	6 000		66 000
归还银行借款				66 000	66 000
借款利息(年利 8%)				3 120	3 120
期末现金余额	30 050	30 880	30 940	41 160	41 160

编表说明:

①第一季度的现金余额来源于例题中的已知条件。

第二季度的期初现金余额为第一季度期末现金余额。

第三季度的期初现金余额为第二季度期末现金余额。

第四季度的期初现金余额为第三季度期末现金余额。

②销货现金收入项目来源于销售预算表的现金收入合计项目(表 7.2)。

③直接材料项目来源于直接材料预算表的现金支出合计项目(表 7.5)。

④直接人工项目来源于直接人工预算表的人工总成本项目(表 7.6)。

⑤销售及管理费用来源于销售及管理费用预算表现金支出项目(表 7.7)。

⑥预交所得税项目、购买国库券项目、发放股利项目、购买设备项目等来源于例题中的已知条件。

⑦第四季度归还向银行借款项目 = 第一季度借款额 + 第二季度借款额 + 第三季度借款额 = 16 000 元 + 44 000 元 + 6 000 元 = 66 000 元 。

⑧第四季度归还借款利息项目 = 16 000 × 6% 元 + 44 000 × 6% × 9/12 元 + 6 000 × 6% × 6/12 元 = 3 120 元 。

想一想:

现金预算在企业财务管理中的地位是怎么样呢?

技能训练 8

承[技能训练 1]至[技能训练 7]资料,该公司确定的最佳现金持有量为 9 000 元。当现金收支净额不足 9 000 元时,可以申请银行借款来补足。公司已和银行商定了为期一年的信贷借款额度。公司可以随时按照 6% 的年利率向银行借款,借款额为 1 000 的整数倍。该公司的期初现金余额为 9 000 元。

除了日常经营活动所引起的各项现金收支外,公司估计 2014 年还会发生以下现金收支业务:

公司的一台专用设备必须在一季度更新,预计需要发生的各项支出共计 100 000 元。

公司将在 2014 年年初向固定派发 2013 年度的现金股利 20 000 元。

估计公司每个季度需要交纳所得税款为 5 000 元。

要求:编制 2014 年度现金预算支出。

2)预计利润表

预计利润表是指以货币形式综合反映预算期内企业经营活动的财务成果,是一项利润计划。该预算需要在销售预算、产品成本预算、制造费用预算、销售及管理费用预算和其他相关资料的基础上编制。

【例 7.9】 根据前述各种预算,该公司的期初存货量为 1 000 件,期初存货的单位成本为 23 元,本年度生产产品的成本为 22 元,该公司利用先进先出法计算变动生产成本。

要求:编制 2015 年度的预计利润表。

解:根据资料,编制 2015 年度的预计利润表见表 7. 11。

表 7. 11　客满意公司 2015 年度预计利润表

单位:元

项　目	第一季度	第二季度	第三季度	第四季度	全年合计
销售收入	400 000	600 000	800 000	720 000	2 520 000
减:变动成本					
变动生产成本	221 000	330 000	440 000	396 000	137 800

续表

项　目	第一季度	第二季度	第三季度	第四季度	全年合计
变动销管费用	40 000	60 000	80 000	72 000	252 000
变动成本小计	261 000	390 000	520 000	468 000	1 639 000
边际贡献	139 000	210 000	280 000	252 000	881 000
减:固定成本					
固定制造费用	60 000	60 000	60 000	60 000	240 000
固定销管费用	25 000	25 000	25 000	25 000	100 000
利息支出				3 120	3 120
固定成本小计	85 000	85 000	85 000	88 120	343 120
税前利润	54 000	125 000	195 000	163 880	537 880
减:所得税	21 600	50 000	78 000	65 552	215 152
税后利润	32 400	75 000	117 000	98 328	322 728

编表说明:

①销售收入项目见表7.9。

②变动成本项目:

第一季度变动生产成本 = 1 000 × 23 元 + 9 000 × 22 元 = 221 000 元。

第二季度变动生产成本 = 15 000 × 22 元 = 33 000 元 。

第三季度、第四季度变动生产成本的计算方法同上。

③变动销管费用项目见表7.9。

④固定制造费用项目见表7.7。

⑤固定销管费用项目见表7.9。

⑥利息支出项目见表7.10。

3)预计资产负债表

预计资产负债表是指用于综合反映企业预算期末财务状况的一种财务预算。以期初资产负债表为基础,根据销售、生产、资本等预算的有关数据加以调整编制的。

【例7.10】　根据前述资料,要求编制该公司2015年度的预计资产负债表。

解:根据资料,编制2015年度的预计资产负债表见表7.12。

表7.12　客满意公司2015年度预计资产负债表

单位:元

资　产	期初数	期末数	负债和权益	期初数	期末数
流动资产			流动负债		

续表

资　产	期初数	期末数	负债和权益	期初数	期末数
现金	30 000	41 160	应付账款	60 000	108 280
应收账款	62 000	216 000	应付所得税		135 152
原材料	15 000	25 000			
产成品	23 000	44 000	流动负债合计	60 000	243 432
短期投资		100 000	长期负债		
流动资产合计	130 000	426 160	长期借款	50 000	50 000
固定资产原值	1 050 000	1 290 000	股东权益		
减:累计折旧	240 000	320 000	普通股	800 000	800 000
固定资产净值	810 000	970 000	留存收益	30 000	302 728
资产合计	940 000	1 396 160	负债和权益总计	940 000	1 396 160

编表说明：

①现金项目来源于表 7. 10。

②应收账款项目来源于表 7. 2。

③原材料项目来源于例题中的已知条件。

④产成品项目来源于例题中的已知条件。

⑤短期投资项目来源于表 7. 10。

⑥固定资产和累计折旧项目。

固定资产原值期初数来源于例题中的已知条件。

固定资产本年累计折旧数为 8 000 元。

固定资产原值期末数 = 1 050 000 元 + 240 000 元 = 1 290 000 元。

累计折旧期末数 = 240 000 元 + 8 000 元 = 320 000 元 。

⑦应付账款项目来源于表 7. 5。

⑧应付所得税项目来源于表 7. 10 和表 7. 11 的相关数据。

应付所得税期末数 = 215 252 元 − 80 000 元 = 135 152 元 。

⑨长期借款项目来源于例题中的已知条件。

⑩普通股项目来源于例题中的已知条件。

⑪留存收益项目来源于表 7. 10 和表 7. 11 的相关数据。

留存收益期末数 = 30 000 元 + 322 728 元 − 50 000 元 = 302 728 元 。

想一想：

企业一般会在什么时候编制年度资产负债表呢？

任务3 全面预算编制的其他方法

全面预算编制的其他方法如图7.5所示。

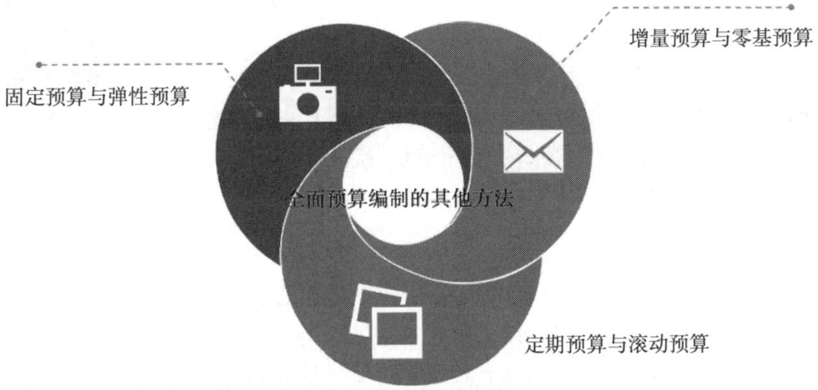

图7.5 全面预算编制的其他方法

7.3.1 固定预算与弹性预算

1)固定预算

预算根据其是否可按业务量调整,可分为固定预算和弹性预算两类。固定预算又称静态预算,是根据预算期内正常的可实现的某一业务量水平而编制的预算。前面所述的销售预算、生产预算、成本预算等都是以某一业务量水平为基础编制的。

固定预算有以下两个基本特点:

①不考虑预算期内业务量水平可能发生的变动,只按某一确定的业务量水平为基础预计其相应的数额。

②将预算的实际执行结果与按预算期内计划规定的某一业务量水平所确定的预算数进行比较分析,并据以进行业绩评价、考核。

这种预算用来考核非营利组织或业务量水平较为稳定的企业是比较合适的。但是,如果用来衡量业务量水平经常变动的企业的耗费与成果,特别是当实际的业务量水平与预算确定的业务量水平相差甚远时,利用固定预算就很难正确地考核和评价企业预算的执行情况。

2)弹性预算

(1)弹性预算的特点

弹性预算是固定预算的对称。它是根据预算期可预见的不同业务量水平,分别确定其相应的预算额,以反映在不同业务量水平下所应开支的费用水平或收入水平。因这种预算随业务量水平的变动作机动调整,本身具有弹性,故称弹性预算,或称变动预算。

弹性预算与按特定业务量水平编制的固定预算相比有以下两个显著的特点:

固定预算与弹性预算

①弹性预算是按预算期内某一相关范围内的可预见的多种业务量水平确定不同的预算额,从而扩大了预算的适用范围,便于预算指标的调整。

②弹性预算是按成本的不同性态分类列示的,便于在预算期终了时,将实际指标与实际业务量相应的预算额进行对比,使预算执行情况的评价与考核建立在更加客观和可比的基础上,更好地发挥预算的控制作用。

(2)弹性预算的编制程序

由于未来业务量的变动会影响成本费用利润等各个方面,因此,弹性预算从理论上说适用于全面预算中与业务量有关的各种预算。但从实用的角度看,主要用于编制弹性成本预算和弹性利润预算。一般采用先成本预算后利润预算的顺序进行编制。现以成本的弹性预算为例,说明其编制程序。

①确定某一相关范围,预计在未来期间内业务量水平将在这一相关范围内的变动情况。弹性预算的业务量范围,应视企业或部门的业务量变化情况而定。一般来说,可定在正常生产能力的70% ~110%,或者以历史上最高业务量或最低业务量为其上下限。

②选择业务量的计量单位。编制弹性预算,要选用一个最能代表本部门生产经营活动水平的业务量计量单位。例如,以手工操作为主的车间,就应选用人工工时;制造单一产品或零件部门,可选用实物数量;制造多种产品或零部件的部门,可以选用人工工时或机器工时;修理部门可以选用直接修理工时等。

③按照成本性态分析的方法,将企业的成本分为固定成本和变动成本两大类,并确定成本函数 $y = a + bx$。

④确定预算期内各业务量水平的预算额。

(3)弹性成本预算的编制与运用

①弹性成本预算的编制方法

用弹性预算的方法编制成本预算时,其关键在于把所有的成本划分为变动成本与固定成本两大部分。变动成本主要根据单位产品预定的直接材料成本、直接人工成本、变动性制造费用等进行控制,固定成本则按总额进行控制。弹性成本预算的计算公式如下:

弹性成本预算的计算公式

$$弹性成本预算 = \sum(单位变动成本预算 \times 预计业务量) + 固定成本预算$$

对产品成本中的直接材料、直接人工、制造费用、销售及管理费用，可采用不同的方法编制弹性预算。

a. 由于直接材料、直接人工的弹性预算只需要以预算期内多种可能完成的生产量为基础，分别乘以单位产品的预算数(或标准)即可完成预算的编制。因此，在实际工作中，通常只是编制单位产品变动成本标准进行控制，待实际业务发生后，再按实际业务量进行换算，形成弹性预算。

b. 由于制造费用属于混合成本，因此，为加强控制，更宜按照不同的业务量水平编制制造费用的弹性预算。生产单一产品的企业，制造费用预算可按生产量直接编制，生产多品种的企业，通常可按照直接人工工时(或机器工作台时数)进行编制。

②弹性成本预算的运用

【例 7.11】　客满意公司生产和销售甲产品，2015 年预计可以生产 200 ~ 400 件产品。产品的消耗定额如下：直接材料 20 元，直接人工 10 元，变动制造费用 10 元，固定制造费用总额为 3 000 元。

要求：分别以 180 件、240 件、300 件、360 件为预算产量编制产品成本预算表。

解：编制该公司的弹性预算见表 7.13。

表 7.13　弹性成本预算

单位：元

项　目	单元变动成本	预计生产量			
		180 件	240 件	300 件	360 件
直接材料	26	3 600	2 400	6 000	7 200
直接人工	10	1 800	2 400	3 000	3 600
变动制造费用	10	1 800	2 400	3 000	3 600
变动成本合计		7 200	7 200	12 000	14 400
固定制造费用		3 000	3 000	3 000	3 000
生产成本合计		10 200	10 200	15 000	17 400

想一想：

弹性预算和固定预算相比有什么优点？

技能训练 9

某公司计划年度只产销乙产品，其销售单价预计为 250 元，单元变动成本为 100 元，固定成本总额为 100 000 元，销售范围为 1 000 ~ 1 400 件。

要求：试编制销量分别为 1 000 件、1 100 件、1 200 件、1 300 件时的弹性利润预算表。

7.3.2 增量预算与零基预算

1)增量预算

所谓增量预算,一般是以基期成本费用水平为出发点,结合预算期业务量水平及有关降低成本的措施,调整有关费用项目而编制预算的方法。这种方法的基本假定是:企业现有的每项业务活动都是企业不断发展所必需的;现有的费用开支水平是合理而必需的;增加费用预算是值得的。这种预算方法比较简单,但是它以过去的水平为基础,实际上是承认过去是合理的,无须改进,因循沿袭下去。这样,一方面可能使原来不合理的费用开支继续存在下去,造成预算的浪费;另一方面也可能造成预算的不足。

2)零基预算

零基预算是区别于传统的增量预算而设计的一种编制费用预算的方法。它是指在编制预算时,对所有的预算支出均以零为基底,从实际需要与可能出发,逐项审议各种费用开支的一种方法。零基预算与传统的增量预算编制的不同之处在于:它不是以现有费用水平为基础,而是如同新创办一个机构时一样,一切以"零"为起点,规划预算期内的业务活动及其费用开支标准。其基本做法有以下 3 种:

①企业内部各有关部门,根据企业的总体目标和各部门的具体任务,提出预算期内需要发生的各种业务活动及其费用开支的性质、目的和数额。

②对各项预算方案进行成本—效益分析,即对每一项业务活动的所费与所得进行对比,权衡得失,据以判断各项费用开支的合理性及优先顺序。

③根据生产经营的客观需要与一定期间资金供应的实际可能,在预算中对各个项目进行择优安排,分配资金,落实预算。

增量预算与零基预算的对比

【例 7.12】 客满意公司拟采用零基预算法编制下年度管理费用预算。管理部门的全体员工根据本公司下年度的目标利润和本部门的具体任务,多次反复讨论研究,一致认为在预算期内须发生如下费用,见表 7.14。

表 7.14 预计管理费用项目及金额

单位:元

费用项目	费用金额	费用项目	费用金额
房屋租赁费	12 800	业务招待费	6 200
培训费	5 600	办公费	14 400
劳动保护费	6 000		

要求：请在预算中对各个项目进行择优安排，并合理分配各项目的预算资金。

解析：经过分析，可得出以下结论：房屋租赁费、劳动保护费和办公费是不可避免的费用支出，属于约束性固定成本；培训费和业务招待费可以增加其费用额，属于酌量性固定成本。

根据历史资料对培训费和业务员招待费进行成本—效益分析，得到有关数据，见表7.15。

表7.15 成本—效益分析

费用项目	成本/元	收益/元	成本收益率/%
培训费	100	140	140
业务招待费	100	60	60

根据上述分析，可以对上述费用项目排出以下顺序：

①房屋租赁费、劳动保护费和办公费用属于不可避免的约束性固定成本，因其在预算期内必不可少，须全额得到保障，应首先予以满足，这3项费用均排在第一位。

②培训费属于可以避免的酌量性固定成本，可以根据预算期内企业财力情况酌情增加；因其成本收益率大于业务招待费，故排在第二位。

③业务招待费也属于可以避免的酌量性固定成本，可同培训费一样考虑；因其成本收益率小于培训费，故排在第三位。

假定客满意公司在预算期内可用于管理费用的财力资源只有42 000元，根据以上排列的层次和顺序分配资源，最终落实的预算金额如下：

①不可避免的约束性固定成本的预算金额：12 800元+6 000元+14 400元= 33 200元。

②尚可分配的资金：42 000元 − 33 200元 = 8 800元。

③将尚可分配的资金按成本收益率的相应比例在培训费和业务招待费之间分配：

$$培训费预算数 = 8\ 800\ 元 \times \frac{1.4}{1.4+0.6} = 6\ 160\ 元。$$

$$业务招待费预算数 = 8\ 800\ 元 \times \frac{0.6}{1.4+0.6} = 2\ 640\ 元。$$

想一想：

零基预算能够克服固定预算的哪些缺陷？

7.3.3 定期预算与滚动预算

1）定期预算

如前所述，企业的经营预算和财务预算通常是定期（如1年）编制的，其优点是与会计年度相配合，便于预算执行结果的考核与评价。但是，这种定期预算也有一定的缺陷：

①定期预算多是在其执行年度开始前的2~3个月进行，在编制时，难于预测预算期的某些活动，特别是对预算期的后半阶段，往往只能提出一个较为笼统的预算，从而给预算的执行带来种种困难。

②预算中所规划的各种经营活动在预算期内往往发生变化，而定期预算却不能及时调整，从而使原有的预算显得不相适应。

③在预算执行过程中，受预算期的限制，使管理人员的决策视野局限于剩余预算期间的活动，从而不利于企业长期稳定的发展。为了克服定期预算的缺陷，在实践中可采用滚动预算的方法编制预算。

2）滚动预算

滚动预算又称永续预算或连续预算，其基本特点是预算期是连续不断的，始终保持一定期限（如1年）。凡预算执行过1个月后，即根据前一月的经营成果，并结合执行中发生的新情况，对剩余的11个月加以修订，并自动后续1个月，重新编制新一年的预算。这样逐期向后滚动，连续不断地以预算的形式规划未来的经营活动，滚动预算的要点在于预算期与会计年度相脱节，始终保持12个月或4个季度的预算。

综合上述，滚动预算较之传统的定期预算具有以下优点：

①可以保持预算的连续性与完整性，使有关人员能从动态的预算中把握企业的未来，了解企业的总体规划和近期目标。

②可以根据前期预算的执行结果，结合各种新的变化信息，不断调整或修订预算，从而使预算与实际情况相适应，有利于充分发挥预算的指导和控制作用。

③可以使各级管理人员始终保持对未来12个月甚至更长远的生产经营活动作周密的考虑和全盘规划，确保企业各项工作有条不紊地进行。

采用滚动预算法的不足之处是编制预算的工作量较大。因此，也可以采用按季度滚动来编制预算，而在执行预算的那个季度里，再按月份具体地编制各月份的预算，这样可以适当地简化预算的编制工作。总之，预算的滚动期限应视实际需要而定。

详解滚动预算

【同步训练】

一、单项选择题

1.（　　）是全面预算编制的起点。

A.销售预算　　B.生产预算

C.财务预算　　D.业务预算

2. 下列各项预算中，构成全面预算体系最后环节的是(　　)。
A. 日常业务预算　B. 专门决策预算
C. 财务预算　D. 现金预算
3. 为规划和控制未来时期的生产、销售等经常性业务以及与此相关的各项成本和收入而编制的预算是(　　)。
A. 全面预算　B. 经营预算
C. 资本预算　D. 财务预算
4. 从内容上看，下列不属于财务预算的是(　　)。
A. 预计利润表　B. 现金收支预算
C. 预计资产负债表　D. 投资预算
5. 下列各项中，综合性较强的预算是(　　)。
A. 销售预算　B. 材料采购预算
C. 现金预算　D. 资本支出预算

二、多项选择题

1. 在下列各项中，属于日常业务预算的有(　　)。
A. 销售预算　B. 现金预算
C. 生产预算　D. 销售费用预算
2. 在下列各项预算中，属于财务预算内容的有(　　)。
A. 销售预算　B. 生产预算
C. 现金预算　D. 预计利润表
3. 现金预算的组成部分有(　　)。
A. 资金筹措预算　B. 预计损益表
C. 现金收入预算　D. 现金支出预算
E. 销售预算
4. 与生产预算有直接联系的预算是(　　)。
A. 直接材料预算　B. 变动制造费用预算
C. 销售及管理费用预算　D. 直接人工预算
E. 现金流量预算
5. 在编制现金预算时，计算某期现金余缺必须考虑的因素有(　　)。
A. 期初现金余额　B. 期末现金余额
C. 当期现金支出　D. 当期现金收入

三、判断题

1. 预算编制不是目的，而是实现目标的手段，因此，预算的编制要积极可靠，留有余地。(　　)

2. 财务预算能够综合反映各项业务预算和各项专门决策预算,故称总预算。 (　　)

3. 管理费用、销售费用和财务费用预算,属于经营预算范畴。 (　　)

4. 财务预算必须以业务预算、资本预算和筹资预算为基础。 (　　)

5. 财务预算也就是全面预算中的综合价值预算。 (　　)

四、计算题

1. 客满意公司只产销一种甲产品,甲产品只消耗乙材料。2014 年第 4 季度按定期预算法编制 2015 年的企业预算,部分预算资料如下:乙材料 2015 年年初的预计结存量为 2 000 千克,各季度末乙材料的预计结存量数据见表 7.16。

表 7.16　2015 年各季度末乙材料预计结存量

季　度	1	2	3	4
乙材/千克	1 000	1 200	1 200	1 200

每季度乙材料的购货款于当季支付 40%,剩余 60% 于下一个季度支付;2015 年年初的预计应付账款余额为 80 000 元。该公司 2015 年度乙材料的采购预算见表 7.17。

表 7.17　2015 年乙材料的采购预算

项　目	第一季度	第二季度	第三季度	第四季度	全　年
预计甲产品量/件	3 200	3 200	3 600	4 000	14 000
材料定额消耗/(千克·件$^{-1}$)	5				
预计产生需要量/千克		16 000			70 000
加:期末结存量/千克					
预计需要量合计/千克	17 000	(A)	19 200	21 300	(B)
减:期初结存量/千克		1 000	(C)		
预计材料采购量/件	(D)			21 000	(E)
材料计划单价/(元·千克$^{-1}$)	10				
预计采购金额/元	150 000	162 000	180 000	201 000	693 000

要求:

(1)确定客满意公司乙材料采购预算表中用字母表示的项目数值。

(2)计算客满意公司第一季度预计采购现金支出和第 4 季度末预计应付款金额。

(3)计算甲产品的单位直接材料标准成本。

(4)计算客满意公司的年末材料库存金额。

2. 客满意公司现着手编制 2015 年 6 月的现金收支计划。预计 2015 年 6 月月初现金余额为 8 000 元;月初应收账款 4 000 元,预计月内可收回 80%;本月销货 50 000 元,预计月内收款比例为 50%；本月采购材料 8 000 元，预计月内付款 70%；月初应付账款余额 5 000 元需要在月内全部付清；月内以现金支付工资 8 400 元；本月制造费用等间接费用付现 16 000 元；其他经营性现金支出 900 元；购买设备支付现金 10 000 元。企业现金不足时，可向银行借款，借款额为 1 000 元的倍数；现金多余时可购买有价证券。要求月末现金余额不低于 5 000 元。

要求：

（1）计算经营现金收入。

（2）计算经营现金支出。

（3）计算现金余缺。

（4）确定最佳资金筹措或运用数额。

（5）确定现金月末余额。

3. 客满意公司根据销售预测，对某产品 2015 年度的销售量作以下预计：第一季度为 6 000 件，第二季度为 7 000 件，第三季度为 9 000 件，第四季度为 10 000 件，每个季度的期末存货量应为下一季度预计销售量的 10%。若年初存货量为 650 件，年末存货量为 1 100 件，单位产品材料消耗定额为 2 千克/件，单位产品工时定额为 3 小时/件，单位工时的工资额为 5 元。

要求：根据以上资料编制该公司的生产预算、材料消耗预算和直接人工预算，填写表 7. 18。

表 7. 18　客满意公司生产预算、材料消耗预算及直接人工预算表

项　目	第一季度	第一季度	第一季度	第一季度	全　年
预计销售量/件					
加：预计期末存货量/件					
减：期初存货量/件					
预计生产量/件					
单位产品材料消耗定额/千克					
预计直接材料消耗量/千克					
单位产品工时定额/小时					
预计生产需要定额公时总量/小时					
单位工时的工资额/元					
预计直接人工成本					

项目 7　同步训练答案

第 5 篇　财务控制

项目 8
标准成本控制

【知识结构】

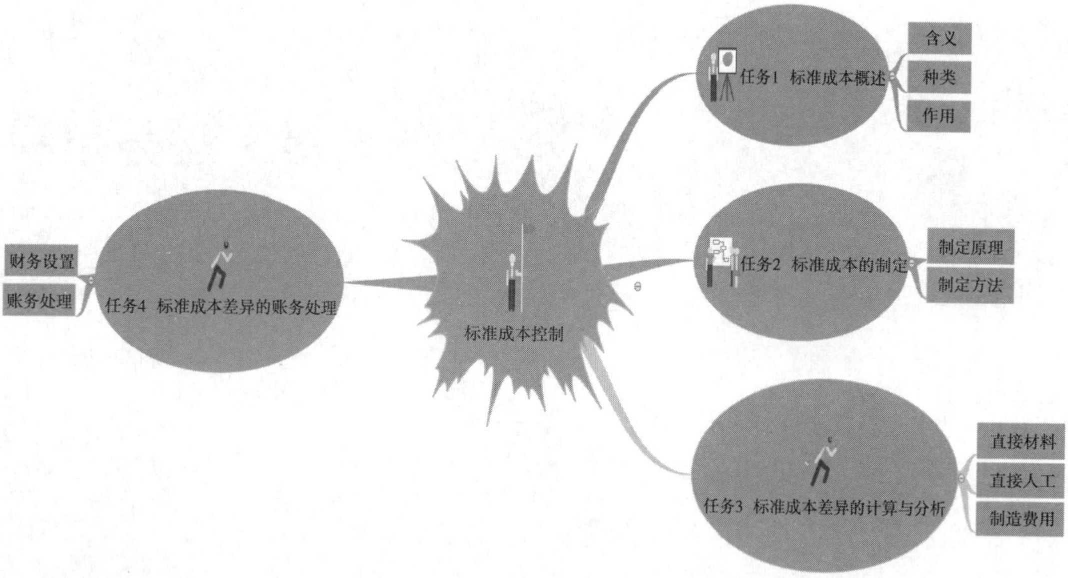

【知识目标】

1. 了解标准成本法的特点。
2. 熟悉标准成本法的种类。
3. 掌握标准成本法的主要内容。
4. 了解标准成本法的主要作用。

【能力目标】

1. 掌握标准成本的制定。

2. 学会标准成本的计算与差异分析。

3. 学会标准成本的掌握的账户处理。

【情境案例】

客满意公司正打算辞退采购员小张。因为公司发现小张是以大批量的采购来获得价格优惠的，这样造成大量资金被占用在存货上。而小张认为公司的要求是达到标准，而至于如何达到标准并不重要。他还强调，只有通过大批量购进才能达到价格标准，否则就会出现不利价格差异。

小张为什么采用大批量购进原材料？你认为这种做法就是价格目标吗？如果不是，那么目标又是什么？

【情境分析】

标准成本法是以事先确定的标准成本为基础，用标准成本与实际成本进行比较、核算和分析成本差异的一种产品成本计算方法。把直接材料成本差异分解为数量差异和价格差异，有利于管理者分析和控制材料成本。价格差异一般应由采购部门负责，而数量差异一般应由生产部门负责。虽然总差异可以分解为数量差异和价格差异，但这并不意味着这两个差异是绝对独立的。例如，采购部门以低价购进了质量较差的材料，导致耗用量的增长，由此形成的价格上的有利差异并非真正意义上的有利，而数量的不利差异也不应由生产部门负责而应由采购部门负责。

任务1　标准成本概述

8.1.1　标准成本的含义

标准成本是充分调查、分析和技术测定的基础上，根据企业现已经达到的技术水平所确定的企业在有效经营条件下生产某种产品所应当发生的成本。由于标准成本是应该发生的成本，是企业进行成本控制和业绩考核的主要依据之一。因此，标准成本可作为控制成本、评价实际成本、衡量成本控制绩效的依据。

8.1.2　标准成本的种类

制定标准成本，首先应确定选择什么水平的成本作为现行标准成本。可供选择的标准成本的种类很多，主要包括理想标准成本、正常标准成本和现实标准成本3种。标准成本的种类如图8.1所示。

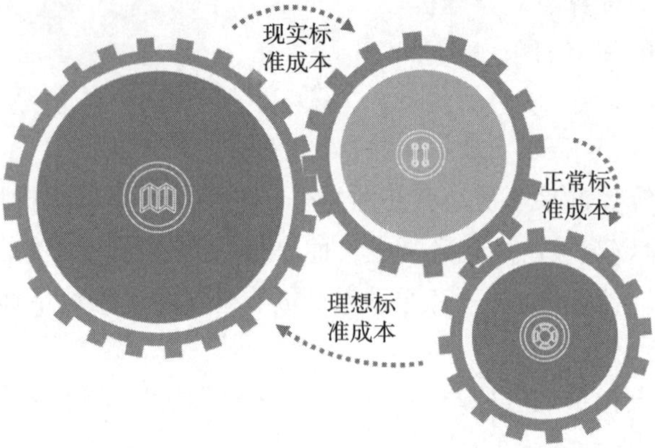

图 8.1　标准成本的种类

1)理想标准成本

理想标准成本是指以现有技术、设备和经营管理处于最佳状态下基础制定的标准成本。这种标准成本在排除机器故障、工作停顿等一切失误、浪费和耽搁的基础,只有技术最熟练、工作效率最高的工作人员在最佳状态下尽最大努力才能实现。这种标准成本的优点是具有激励作用。但由于这种标准过于严格,即便对优秀职工也非易事,会使职工丧失信心,且按此所揭示的成本差异失去实际意义,难以进行日常成本控制与考核。因此,在实际工作中较少采用。

2)正常标准成本

正常标准成本是根据正常的耗用水平、正常的价格和正常的生产经营能力利用程度制定的成本水平。正常标准成本一般应当根据以往一段时期实际成本的平均值,在剔除生产经营活动中的异常因素并考虑今后的变动趋势而制定的。这是一种经过努力可以达到的成本。而且在技术水平和经营管理条件没有较大变动的情况下,可以不必修订而继续使用。这就使正常标准成本在成本管理工作中能充分发挥其应有的积极作用,因此在实际工作中得到了广泛的应用。

3)现实标准成本

现实标准成本是在现有生产技术条件下和有效经营管理的基础上,根据下一期可能发生的生产耗用量、价格和生产经营能力制定的标准成本,也称可达到的标准成本。这种标准成本包括管理者认为一时还不能避免的某些低效、失误和超量消耗,是最切实可行、最接近实际的成本,因此既可以用于成本控制,又可用于存货计价。在经济形势变化无常的情况下,这种标准成本最为适用。

标准成本法和实际成本法

8.1.3 标准成本的作用

标准成本的作用如图 8.2 所示。

图 8.2 标准成本的作用

1）便于成本核算

只要划定成本中心、确定成本标准、制定成本项目后，按一定的程序便可核算出标准成本、实际成本及成本差异。采用标准成本后，在制品按成本的标准留，剩下的成本即为转出成本，这样解决了在制品留法不合理的难题。

2）便于划清责任

由于标准成本将成本中心划定为一级、二级、三级，而三级成本已划到车间、作业区这一级。三级成本中心也能揭示出标准成本差异，这样消灭了吃大锅饭的现象。标准成本的每个成本项目都采用单独的价格标准和用量标准。因此，可以确定每个成本项目实际脱离标准的差异的责任归属，从而分清各部门的责任。

3）便于成本控制

明确成本中心的责任后，使成本控制的责任下放到车间、作业区三级成本中心，并将成本标准、成本指标层层分解到个人，加强考核，使奖金与成本业绩挂钩。另一方面，在标准成本实践中还实行月度成本计划的措施，有利于计算月度成本消耗量，然后采购员、领料员按此月度成本控制计划采购、领料，以达到控制原材料成本的目的。

4）提高决策正确性

根据单位边际贡献=单位销售收入-单位变动成本，进行标准成本管理，可以确认企业的单位边际贡献，有利于企业测算出盈亏平衡点，从而提高决策的准确性和有效性。传统的成本管理，特别是全部成本管理，在考虑产品收益时，不仅包括变动成本，而且包括固定成本，这就干扰了决策者的决策。标准成本管理的实施，为企业正确核算产品单位变动成本提供了科学依据，从而有利于企业决策者做出正确的决策。

标准成本法的中国实践

任务2　标准成本的制定

8.2.1　标准成本的制定原理

制定标准成本的基本形式是以用量标准乘以价格标准求得，即分别根据直接材料、直接人工的标准用量、材料价格标准、人工工资率标准和制造费用分配率标准进行具体计算。其中，用量标准主要由工程技术部门研究确定，价格标准主要由会计部门会同有关责任部门研究。标准的制定应尽可能吸收负责执行标准的职工参与，使制定的标准既不偏高，也不偏低，尽可能符合实际，对实际具有指导和促进作用。

8.2.2　标准成本的制定方法

标准成本的制定如图8.3所示。

图8.3　标准成本的制定

1）直接材料标准成本

直接材料标准成本包括材料用量标准和价格标准。用量标准是指在现有生产技术条件下生产单位产品需用的材料数量，包括构成产品实体的材料、生产中必要的损耗等。制定用量标准时应按产品所需耗用的各种直接材料分别计算。价格标准是指采购部门按供应单位的价格及其他因素预先确定的各种材料的单价，包括买价和运杂费等。根据用量标准和价格标准就可以确定直接材料的标准成本。其计算公式如下：

直接材料标准成本的计算公式
直接材料标准成本 = 材料的标准单价 × 单位产品的用量标准

【例8.1】　客满意公司生产A产品，消耗甲、乙、丙3种材料，其直接材料标准成本计算及结果见表8.1。

表8.1　直接材料标准成本

标　准	材料甲	材料乙	材料丙
价格标准/(元·千克$^{-1}$)			
发票价格	10	11	12
运费	1	0.6	0.8
保险费	0.5	0.4	0.2
装卸检验费	0.5	1	1
每千克材料标准价格	12	13	14
用量标准/(千克·件$^{-1}$)			
产品用量	5	4	5
允许耗用量	1	2	1
单位产品用量标准	6	6	6
直接材料标准成本/(千克·件$^{-1}$)			
材料甲	72		
材料乙		78	
材料丙			84
单位产品直接材料标准成本/(千克·件$^{-1}$)	234		

想一想：

运输途中的合理损耗是否会影响单位产品价格？

技能训练1

某公司生产P产品需要甲、乙两种材料，生产每件P产品需要消耗甲材料3千克，乙材料2千克，企业各种材料的耗损率以10%为上限，即每使用1千克的材料，其耗损的最大值为0.1千克。甲、乙材料的单价分别为30元/千克、20元/千克，运费和保险费占买价的比率分别为1%和0.5%，其有关数据见表8.2。

表8.2　直接材料标准成本

标　准	甲材料	乙材料
用量标准/(千克·件$^{-1}$)		
产品用量	3	2

续表

标　准	甲材料	乙材料
正常耗损	0.3	0.2
小计	(　　)	(　　)
价格标准/(元·千克$^{-1}$)		
买价	40	20
运杂费	0.4	0.2
保险费	(　　)	(　　)
小计	(　　)	(　　)
直接材料标准成本	(　　)	(　　)
单位产品直接材料标准成本合计/(元·件$^{-1}$)	(　　)	

要求:将有关数据填入表中括号内。

2)**直接人工标准成本**

在"直接人工标准成本"中,用量标准是指工时标准,价格标准是指工资率标准。工时标准指在现有生产技术条件下生产单位产品(或零部件)所需用的工作时间,包括对产品直接加工所用工时,必要的间歇和停工时间以及不可避免的废品上所耗用的工时。工时标准应经技术测定,先按零件及经过的工序、车间分别计算,然后按产品加以汇总。采用计件工资制时,工资率标准就是单位产品应支付的计件单价,计时工资制是指每一标准工时分配的工资。其计算公式如下:

标准工资率的计算公式

$$标准工资率=\frac{预计标准工资总额}{标准总工时}$$

据此,可确定直接人工标准成本的计算公式如下:

直接人工标准成本的计算公式

直接人工标准成本 = 直接人工标准工时 × 直接人工标准工资率

【例 8.2】 承前述资料,假定 A 产品经过两个车间的生产,每人每月工作 22 天,每天工作 8 小时,其直接人工标准成本计算及结果见表 8.3。

表8.3　直接人工标准成本

标　准	第一车间	第二车间
基本生产工人人数	40	50
每人每月工时/小时	176	176
出勤率	100%	100%
每人平均可用工时/小时	176	176
每月总工时/小时	7 040	8 800
每月工资总额/元	7 040	17 600
每小时工资/元	1	2
单位产品工时/小时		
理想作业时间	7	9
调整设备时间	0.8	0.6
其他必要时间	0.2	0.4
单位产品工时小计	8	10
直接人工标准成本/(元·件$^{-1}$)	8	20
直接人工标准成本合计	28	

想一想：

单位产品工时中的其他必要时间具体包括哪些？

技能训练2

承[技能训练1]资料，该公司生产P产品，需要经过两道工序，有关资料见表8.4。

表8.4　直接人工标准成本

标　准	第一工序	第二工序
价格标准/(元·小时$^{-1}$)		
预计每月总工时/小时	20 000	24 000
预计每月工资总额/元	20 000	24 000
小时工资率	(　　)	(　　)
用量标准/小时		

续表

标 准	第一工序	第二工序
生产时间	2	3
设备调整时间	1	0.5
其他损耗时间	1	0.5
单位产品工时合计	( )	( )
直接人工标准成本/(元·件$^{-1}$)	( )	( )
直接人工标准成本合计	( )	

要求:将有关数据填入表中括号内。

3)**制造费用标准成本**

制造费用标准成本分类如图 8.4 所示。

图 8.4 制造费用标准成本

由于制造费用按其形态可划分为变动制造费用和固定制造费用两部分,因此,制造费用的标准成本也应分别制定。

(1)变动制造费用标准成本

在变动制造费用标准成本中,用量标准就是生产单位产品所需直接人工标准小时或机器工作标准小时,价格标准是变动制造费用分配率标准。其计算公式如下:

变动制造费用标准分配率的计算公式

$$变动制造费用标准分配率 = \frac{变动制造费用预算总额}{直接人工标准总工时}$$

据此,可以确定变动制造费用标准成本计算公式如下:

变动制造费用标准成本的计算公式

变动制造费用的标准成本 = 单位产品直接人工标准工时 × 变动标准分配率

【例8.3】 承前述资料,该公司生产A产品,经过两个车间生产,其变动制造费用标准成本的计算及结果见表8.5。

表8.5 变动制造费用标准成本

项目	第一车间	第二车间
变动制造费用预算/元		
运输费	1 000	1 500
动力费	800	500
维护费	200	1 000
直接人工费	3 000	1 600
其他	1 000	400
小计	6 000	5 000
生产量标准/小时	6 000	10 000
变动制造费用标准分配率/(元·小时$^{-1}$)	1	2
直接人工用量标准/小时	8	10
变动制造费用标准成本/元	8	20
单位产品标准变动制造费用/元	28	

(2)固定制造费用标准成本

固定制造费用标准成本的制定应视采用的成本计算方法而定。如果企业采用的是变动成本核算制度,那么产品成本不包括固定制造费用。固定制造费用的成本控制应属于期间成本控制范围。如果企业采用的是完全成本核算制度,那么固定制造费用就要计入产品的成本,因此需要制定单位产品的规定制造费用标准成本。固定制造费用的价格标准是每一工时的标准分配率,是根据固定制造费用预算总额和直接人工总工时计算出来的。固定制造费用的用量标准可以采用人工工时,也可以采用机器工时。其计算公式如下:

固定制造费用标准分配率的计算公式

$$固定制造费用标准分配率=\frac{固定制造费用预算总额}{标准总工时}$$

据此,可推算出单位产品固定制造费用标准成本的计算公式如下:

固定制造费用标准成本的计算公式

$$固定制造费用的标准成本=标准工时\times标准分配率$$

【例 8.4】 承前述资料,该公司生产 A 产品,经过两个车间生产,其变动制造费用标准成本的计算及结果见表 8.6。

表 8.6 固定制造费用标准成本

项 目	第一车间	第二车间
固定制造费用/元		
折旧费	2 800	4 200
保险费	240	520
办公费	300	550
管理人员工资	2 500	3 800
其他	250	400
合计	6 090	9 470
生产量标准/小时		
固定制造费用分配率/(元·小时$^{-1}$)	0.87	1.08
直接人工用量标准/小时	8	10
部门固定制造费用标准成本/元	6.96	10.8
单位产品固定制造费用标准成本/元	17.76	

将以上确定的直接材料、直接人工和制造费用的标准成本按产品加以汇总,就可得出 A 产品标准成本卡,见表 8.7。通常,企业所编制的标准成本卡反映了产品成本标准的具体构成。

表 8.7 A 产品单位产品标准成本卡

成本项目	用量标准	价格标准/元	标准成本/元
直接材料:			
材料甲/千克	6	12	72
材料乙/千克	6	13	78
材料丙/千克	6	14	84
小计			234
直接人工:			
第一车间/小时	8	1	8
第二车间/小时	10	2	20

续表

成本项目	用量标准	价格标准/元	标准成本/元
小计			28
变动制造费用			
第一车间/小时	8	1	8
第二车间/小时	10	2	20
小计			28
固定制造费用			
第一车间/小时	8	0.87	6.96
第二车间/小时	10	1.08	10.8
小计			17.76
单位A产品标准成本合计	307.76		

想一想：

单位产品标准成本的核算分别在变动成本法和完全成本法下有何不同?

任务3　标准成本差异的计算与分析

标准成本同实际成本的差额就是成本差异。由于成本由数量与价格两个因素构成，因此，构成成本差异也有数量差异和价格差异两种。成本差异分析就是分析差异的性质和差异的具体构成。成本差异有顺差和逆差之分。当实际成本超过标准成本，成本差异表现为正数，称为逆差或不利差异，用U表示；当实际成本小于标准成本，成本差异为负数，称为顺差或有利差异，用F表示。

成本差异分析有利于查明造成差异的原因，能促进消除差异的措施的制定，进一步控制成本，降低产品成本，为提高企业的经济效益服务。

8.3.1　直接材料成本差异的计算与分析

直接材料成本差异是由直接材料数量差异和直接材料价格差异构成，两种差异的代数和反映了直接材料实际成本和直接材料标准成本之间的差额，如图8.5所示。

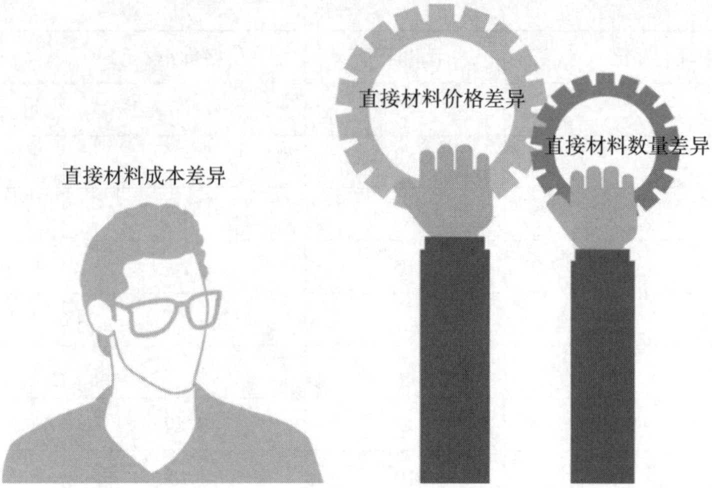

图 8.5　直接材料成本差异

1)直接材料价格差异的计算

直接材料价格差异是以材料的实际数量作为同度量情况下的实际价格与标准价格之间的差异。直接材料价格差异的计算公式如下：

直接材料价格差异的计算公式
直接材料价格差异= 实际数量 × 实际价格 - 实际数量 × 标准价格 = (实际价格 - 标准价格) × 实际数量

计算结果,正数为超支(U),负数为节约(F)。

2)直接材料数量差异的计算

直接材料数量差异是以材料的标准价格为同度量情况下的实际数量与标准数量之间的差异。直接材料数量差异计算公式如下：

直接材料数量差异的计算公式
直接材料数量差异= 实际数量 × 标准价格 - 标准数量 × 标准价格 = (实际数量 - 标准数量) × 标准价格

【例 8.5】　客满意公司生产 P 型产品,需用 A 和 B 两种直接材料,标准价格分别为 4 元/千克、6 元/千克,实际价格分别为 4.20 元/千克和 5.70 元/千克。A 和 B 两种材料标准耗用量分别为 500 千克、800 千克,实际用量分别为 460 千克和 820 千克。试求 A 和 B 两种产品直接材料的价格差异和数量差异。

解： A 材料的价格差异 = (4.20 − 4) 元/千克 × 460 千克 = 92 元

B 材料的价格差异 = (5.70 − 6) 元/千克 × 820 千克 =− 246 元

A 材料的数量差异 = (60 − 500) 千克 × 4 元/千克 =− 160 元

B 材料的数量差异 = (820 − 800) 千克 × 6 元/千克 = 120 元

3)直接材料成本差异的分析

直接材料成本差异的分析就是分析实际成本与标准成本差异的构成。也就是说,实际成本与标准成本之间的差异中哪些是由价格差异造成的,哪些是由直接材料数量差异造成的。材料成本差异的计算公式如下:

材料成本差异的计算公式
材料成本差异 = 材料实际成本 − 材料标准成本 = 材料价格差异 + 材料数量差异

【例 8.6】 承前述资料,试计算客满意公司 A 和 B 两种直接材料的实际成本与标准成本之间的差异并进行成本差异分析。

解：

A 材料价格差异 = 92(元)

A 材料数量差异 =− 160(元)

A 材料成本差异 = 460 × 4.20 元 − 500 × 4 元 =− 68(元)

= 92 元 + (− 160) 元 =− 68 元

B 材料价格差异 =− 246(元)

B 材料数量差异 = 120(元)

B 材料成本差异 = 5.7 × 820 元 − 6 × 800 元 =− 126(元)

=− 246 元 + 120 元 =− 126 元

通过计算可知,A 材料的成本差异为−68 元,它是材料价格差异 92 元和材料数量差异−160 元组成的;而 B 材料成本差异−126 元,它是由材料价格差异−246 元和材料数量差异 120 元所组成。

直接材料价格差异通常由采购部门负责,因为同一种物资材料可在不同地点采购,买价、运杂费都不一样。另外,采购批量是否按经济批量法采购,这些都影响价格差异的方向和大小。当然,在分析时要剔除物价上涨的影响,并明确区分造成差异的外界非管理原因和内部管理原因,以及导致直接材料价格差异的主要和次要原因,以便对症下药,提出改进措施。

直接材料的数量差异应由生产部门负责。一般来说,产品耗用材料数量的多少,加工时损耗多少,企业的生产部门大致是能够控制的。造成材料数量不利差异的成因有的是不合理用料、技术不熟练、违反操作规程、出现质量事故导致超差;也有的是采购部门业务不熟悉或其他原因购进了低质量的材料或规格型号不符的材料；仓储人员不负责任的验收引起加工损耗和浪费，造成实际耗用增加。进行数量分析就是要找出造成差异的真正的具体原因。

技能训练 3

某公司本月生产甲产品 4 000 件，实际耗用材料22 000 千克，其实际价格为 5.5 元/千克，单位产品材料的标准耗用量为 5 千克，每千克材料的标准价格为 6 元。

要求：计算分析直接材料标准成本的差异。

8.3.2　直接人工成本差异的计算与分析

直接人工的成本差异由直接人工工资率差异和直接人工效率差异构成。这两种差异的代数和直接反映了直接人工实际成本与直接人工标准成本之间的差额，如图 8.6 所示。

图 8.6　直接人工成本差异

1）直接人工工资率差异的计算

直接人工的工资率差异就是直接人工价格差异。工资率差异是指每单位时间实际工资率与标准工资率之间的差异与实际工时的积。其计算公式如下：

工资率差异的计算公式

工资率差异 = 实际工资率 × 实际工时 − 标准工资率 × 实际工时
= 实际工时 ×（实际工资率 − 标准工资率）

2）直接人工效率差异的计算

直接人工的效率差异就是直接人工的数量差异。它是直接人工的实际工时与标准工时之间的差异与标准工资率的积。它反映了人工效率的变化。其计算公式如下：

直接人工效率差异的计算公式

直接人工效率差异＝实际工时×标准工资率－标准工时×标准工资率
＝标准工资率×（实际工时－标准工时）

【例8.7】　客满意公司对甲产品进行加工，其标准工资率为5元/工时，实际工资率为6元/工时；标准工时为500工时，实际工时为450工时。试求甲产品直接人工的工资率差异和效率差异。

解：直接人工的价格差异即工资率差异为：

工资率差异＝（6－5）元/工×450工＝450元

直接人工的数量差异即直接人工效率差异为：

直接人工效率差异＝（450－500）工×5元/工＝－250元

3）直接人工成本差异的分析

直接人工成本差异分析的任务是分析差异受直接人工工资率差异和直接人工效率差异影响的方向和大小。也就是说，直接人工的成本差异中，哪些是由直接人工工资率差异造成的，又有哪些是因直接人工效率差异造成的。

直接人工成本差异计算公式如下：

直接人工成本差异的计算公式

直接人工成本差异＝实际人工成本－标准人工成本
＝直接人工工资率差异＋直接人工效率差异

【例8.8】　承前述资料，试计算客满意公司加工甲产品的直接人工成本差异并分析差异的成因。

解：直接人工成本差异：

6×450元－5×500元＝200元

450元＋（－250）元＝200元

计算表明，直接人工成本差异总额是200元（U），其中由直接人工工资率差异（价格差异）造成的差异为450元（U），而直接人工效率差异为－250元，综合两者影响的结果为造成不利差异200元。

直接人工成本差异形成的原因主要应由劳动从事部门和生产部门负责。其差异主要是由工资级别调整、生产工艺过程及加工方法的选用引起的，如由技术工人调配不当，高级别、高工资率的技术工去操作一般普通工人能胜任的工作，则会引起人工成本升高，某项工资水平正处于调整期、奖励制度的临时变更、加班加点所造成的超额发放工资等。又如低级别的技术工去操作高水平的工作，因技术水平过低，造成产品报废或降级，导致成本升高。要避免这些不利成因，劳动人事部门平时应注意技术培训、合理配备生产人员，适当安排技术力量。再如生产过程不合理，加工方法不妥当，这些一般都是生产技术部门管理不严、技术不精造成，为防止这类现象发生，应该加强生产部门、技术部门的责任心和提高技术水平。

影响直接人工效率的因素也是很多方面的，包括生产工人的技术水平和业务熟练程度、工艺流程的设计不当、原材料的质量、设备的状况等。因此，找出差异的同时要分析产生差异的具体原因，分清不同的责任部门才能采取有效的控制措施。

技能训练 4

某公司本月生产甲产品的标准工时为 3 小时/件，标准人工工资率为 2 元/小时，本月生产产品 200 件，实际工时为 500 小时，该月实际支付的工资总额为 1 500 小时。

要求：计算分析直接人工标准成本差异。

8.3.3 制造费用差异的计算和分析

制造费用差异按其性质，可分为变动制造费用差异和固定制造费用差异两种。在日常工作中，这两种差异也是分别进行计算和分析的。

1）变动制造费用差异的计算和分析

变动制造费用成本差异是指在实际产量下，变动制造费用实际发生额与其标准发生额之间的差额。它由变动制造费用耗费差异和变动制造费用效率差异组成。它们有各自的计算方法。变动制造费用差异如图 8.7 所示。

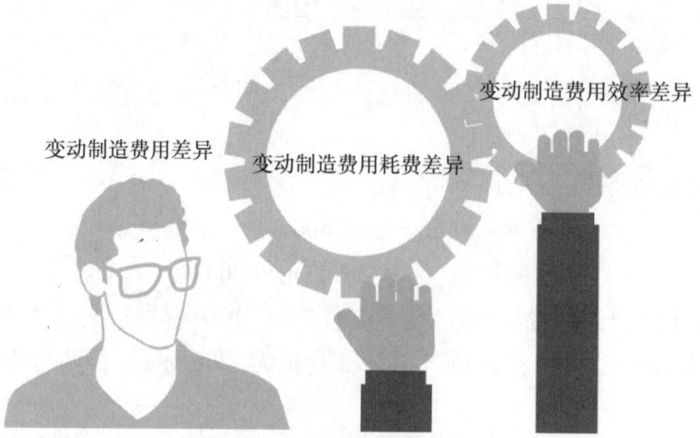

图 8.7 变动制造费用差异

(1)变动制造费用耗费差异的计算

变动制造费用耗费差异是变动性制造费用实际发生额与实际工时按变动制造费用标准分配率计算所得费用额之间的差异。其计算公式如下：

变动制造费用耗费差异的计算公式

变动制造费用耗费差异＝实际分配率×实际工时－标准分配率×实际工时
＝实际工时×(实际分配率－标准分配率)

变动制造费用耗费差异也可以表述为以实际工时为同度量因子，实际分配率与标准分配率之差为另一因子的积。

(2)变动制造费用效率差异的计算

变动制造费用效率差异是对应于实际工时按标准分配率计算得到的变动制造费用与按标准工时、标准分配率计算得到的变动制造费用之差额。其计算公式如下：

变动制造费用效率差异的计算公式

变动制造费用效率差异＝标准分配率×实际工时－标准分配率×标准工时
＝标准分配率×(实际工时－标准工时)

变动制造费用效率差异也可以表述为以费用的标准分配率为同度量因子，实际工时与标准工时之差为另一因子的积。

【例8.9】　客满意公司本期共生产甲产品200件，实际耗用100 000工时，平均每件产品耗用500工时，实际发生变动制造费用50 000元，平均每工时0.50元。如果标准分配率为0.48元，单位产品用工时标准为520工时，求变动制造费用耗费差异和变动制造费用效率差异。

解：　　变动制造费用耗费差异＝100 000×(0.50－0.48)元＝2 000元

变动制造费用效率差异＝0.48×100 000元－520×2 000元＝－1 920元

(3)变动制造费用差异的分析

变动制造费用差异分析的任务是要分清由变动制造费用耗费差异和变动制造费用效率差异对变动制造费用差异影响的大小和方向。变动制造费用耗费差异主要是受到变动制造费用的节约和浪费的影响，以及生产工时的影响。变动制造费用效率差异主要受工时变化的影响。

【例8.10】　承前述资料，试计算客满意公司生产甲产品的变动制造费用差异并进行结构分析。

解：　变动制造费用差异＝实际变动制造费用－标准变动制造费用
＝50 000元－520×0.48×200＝50 000元－49 920元＝80元

或

$$\text{变动制造费用差异} = \text{变动制造费用耗费差异} + \text{变动制造费用效率差异}$$
$$= 2\,000\text{ 元} + (-1\,920)\text{ 元} = 80\text{ 元}$$

计算表明,变动费用总的逆差为 80 元。它是由变动性制造费用耗费差异造成的 2 000 元逆差和变动制造费用效率差异造成的 1 920 元顺差所组成的。

变动制造费用差异造成的原因主要是间接材料、人工和其他费用的节约或超支,要减少不利差异就应强化车间管理、充分调动生产工人的积极性、提高工时利用效率和提高劳动生产率等。

技能训练 5

某公司本月生产甲产品 500 件,实际使用工时 800 小时,实际变动制造费用 2 000 元,单位产品标准工时为 2 小时,变动制造费用标准分配率为 2.2 元/小时。

要求:计算分析变动制造费用的成本差异。

2)固定制造费用差异的计算和分析

(1)固定制造费用差异的计算

固定制造费用差异是固定制造费用实际支出额与其标准支出额之间的差额。它通常包括固定制造费用耗费差异、固定制造费用效率差异和生产能力差异 3 个部分,如图 8.8 所示。

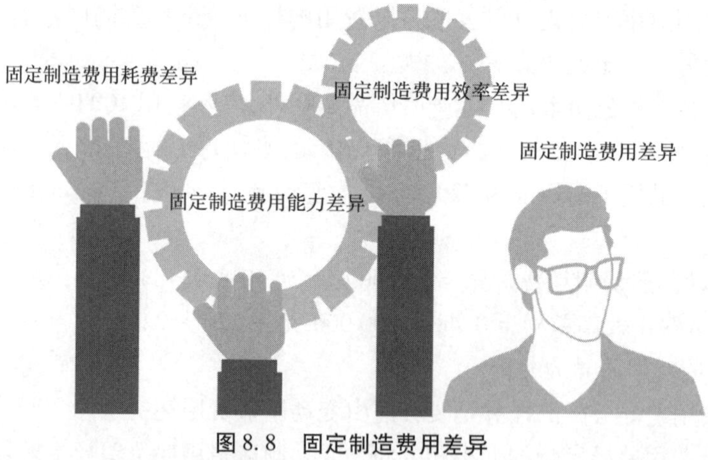

图 8.8　固定制造费用差异

①固定制造费用耗费差异的计算

固定制造费用耗费差异是指固定制造费用实际支出额与固定制造费用预算之间的差额。其计算公式如下:

固定制造费用耗费差异的计算公式

$$\text{固定制造费用耗费差异} = \text{实际分配率} \times \text{实际工时} - \text{标准分配率} \times \text{预算工时}$$
$$= \text{实际数} - \text{预算数}$$

式中，实际工时是指实际完成的工作量；预算工时是指预计应达到的生产能力。

②固定制造费用能力差异的计算

固定制造费用能力差异即固定制造费用生产能力利用差异。它是指实际工时与预算工时所造成的差异。其计算公式如下：

固定制造费用能力差异的计算公式
固定制造费用能力差异 = 预算工时 × 标准分配率 − 实际工时 × 标准分配率 = (预算工时 − 实际工时) × 标准分配率

③固定制造费用效率差异的计算

固定制造费用效率差异是以标准分配率为一因子，实际工时与标准工时之差为另一因子之积。其计算公式如下：

固定制造费用效率差异的计算公式
固定制造费用效率差异 = 实际工时 × 标准分配率 − 标准工时 × 标准分配率 = 标准分配率 × (实际工时 − 标准工时)

【例 8.11】 客满意公司生产乙产品，预计生产能力为 20 000 小时，实际耗用 18 000 小时，本期产量 9 000 件，固定制造费用预算额为 4 000 元，实际发生 5 000 元。单位标准工时为 1.8 小时。求固定制造费用的耗费差异、能力差异和效率差异。

解：

固定制造费用标准分配率 = 40 000/20 000 元 = 0.20 元

固定制造费用耗费差异 = 5 000 元 − 4 000 元 = 1 000 元

固定制造费用能力差异 = (20 000 − 18 000) 元 × 0.20 = 400 元

固定制造费用效率差异 = (18 000 − 9 000 × 1.8) 元 × 0.20 = 360 元

(2)固定制造费用差异的分析

固定制造费用差异分析的任务是要分清差异的构成，即分析其差异受固定制造费用耗费差异、固定制造费用能力差异、固定制造费用效率差异等差异影响的大小和方向。

【例 8.12】 承前述资料，试计算客满意公司生产乙产品的固定制造费用差异并进行结构分析。

解：固定制造费用差异 = 固定制造费用耗费差异 + 固定制造费用能力差异 + 固定制造费用效率差异

= 1 000 元 + 400 元 + 360 元 = 1 760 元

或

固定制造费用差异 = 固定制造费用实际数 − 固定制造费用标准费用数

= 固定制造费用实际数 − 标准工时 × 标准分配率

= 5 000 元 − 9 000 × 1.8 × 0.20 元 = 1 760 元

计算表明,固定制造费用总的差异为 1 760 元(U)。其中,固定制造费用耗费差异占 1 000 元,固定制造费用能力差异占 400 元,固定制造费用效率差异占 360 元。

固定制造费用耗费差异主要受管理人员的工资率和税率、折旧率的影响,固定制造费用效率差异和生产能力利用差异的产生主要是受现有生产能力利用程度的影响。因此,要降低固定制造费用就应精简管理人员,充分发挥固定资产的作用,充分利用现有生产能力。

技能训练 6

某公司本月生产甲产品,实际产量 200 件,发生固定制造费用 2 000 元,实际工时为 500 小时,企业生产能力为 1 800 小时,每件产品固定制造费用标准成本为 6 元,每件产品标准工时为 3 小时,标准分配率为 2 元/小时。

要求:计算分析固定制造费用的成本差异。

任务 4　标准成本差异的账务处理

作为一个完整的标准成本会计制度,标准成本的制定和成本差异的计算、分析、控制应该与成本核算结合起来,成为一种成本核算和成本控制相结合的完整体系。采用标准成本法进行账务处理时,对产品的标准成本与成本差异应分别进行核算。

8.4.1　标准成本法下成本差异的账户设置

日常计算出来的各类成本差异除了可据以编报有关差异分析报告单之外,还应分别归集登记有关成本差异明细分类账或登记表,使差异能在账户系统中得以记录,以便期末汇总每类差异的合计数并统一进行处理。

成本差异核算所使用的账户既可以按大的成本项目设置,又可以按具体成本差异的内容设置。在完全成本法下,按大的成本项目设置的核算成本差异的会计科目包括“直接材料成本差异”科目、“直接人工成本差异”科目、“变动制造费用成本差异”科目和“固定制造费用成本差异”科目,每一个科目下再按差异形成的原因分设明细科目。在变动成本法下,可以不设置“固定制造费用成本差异”科目。

按具体差异设置的科目应包括“直接材料用量差异”科目、“直接材料价格差异”科目、“直接人工效率差异”科目、“直接人工工资率差异”科目、“变动制造费用耗费差异”科目、“变动制造费用效率差异”科目、“固定制造费用耗费差异”科目、“固定制造费用能力差异”科目和“固定制造费用效率差异”科目等。

8.4.2 标准成本法下成本差异的账务处理

1)归集成本差异的会计分录

对本期发生的成本差异应及时在有关会计账户上登记。对超支差异借记相应差异账户,节约差异则贷记相应差异账户,相应的生产费用账户则按标准成本予以登记。记录差异的会计分录通常在实际成本发生并且计算出差异的同时予以编制。

【例8.13】 客满意公司生产乙产品,其标准成本如下:

直接材料成本:单位产品标准耗用量1千克,单价每千克4元。

直接人工成本:单位产品5工时,每工时工资率2元。

变动制造费用:每件产品5工时,每工时分配率1元。

固定制造费用: 20 000元。

预计产量:800只。

$$固定制造费用分配率 = \frac{20\ 000}{800 \times 5}元 = 5元。$$

实际成本资料如下:

耗用材料950千克,每千克3.80元;耗用工时4 100工时,实际工资率每小时2.10元;变动制造费用分配率0.95元,固定制造费用22 000元,实际产量900只。

要求:

(1)直接材料成本差异。

(2)直接人工差异。

(3)变动制造费用差异。

(4)固定制造费用差异。

解:(1)直接材料成本差异

$$实际数量 \times 实际单位 = 950 \times 3.80元 = 3\ 610元$$

$$实际数量 \times 标准单价 = 950 \times 4元 = 3\ 800元$$

$$标准数量 \times 标准单价 = 800 \times 1 \times 4元 = 3\ 200元$$

$$直接材料价格差异 = 3\ 610元 - 3\ 800元 = -190元$$

$$直接材料数量差异 = 3\ 800元 - 3\ 200元 = 600元$$

$$直接材料成本差异 = -190元 + 600元或3\ 610元 - 3\ 200元 = 410元$$

(2)直接人工差异

$$实际工时 \times 实际工资率 = 4\ 100工时 \times 2.10元/工时 = 8\ 610元$$

$$实际工时 \times 标准工资率 = 4\ 100工时 \times 2元/工时 = 8\ 200元$$

$$标准工时 \times 标准工资率 = 800 \times 5 \times 2元 = 8\ 000元$$

$$直接人工工资率差异 = 8\ 610元 - 8\ 200元 = 410元$$

$$直接人工效率差异 = 8\ 200元 - 8\ 000元 = 200元$$

直接人工成本差异 = 410 元 + 200 元或 8 610 元 - 8 000 元 = 610 元

(3)变动制造费用差异

实际工时 × 实际变动费用率 = 4 100 工时 × 0.95 元/工时 = 3 895 元

实际工时 × 标准变动费用率 = 4 100 工时 × 1 元/工时 = 4 100 元

标准工时 × 标准变动费用率 = 800 × 5 × 1 元 = 4 000 元

变动制造费用耗费差异 = 3 895 元 - 4 100 元 =- 205 元

变动制造费用效率差异 = 4 100 元 - 4 000 元 = 100 元

变动制造费用差异 =- 205 元 + 100 元或 3 895 元 - 4 000 元 =- 105 元

(4)固定制造费用差异

实际数 = 22 000 元

预算数 = 20 000 元

实际工时 × 固定制造费用标准分配率 = 4 100 工时 × 5 元/工时 = 20 500 元

标准工时 × 固定制造费用标准分配率 = 800 × 5 × 5 元 = 20 000 元

固定制造费用耗费差异 = 22 000 元 - 20 000 元 = 2 000 元

固定制造费用能力差异 = 22 000 元 - 20 000 元 =- 500 元

固定制造费用效率差异 = 20 500 元 - 20 000 元 = 500 元

固定制造费用差异 = 2 000 元 - 500 元 + 500 元或 22 000 元 - 20 000 元 = 2 000 元

根据上面的差异分析结果,可进行以下账务处理:

(1)材料数量差异结转

借:生产成本(标准数)	3 200	
直接材料数量差异	600	
贷:直接材料价格差异		190
原材料(实际数)		3 610

(2)直接人工差异结转

借:生产成本(标准数)	8 000	
直接人工工资率差异	410	
直接人工效率差异	200	
贷:应付工资(实际数)		8 610

(3)变动制造费用差异结转

借:生产成本(标准数)	4 000	
变动制造费用效率差异	100	
贷:制造费用(实际数)		3 895
变动制造费用耗费差异		205

(4)固定制造费用结转

借:生产成本(标准数)	20 000	
固定制造费用耗用差异	2 000	

固定制造费用效率差异	500	
贷:制造费用(实际数)		22 000
固定制造费用能力差异		500

2)**期末成本差异的账务处理**

会计期末对本期发生的各类成本差异可按以下方法进行会计处理(见图8.9):

图8.9 期末成本差异的账务处理

(1)直接处理法

所谓差异的直接处理法,即将本期发生的各种差异全部计入当期利润表,由本期收入补偿,视同销货成本的一种差异处理方法。直接处理法的根据是:本期差异应体现本期成本控制的业绩,要在本期利润上予以反映。这种方法比较简单,可以使当期经营成果与成本控制的业绩直接挂钩。但当成本标准过于陈旧或实际成本水平波动幅度过大时,就会因差异额过高而导致当期净收益失实,同时会使存货成本水平失实。西方国家应用标准成本制度的企业多数采用直接处理法。

【**例8.14**】 假定客满意公司本月只发生[例8.9]所示的几项成本差异,在完全成本法下,期末按直接处理法编制会计分录。

编制会计分录如下:

借:销售成本	2 915	
直接材料价格差异	190	
变动制造费用耗费差异	205	
固定制造费用能力差异	500	
贷:直接材料数量差异		600
直接人工工资率差异		410
直接人工效率差异		200
变动制造费用效率差异		100
固定制造费用耗用差异		2 000
固定制造费用效率差异		500

(2)递延法

递延法也称分配法,即把本期的各类差异按标准成本的比例在期末存货和本期销货之间进行分配,从而将存货成本和销货成本调整为实际成本的一种成本差异处理方法。递延法强调成本差异的产生与存货、销货都有联系,不能只由本期销货负担,应该有一部分差异随期末存货递延到下期去。这种方法适合标准成本过时或制定得不合理、成本差异过大时。

【例 8.15】 假定客满意公司月初存货量为零,产品完工率 80%,完工产成品均已售出。在完全成本法下,期末按递延法应编制会计分录。

编制会计分录如下:

借:销售成本(2 915×80%)	2 332	
生产成本(2 915×20%)	583	
直接材料价格差异	190	
变动制造费用耗费差异	205	
固定制造费用能力差异	500	
贷:直接材料数量差异		600
直接人工工资率差异		410
直接人工效率差异		200
变动制造费用效率差异		100
固定制造费用耗用差异		2 000
固定制造费用效率差异		500

想一想:

在标准成本法下,对期末产品成本差异进行账务处理时,运用直接处理法和运用递延法计算出的产品销货成本有何不同?

【同步训练】

一、单选题

1. 在日常实施成本全面控制的同时,应有选择地分配人力、物力和财力,抓住那些重要的、不正常的、不符合常规的关键性成本差异作为控制重点,该项成本控制原则是指(   )。

A. 全面控制原则　　B. 责权利相结合原则

C. 讲求效益原则　　D. 例外管理原则

2. 在下列各项中,属于标准成本控制系统前提和关键的是(   )。

A. 标准成本的制定　　B. 成本差异的计算

C. 成本差异的分析　　D. 成本差异的账务处理

3. 无论是哪个成本项目,在制定标准成本时,都需要分别确定两个标准,两者相乘即为每一成本项目的标准成本,这两个标准是(　　)。

A. 价格标准和用量标准　　B. 价格标准和质量标准

C. 历史标准和用量标准　　D. 历史标准和质量标准

4. 成本差异按其性质的不同可划分为(　　)。

A. 数量差异和价格差异　　B. 纯差异和混合差异

C. 有利差异和不利差异　　D. 可控差异和不可控差异

5. 由特定成本项目的实际用量消耗与标准用量消耗不一致而导致的成本差异称为(　　)。

A. 价格差异　　B. 价格差

C. 数量差异　　D. 用量差

二、多选题

1. 下列各项中,属于标准成本控制系统构成内容的有(　　)。

A. 标准成本的制定　　B. 成本差异的计算与分析

C. 成本差异的账务处理　　D. 成本差异的分配

E. 成本预算的编制

2. 人工工时耗用量标准即直接生产工人生产单位产品所需要的标准工时,主要内容有(　　)。

A. 对产品的直接加工工时　　B. 必要的间歇和停工工时

C. 不可避免的废品耗用工时　　D. 生产中的材料必要消耗

E. 不可避免的废品损失中的消耗

3. 按成本差异形成过程进行分类,可将成本差异分为(　　)。

A. 价格差异　　B. 用量差异

C. 纯差异　　D. 混合差异

E. 可控差异

4. 下列各项中,能够导致出现材料价格差异的原因有(　　)。

A. 材料质量差,废料过多

B. 材料采购计划编制不准确

C. 材料调拨价格或市场价格的变动

D. 因临时紧急进货,使买价和运输费上升

E. 机器设备效率增减,使材料耗用量发生变化

5. 在标准成本系统中,可将变动性制造费用成本差异分解为以下内容,包括(　　)。

A. 耗费差异　　B. 预算差异

C. 开支差异　　D. 效率差异

E. 用量差异

三、判断题

1. 全面成本控制原则就是要求进行全过程控制。（ ）

2. 理想标准成本是以现有生产经营条件处于最佳状态为基础确定的最低水平的成本，在实际工作中被广为采用。（ ）

3. 从实质上看，直接工资的工资率差异属于用量差异。（ ）

4. 在期末成本差异账务处理方法中，将本期的各类差异按标准成本的比例在期末存货和本期销货之间进行分配，从而将存货成本和销货成本调整为实际成本的方法，称为递延法。（ ）

5. 变动性制造费用分解为两种差异，分别为开支差异和用量差异。（ ）

四、计算题

1. 金湖公司生产甲产品需要使用一种直接材料 A。本期生产甲产品 1 000 件，耗用材料为 9 000 千克，A 材料的实际价格为每千克 200 元。假设 A 材料的标准价格为每千克 220 元，单位甲产品的标准用量为 10 千克。

要求：计算 A 材料的成本差异。

2. 金湖公司本期预算固定制造费用为 5 000 元，预算工时为 2 000 小时，实际耗用工时 1 600 小时，实际固定制造费用为 5 600 元，标准工时为 2 100 小时。

要求：计算固定制造费用成本差异。

3. 利用前两题的计算结果，采用结转本期损益法进行成本差异的账务处理。

项目 8　同步训练答案

项目9
作业成本控制

【知识结构】

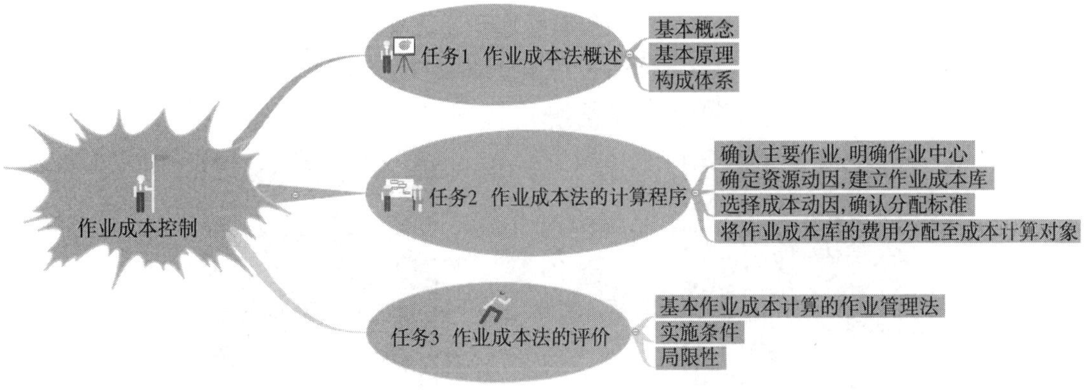

【知识目标】

1. 了解作业成本法产生的背景。
2. 了解作业成本法理论的发展。
3. 掌握作业成本法的内涵。
4. 熟悉作业成本法的基本原理。
5. 掌握作业成本法的计算程序。
6. 了解作业成本法的优缺点。

【能力目标】

1. 学会运用作业成本法进行价值分析。
2. 学会运用作业成本法进行经营过程改进。
3. 学会标准成本的账户处理。
4. 掌握作业成本法的评价方法。

【情境案例】

某公司是一家生产照相机的公司，主要生产两种产品：A 是简单的自动数码相机，常常大批量销售给折扣店、便利店以及有赖于冲动消费的其他渠道；B 是一种可使用多个镜头的，具有多功能的复杂数码相机，常常小批量生产，制作过程复杂，通常在摄像器材专卖店销售。

该公司通过传统成本分析方法核算成本，将直接材料按产品产量进行分配，制造费用按工时进行分配，但是市场状况却令人困惑：B 相机十分畅销，报价高于定价方针的要求（最初定价方针是完全成本加成 30%），但是 A 相机却遭到了价格抵制，被要求按远远低于定价方针的价格销售，CEO 要求产品经理查明为什么 A 相机的成本要明显高于同类竞争者？但是调查结果表明，A 相机的制造线的效率在同行中处于领先地位。

【情境分析】

在人们的争论中，现代成本会计经理詹姆斯重新评估成本核算制度，采用作业成本法进行试验。他采用两步分配法，将全部间接费用先分配给两个车间。结果发现，B 相机的成本为原先的 3 倍，A 相机的成本比原来小很多。

传统成本法与作业成本法的不同之处

作业成本计算法.mp4（微课）（动画）

任务 1　作业成本法概述

9.1.1　作业成本法的基本概念

作业成本法是以作业为核算对象，通过成本动因的确认、计量与分析，正确反映成本的一种成本管理方法。

作业成本法将生产过程描述为：生产导致作业，产品耗用作业，作业耗用资源，从而导致成本发生，这是作业成本法的理论基础。作业成本法认为，企业的经营活动由一系列作业活动组成，其成本核算对象是各个作业，各个作业所耗用的生产资源就是各个作业的成本，然后按各最终产品所耗用的作业数量将各作业的成本分配计入最终产品，从而计算出各最终产品的总成本和单位成本。

作业成本法是成本会计适应现代制造科学的产物，也是会计信息走向科学和有用的标志。技术越来越复杂，发展越来越迅速，使组织的交流、协调、规划、控制等职能的需要增加，从而使会计系统的使用和重要性大大增加。同时，需求的个性化、多样性也迫使企业改变原来的生产模式，将传统的少品种、大批量的生产模式转变为适应顾客需要的多品种、小批量的生产模式。面对多品种、小批量的生产模式，传统成本系统提供的信息可能是不准确的，使看起来盈利的品种可能实际上在亏损，看起来亏损的产品可能实际上在盈利，从而使企业无法进行产品品种和规格的有效决策，最终使个性化需求和多样化供给的均衡被扭曲。作业成本法正确地解决了成本归属问题，从根本上澄清了资源动因和去向，为资源配置提供了清晰的信息支持。

9.1.2 作业成本法的基本原理

作业成本法就是以作业为基础，通过分析成本动因，将间接费用更准确地分配到作业中的一种新型的成本计算方法。这是作业成本法区别于其他成本计算方法最显著的特征。作业成本法计算的基本原理是将资源成本通过资源成本动因追溯到作业，再将作业成本动因追溯到产品、服务和用户等成本对象。在作业成本法下，作业是资源和成本对象之间的重要纽带和桥梁。

作业成本法强调分配的可追溯性，对成本形成的前后因果都要追本溯源。其中，直接成本采用直接追溯法，与传统的成本计算方法区别不大；间接成本采用动因追溯，较好地解决了间接费用在传统成本计算方法中可能被武断地分摊到无关成本对象上的问题。在作业成本法下，所有的费用只要是合理的、有效的，都是对最终产出有益的，因而都应计入产品成本，而不能迁就于现行财务会计核算对费用核算的划分标准。例如，未利用的生产能力的成本不属于产品生产过程中发生的成本，而属于企业管理和营销管理部门应控制的成本，一般应作为期间成本来处理。

作业成本法十分强调费用支出的因果关系。从前因上讲，成本由作业引起，对成本的分析应该是对价值链的分析，而价值链贯穿于企业经营的所有环节，因此，成本分析从市场需求和产品设计环节开始。从后果上讲，要分析清楚作业的完成实际耗用了多少的资源，这些资源是如何实现价值转移的，最终向客户转移了多少价值、获取了多少价值。作业成本法使成本的研究更深入，成本信息更详细化，更具有可控性。

9.1.3 作业成本法的构成体系

作业成本法构成体系的基本要素主要有作业、资源、作业中心与作业成本库、成本动因等，如图9.1所示。

图 9.1　作业成本法构成体系

1)作业

作业成本法的首要工作就是作业的认定。作业是指企业未来达到其生产经营目标进行的与产品相关或对产品有影响的各项具体活动,或者说某个部门的某一类具体的任务和行为。每种工作都与特定成本的产生直接相关,只要有作业发生,相关的成本也随之产生。例如,机器启动就是一种作业,每发生一次机器启动事件,就会消耗启动成本。

企业在日常经营活动中,一般会涉及 4 种作业类型(见图 9.2)。

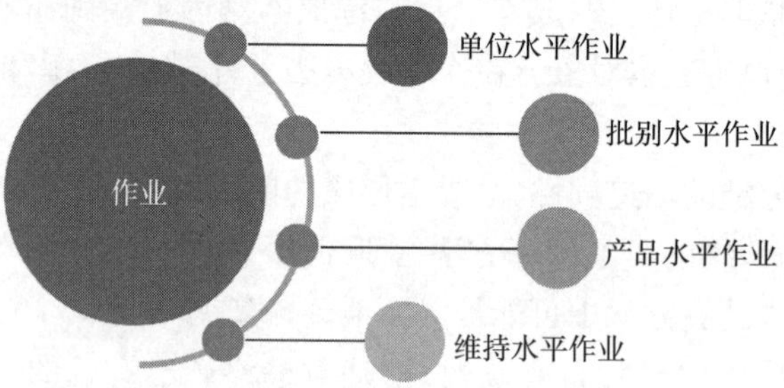

图 9.2　4 种作业类型

(1)单位水平作业

它是生产单位产品时所从事的作业。例如,加工机器的动力消耗同其加工的产品数量直接相关,则加工机器就是单位水平作业。这里的单位水平除了产品数量,还包括其他指标,如与直接材料消耗和直接人工时间等成比例变动的作业。

(2)批别水平作业

它是生产每批产品而从事的作业。例如,对每批产品的机器准备、订单处理、原料处理、检验及生产规划。这种作业的成本与产品批数成比例变动,当生产批数越多时,机器准备成本就越多,但与产量多少无关,如包装公司,无论大药包还是小药包的生产都必须进行 3 个小时的开机准备,这期间发生的间接费用和生产的数量没有关系。

(3)产品水平作业

它是为支持各种产品的生产而从事的作业。这种作业的目的是服务于各项产品的生产与销售。例如,对一种产品编制材料清单、测试线路、产品研发等。这种作业多的成本与单位数和批数无关,但与生产产品的品种成比例变动。

(4)维持水平作业

它是为维持工厂的生产而从事的作业。例如,工厂管理、暖气、照明以及厂房折旧等。这种作业的成本为全部生产产品的共同成本。

想一想:

你还能举出哪些作业的例子?

2)资源

资源是业务工作中的成本费用来源。一个企业的资源包括直接人工、直接材料、生产维持成本、间接制造费用以及生产过程以外的成本(如广告费)。通常可在企业会计明细账中清楚见到各种项目,如装卸作业中,装卸人员的工资以及其他人工费支出、装卸设备折旧、维修费、动力费等都是装卸作业的资源费用。资源可分货币资源、材料资源、人力资源、动力资源以及厂房设备资源等。与某项作业直接相关的资源应该直接计入该作业,如果一项资源用于多种作业,应该根据资源动因将其分配计入各项作业中去。

3)作业中心与作业成本库

作业中心是由一系列相互联系、能实现某种特定功能的作业组成的集合。一个企业往往有数以百计的作业,如果不采用有效的分配方法,企业管理层很容易迷失在数据堆里面,最常用的解决办法就是将多个作业归入作业中心。通常一个作业中心就是生产流程的一个组成部分,企业可以设置若干不同的作业成本中心,其设立方式与成本责任单位相似。但是,作业中心与成本责任单位的不同之处在于,作业中心的设立是以同质作业为原则,是相同的成本动因引起的作业的集合。由于作业消耗资源,因此伴随着作业的发生,一系列作业消耗的资源费用归集到作业中心,构成这个作业中心的作业成本库。作业成本库是作业中心的货币表现形式。

4)成本动因

成本动因又称成本驱动动因,是成本形成的起因。它分为资源动因和作业动因。

(1)资源动因

资源动因是决定作业消耗资源的因素。它反映作业队资源的消耗情况,是将资源价值分配到各作业成本库的数据。按照作业成本计算的规则,资源的耗用量的高低与最终产品没有直接关系,作业决定着资源的耗用量。这种资源的耗用量与作业之间的关系称为资源动因。

一图看懂《管理会计应用指引第304号——作业成本法》

【例9.1】　客满意公司某月人工费支出为50 000元,其主要作业分为采购、生产、销售和管理,从事上述4项作业的人数分别为 14 人、16 人、15 人、5 人。

要求:请将人工费用分配到各个作业中。

解:上述的资源耗费为 50 000 元,资源动因为作业人数,则

$$人工费支出分配率 = \frac{50\,000 元}{14 人 + 16 人 + 15 人 + 5 人} = 1\,000 元/人$$

$$采购作业分配的人工费 = 14 人 \times 1\,000 元/人 = 14\,000 元$$

$$生产作业分配的人工费 = 16 人 \times 1\,000 元/人 = 16\,000 元$$

$$销售作业分配的人工费 = 15 人 \times 1\,000 元/人 = 15\,000 元$$

$$管理作业分配的人工费 = 5 人 \times 1\,000 元/人 = 5\,000 元$$

技能训练 7

某公司某月水电费支出为 10 000 元,其主要作业为生产、仓储、管理,从事上述 3 项作业的人数分别为 150 人、20 人、30 人。

要求:请将水电费分配到各作业。

(2)作业动因

作业动因是作业被各产品或劳务消耗的方式和原因,将作业的成本分配到产品的成本对象的标准,反映了产品对作业消耗的逻辑关系。例如,订单处理工作,其作业成本与其产品订单处理的份数有关,处理份数即为作业动因。又如,机器调整作业,其作业成本与其产品所需的机器调整次数有关,就可按照机器调整份数向产品分配这项作业的成本。作业动因与前述的作业分类有关。如果是单位水平作业,则作业动因是产量或业务量;如果是批别水平作业,则作业动因是产品的批别。

【例 9.2】 客满意公司某月人工费支出为 50 000 元,其中,采购支出为 10 000 元。该企业生产甲、乙、丙 3 种产品,采购次数分别为 2 次、3 次、5 次。

要求:请合理地将人工费分配到各产品中去。

解:成本动因为采购次数,成本计算对象为甲、乙、丙,则

$$成本动因分配率 = \frac{10\,000 元}{2 次 + 3 次 + 5 次} = 1\,000 元/次$$

$$甲产品分配的采购作业成本 = 2 次 \times 1\,000 元/次 = 2\,000 元$$

$$乙产品分配的采购作业成本 = 3 次 \times 1\,000 元/次 = 3\,000 元$$

$$丙产品分配的采购作业成本 = 5 次 \times 1\,000 元/次 = 5\,000 元$$

老婆逛街采购的作业成本法

技能训练 8

某公司某月人工费支出为 50 000 元,其中销售支出为 10 000 元,该企业生产甲、乙、丙 3 种产品,销售次数分别为 25 次、10 次、15 次。

要求:请更合理地将人工费用分配到各产品中去。

想一想：

资源动因和作业动因之间存在什么样的关系？

任务2　作业成本法的计算程序

作业成本计算法可以归纳为“作业消耗资源，产品消耗作业”。因此，作业成本计算的基本程序就是要把资源耗费价值予以分解并分配给作业，再将各作业汇集的价值分配给最终产品或服务。下面通过一个简单的案例说明作业成本法的实施步骤。

【案例】 客满意公司是一家生产餐具的企业，创业之初，因其规模较小，采取的是相对粗放的传统成本核算体系。随着公司规模的扩大，公司引入了更为先进的自动化生产系统，并在销售和售后服务方面加大投资，行政方面的开支也越来越大。另外，竞争压力不断增强，价格战越打越激烈。为了更准确地了解公司的真实成本，客满意公司决定引入作业成本法来更精确地核算成本。

作业成本法(ABC)举例

公司的主要产品有两种，即无烟锅和普通锅。采用作业成本法来计算两种产品的间接成本，实施步骤如图9.3所示。

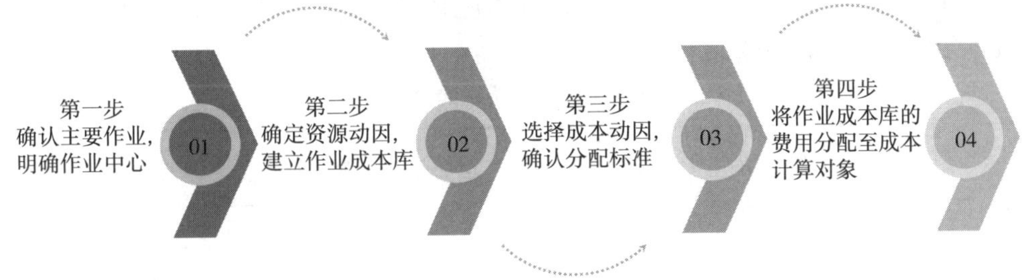

图9.3　作业成本法的计算程序

9.2.1　确认主要作业，明确作业中心

实施作业成本法的基础首先是确认作业，即对企业的生产经营的全过程进行作业分析，找出生产经营中的各项作业，并列入若干关键的作业属性。作业的区分，理论上越细越好，但基于成本效益的考虑，公司常根据重要性原则确认其主要作业，然后以主要作业为主体，将同质作业合并建立作业中心。

【步骤1】 经过对公司生产经营的分析，确定了购货、订货、生产、仓储、顾客关系、一般管理六项作业中心，其中，购货20人，订货30人，生产80人，仓储10人，顾客关系30人，一般管理60人。

9.2.2 确定资源动因,建立作业成本库

由作业成本法的原理可知,资源动因揭示了资源耗费分配给不同作业的基础,是建立作业成本库或明细账的依据,故可根据资源动因,将所有间接成本归集到所确认的成本中心,从而建立作业成本库。其中需要注意的是,在建立作业成本库时,应保证库内所归集的成本的同质性,即库内所归集成本的变动可有共同的成本动因来解释。

【步骤 2】 经确认,公司的间接成本耗费项目见表 9.1。

表 9.1 间接成本耗费项目

资源项目	金额/万元
人工费	100
电费	110
折旧费	80
办公费	30
合　计	320

客满意公司选择适当的作业动因,将成本追踪到作业,形成作业成本库。具体如下:

1)人工费用的分配

其资源动因为"员工人数",可根据完成各项作业的员工人数和相应的工资标准对工资费用进行分配。具体数据见表 9.2。

表 9.2 人工费用的分配

资源＼作业	购　货	订　货	生　产	仓　储	顾客关系	一般管理	合　计
员工人数/人	20	30	80	10	30	30	200
人工费/万元	10	15	40	5	12	18	100

2)电费和仓储费的分配

电费分配 IDE 资源动因为各作业所消耗电量的度数,一直每度点的价格为 1 元。具体数据见表 9.3。

表 9.3 电费和仓储费的分配

资源＼作业	购　货	订　货	生　产	仓　储	顾客关系	一般管理	合　计
用电度数/万度	4	30	40	30	3	3	110

续表

作业 资源	购　货	订　货	生　产	仓　储	顾客关系	一般管理	合　计
单价/(元·度$^{-1}$)	1	1	1	1	1	1	1
电费/元	4	30	40	30	3	3	110

3)折旧费和办公费的分配

一般这两项费用具有专属性,各项作业按使用固定资产和办公费的情况直接分配在各自的作业上。具体数据见表9.4。

表9.4　折旧费和办公费的分配

单位:万元

作业 资源	购　货	订　货	生　产	仓　储	顾客关系	一般管理	合　计
折旧费	10	12	18	14	6	20	80
办公费	2	3	5	10	4	6	30

4)汇总计算各作业的作业成本,形成作业成本库

具体的数据见表9.5。

表9.5　作业成本

单位:万元

作业 资源	购　货	订　货	生　产	仓　储	顾客关系	一般管理	合　计
人工费	10	15	40	5	12	18	100
电费	4	30	40	30	3	3	110
折旧费	10	12	18	14	6	20	80
办公费	2	3	5	10	4	6	30
作业成本合计	26	60	103	59	25	47	320

9.2.3　选择成本动因,确认分配标准

根据产品对作业的消耗,分析和确定作业动因以及作业分配率,这个环节对准确地计算成本非常关键。

【步骤3】　客满意公司通过观察、记录、问卷、访谈等方式取得合理的成本动因信息。

具体数据见表9.6。

表9.6 作业动因及作业动因分配率的确定

作业 资源	购货	订货	生产	仓储	顾客关系	一般管理	合计
作业成本/万元	26	60	103	59	25	47	320
作业动因	订货单	订货次数	机器加工小时	存储单位数	顾客数量	计算机运行小时	110
提供的作业量	130	600	1 030	5 900	250	47 000	
作业动因分配率/元	2 000	1 000	1 000	100	1 000	10	

9.2.4 将作业成本库的费用分配至成本计算对象

由作业成本法的原理可知,作业动因是将作业中心的成本分配到产品或劳务中的基础,是将资源消耗与最终产出相沟通的中介。根据作业动因,可将上一步骤作业成本库归集的费用分配至成本计算对象,从而计算出各种产品或劳务的价值。

【步骤4】 客满意公司将各项成本,按作业动因以及作业动因分配率分配到两种产品上,计算两种产品的作业成本,汇总计算总成本。具体数据见表9.7。

表9.7 成本汇总表

作业	作业动因/万元	作业动因分配率/元	普通锅		无烟锅	
			动因数	金额/万元	动因数	金额/万元
购货	26	2 000	30	6	100	20
订货	60	1 000	500	50	100	10
生产	103	1 000	530	53	500	50
仓储	59	100	4 000	40	1 900	19
顾客关系	25	1 000	50	5	200	20
一般关系	47	10	20 000	20	27 000	27
作业成本合计	320			174		146

艾丽冰激凌公司的作业成本法

西安农业机械厂作业成本计算及作业管理的设计

想一想：

作业成本法计算的是间接制造费用和期间费用，直接材料需要用作业成本法计算吗？

任务 3　作业成本法的评价

9.3.1　基于作业成本计算的作业管理法

在新的制造环境下，作业成本法则采用能显著的提高取得产品成本信息的准确性。然而，作业成本法的重要意义不仅局限于此。事实上，管理人员能将作业成本法作为一种有力的工具，对企业整个经营过程实施不断改善，从而提高企业的获利能力和竞争能力。

1) 作业管理法的本质

作业管理法的本质就是以作业作为分配间接费用的依据，引导管理人员将注意力集中在成本发生的原因以及成本动因上，而不是仅仅关注成本计算结果本身。作业成本法通过对作业成本的计算和有效控制，可以较好地克服传统制造成本法间接费用责任不清的缺点。在作业管理法系统中变得可控。因此，作业管理法不仅是一种成本计算方法，更是一种成本控制和企业管理手段。

企业整个经营过程中可以划分为不同的作业。新型企业把企业看作最终满足顾客需要而设计的一系列作业的集合体，形成一个由此及彼、由内到外的作业。作业消耗资源，成本对象消耗作业，企业每完成一项工作要消耗一定的资源，最终产品凝结了各个作业链价值上的价值，因此，作业链也同时表现为价值链。

管理者利用作业管理法提供的动态信息，将企业管理深入作业链，通过优化作业链和控制作业消耗的资源降低了作业成本。在此基础上进行的企业成本控制和管理称为作业管理法。作业管理法始终对所有作业进行了分析与修正，比传统的以产品作为企业管理的起点和核心在层次上大大深化了，是企业管理上的一次重大的突破。

东风汽车公司作业成本法实施案例

2) 区分增值作业与非增值作业

作业按其是否具有增值性可以分为两类：增值作业和非增值作业，如图 9.4 所示。

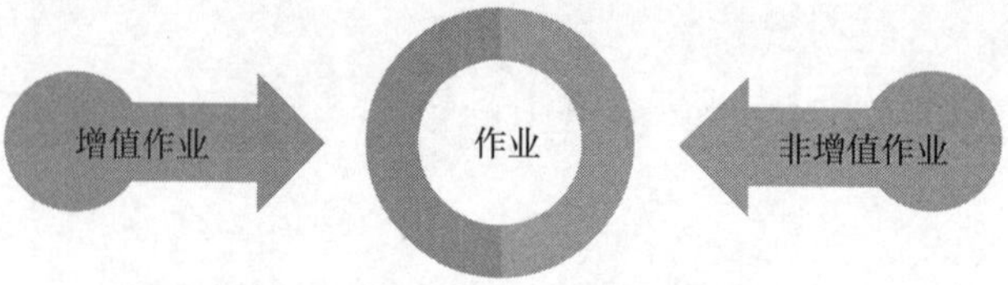

图 9.4　增值作业与非增值作业

增值作业的基本特点在于它能增加传递给客户的价值，企业如果消除了这类作业，就会影响客户愿意支付的价格。增值作业有两种类型：一种是给客户带来价值的作业，如包装和及时送货等；另一种是保证企业正常运转的必不可少的作业，如付给员工工资虽不能为客户直接带来什么利益，但却是企业所必需的作业。

非增值作业是指对增加客户价值没有贡献的作业，客户不会因为企业消除这类作业而降低所愿意支付的金额。非增值作业的判断标准是：企业把该作业消除后仍能为客户提供与以前同样的效果。在企业经营活动开展过程中有许多非增值作业。例如，存货的存储、分类、整理和搬运；产品因质量问题所进行的返修、重复检测；等待工作，等等。对于非增值作业来说，企业应考虑的不是如何使它们更有效率，而是如何消除这些非增值作业。

值得强调的是，我们不能根据一项作业在经营过程中是否具有可消除性来判断其是否属于非增值作业。例如，原材料搬运作业通常不能完全消除，但该作业属于非增值作业。相反，某些产品的包装这项作业具有可消除性，企业可以采用散装的方式向客户销售，但是客户往往不愿意按带有包装产品的价格购买。因此，包装作业通常属于增值作业，尽管有时它具有可消除性。

3）作业价值分析

由于企业效益不仅是增值作业和非增值作业的函数，而且是高效作业和低效作业的函数。因此，以作业为成本控制点，对作业进行价值分析就成为一项重要的工作。作业价值分析是通过对作业的识别与计量、资源费用的归集与确认、产出消耗作业的确认与计量、产出成本费用的归集等步骤和方法，分析、评价作业的有效性和增值性，以提高作业效率、减少资源消耗、增加产出价值的一种分析方法。作业价值分析从分析层次上可以分为资源动因价值分析、成本动因价值分析、作业综合分析、作业执行效果分析 4 部分，如图 9.5 所示。

图 9.5　作业价值分析

(1)资源动因价值分析

资源动因价值分析是通过对作业的识别、计量,作业消耗资源费用的确认与归集,分析、评价各项作业有效性的方法。资源动因价值分析的程序是:调查生产活动从采购、入库、储存、加工、检验、运输到客户的全过程;在熟悉生产流程的基础上识别、计量作业,并将作业适当合并或分解,建立作业中心;归集资源费用到各相应的作业;分析作业消耗资源的情况,确定作业的有效性。

(2)成本动因价值分析

成本动因价值分析是通过产出对作业消耗的确认、计量,作业成本库费用的分配与产出成本的归集,分析、评价各项作业增值性的方法。成本动因价值分析的程序是:从构成作业成本库的各项作业中,选择代表作业,计量成本动因分配率;确认并计量各产出消耗的代表作业;计算、归集各产出的作业成本;分析各作业对产出的贡献,确认作业的增值性。成本动因价值分析重在揭示哪些作业是必需的,哪些作业是多余的,应该减少,最终确定如何减少产出消耗作业的数量,从总体上降低作业成本和物流成本。利用成本动因价值分析的结果可以判断产出消耗作业的情况,可以评价作业的价值。确定是否为增值作业时,结合成本动因价值分析对每项作业开展细微的分析。

增值作业必须同时满足以下条件:该作业的功能是明确的;该作业能为最终产品或劳务提供价值;该作业在企业整个物流作业链中不能去掉、合并或被代替。如果有一个条件不符合,该作业就是不增值作业。

(3)作业综合分析

在进行了资源动因价值分析和成本动因价值分析后,还应分析各项作业之间的联系,这就是作业的综合分析。物流的各种作业相互联系,形成作业链。作业链上的各个作业好比是链环,作业之间的联系好比是链结。无"环"就无法形成"结",无"结"也形不成链。因此,不但要分析链上的各个作业,还要分析各作业之间的联系。即使链上的每个环都是增值高效作业,也可能由于"结"的问题,影响整个作业链的效率和价值。理想的作业链应是作业与作业之间环环相连,无断开和重叠,作业之间的等待、延误应最小。

只有进行了作业价值分析,明确了作业的价值和效率,才能寻求改进机会。通过作业价值分析,可用以下方式降低成本:减少作业所需要的时间和资源,改善增值作业的效率或在短期内改进不增值作业,直至消除;消除不增值作业(包括不增值高效作业和不增值低效作业);当其他条件相同时,选择成本最低的作业;利用资源集成原理,尽量实现资源共享与作业共享;利用作业成本计算提供的信息,编制资源使用计划,重新配置未使用资源。

(4)作业执行效果分析

分析作业执行效果的目的在于对作业的执行过程实施控制,以寻求降低作业成本的机会。作业效果的优劣,可以从以下3个方面加以衡量:作业的成本高低;完成作业的必要时间;工作质量的

从作业成本法到精益制造

好坏。

以订货作业为例,可以考虑:一次订货的平均成本;一次订货需耗用的时间;一个月内发生的订货过失次数等。

9.3.2 作业成本法的实施条件

作业法是一个非常有用的管理工具,但其实施需要某些条件。如果希望通过作业成本法提高经营管理效率,则企业应满足以下基本条件:

(1)企业提供的不同产品或服务在数量上和复杂程度上存在着显著差异

如果企业的产品较少或生产过程比较简单,那么用传统的制造成本法即可满足需要。

(2)间接成本占总成本的比例较大

作业成本法的核算针对的是间接费用。如果间接费用比例太小,则实施成本管理法不符合成本效益原则。

(3)拥有高效的管理信息系统和电算化基础

作业成本法系统非常复杂,这要求企业运用先进的网络化管理信息系统的软硬件平台,优秀的软件系统和高素质的实施人员。

(4)企业现有的传统核算系统不能满足内部管理需要

竞争的激烈迫使管理人员需要准确的成本信息进行相关决策,如定价、投资、考核等。只有管理人员对传统成本核算系统提供的信息持怀疑态度,管理人员才有动力去尝试新的成本核算系统。

(5)在实施过程中必须取得单位最高层领导和有关部门领导的认可和支持

作业成本法涉及成本动因的确定、作业的分解以及业务流程的改进,涉及企业的各个部门、各个层次,需要各种专业知识和所有员工的参与。这些依靠会计人员是不可能完成的,必须做好全体员工的培训,提高全员的成本意识。

9.3.3 作业成本法的局限性

1)在成本动因选择上有一定的主观性

确认资源和作业、设立作业成本库、为每一作业成本库选择最佳成本动因,均带有主观性和武断性。

2)实施作业成本计算费用较高

任何一个成本系统并不是越准确越好,除了考虑其适用范围外,还要考虑其实施的成本和效益。作业成本法需要对大量的作业进行分析、确认、记录和计量。增加了成本动因的确定、成本库的选择和作业成本的分配等额外工作,因此其实施的成本比较高。

3)作业成本法并未获得我国有关会计准则和制度的认可

企业要实施作业成本法,将作业成本信息用于财务披露和税收依据,显然还存在着法律的障碍，不能以财务会计成本核算，而只能用于企业内部的管理会计。

4）成本法的运用必须有一定的适应环境

作业成本法并非适用于各种类型的企业，它的选择必须考虑企业的技术条件和成本结构。对采用多品种小批量方式生产以及制造费用人工费用较高的企业，可以试点推广，其运用效果要更好一点。

作业成本法能给企业带来什么？

【同步训练】

一、单项选择题

1. 传统成本计算法的计算对象为（　　）。
A. 资源
B. 作业中心
C. 费用
D. 最终产品

2. 作业成本法的成本计算是以（　　）为中心。
A. 产品
B. 作业
C. 费用
D. 资源

3.（　　）是作业成本的核心内容。
A. 作业
B. 产品
C. 资源
D. 成本动因

4. 作业成本法所采用的成本动因（　　）。
A. 不考虑辅助作业
B. 只考虑某些生产作业
C. 将作业与产品直接联系在一起
D. 将作业与产品间接联系在一起

5. 与数量相关的动因不包括（　　）。
A. 产量
B. 直接人工工时
C. 机器工时
D. 生产工人人数

二、多选题

1. 成本动因选择主要考虑的因素有（　　）。
A. 成本计量
B. 成本动因与所耗资源成本的相关程度
C. 成本库
D. 成本中心

2. 下列说法中，正确的有（　　）。
A. 作业量决定资源的耗用量

B. 最终产品产出量决定着作业量

C. 资源耗用量与最终产品产出量有直接关系

D. 成本库的作业就是成本动因

3. 作业按受益范围通常分为(　　)。

A. 单位作业　　B. 批量作业

C. 产品作业　　D. 能力作业

E. 非增值作业

4. 下列各项中,属于直接成本的有(　　)。

A. 构成产品实体的原材料　　B. 车间照明用电费

C. 车间生产工人工资　　D. 车间管理人员工资

E. 销售部门员工工资

5. 作业成本法与传统成本法相比(　　)。

A. 有较多的间接成本库　　B. 按成本动因分配生产费用

C. 成本决策相关性较强　　D. 提供较精确的成本信息

E. 间接生产费用的分配基础常为非财务变量

三、判断题

1. 传统成本计算所采用的是单一数量分配基准,作业成本计算采用多种成本动因作为分配基准。(　　)

2. 作业链通常就是价值链。(　　)

3. 资源动因是指资源被各种作业消耗的方式和原因,是作业中心的成本分配到产品中的标准。(　　)

4. 成本动因是驱动或产生成本、费用的各种因素,它通常可分为两种:资源动因和作业动因。(　　)

5. 作业成本法能完全消除主观分配因素。(　　)

四、计算题

1. 为作业(1)—(7)在备选成本动因 a—i 中选择最合适的成本动因:

(1)机器维修;(2)设备调试;(3)质量控制;(4)生产排班;(5)原料订购;(6)仓储;(7)工程设计。

备选成本动因:a. 检验工时数;b. 机修工时;c. 订购次数;d. 设计时间;e. 采购人员工资;f. 仓库空间;g. 机器工时;h. 排班时数;i. 调试工时数。

2. 有关资料见表 9.8。

表9.8　各项作业成本及成本动因数据

作业成本库	材料采购	材料处理	设备运行	质量检验	产品分类包装
成本动因	材料质量	材料移动次数	机器小时	检验时间	分类次数
可追溯成本	29 000	13 000	156 000	7 000	8 000
作业量	145 000	52	1 300	70	50
其中:甲产品	38 000	21	900	26	18
乙产品	107 000	31	400	44	32

要求:计算各作业成本库的作业成本分配率。

项目9　同步训练答案

项目 10

责任会计

【知识结构】

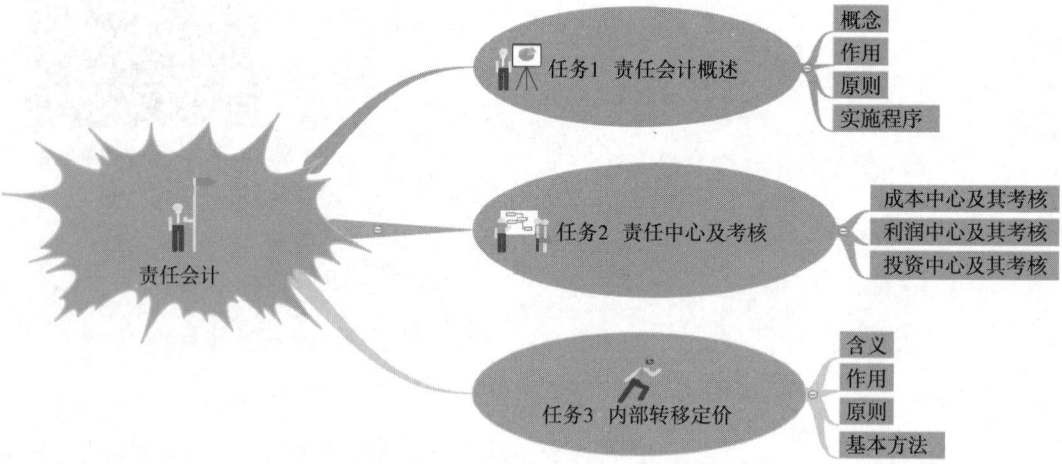

【知识目标】

1. 了解责任会计制度的产生背景。
2. 熟悉责任会计制度的作用。
3. 熟悉责任会计制度的原则。
4. 熟悉责任会计制度的基本程序。
5. 了解成本中心、利润中心、投资中心。
6. 掌握内部转移定价的含义、意义、原则。

【能力目标】

1. 掌握成本中心的考核要求和控制指标。
2. 掌握利润中心的考核要求和控制指标。

3. 掌握投资中心的考核要求和控制指标。
4. 掌握作业成本法的评价方法。
5. 掌握内部转移定价的意义。

【情境案例】

广州某保健品厂，主要产品为阿胶膏和补脑液，市场旺销，特别是在春、秋两季，市场上常常脱销，供不应求。今年一入春，该厂销售部门要求进行突击生产，加班加点，生产更多的产品以增加销售，提高利润。然而，生产部门却反对这样做，认为这样做要打乱全年生产计划，花费的代价太大。另外，生产部门知道，由于节假日加班加点，往往要支付双倍甚至3倍的工资，故产品的成本很高，在进行一系列成本指标考核时，显然对生产部门十分不利，甚至影响奖金。因此，生产部门竭力反对，并抱怨销售部门自己的一系列销售指标，而不考虑生产部门的苦衷。但是，销售部门马上提出，生产部门是否愿意承担失去大量客户的责任，是否考虑销售收入和企业利润等各项经济指标。当然生产部门是不愿意承担这些责任的。双方争论不休，最后矛盾上交厂部。厂长请财务科长提出意见，是否接受各项加班加点任务，怎样处理生产部门和销售部门之间的矛盾。假如你是财务科长，应该怎样回答这两个问题。

【情境分析】

一般情况下，是否接受额外的生产任务，主要看其新增任务的边际收入是否大于边际成本而定。此题虽然没有讲明具体成本构成情况，但从该厂产品旺销、市场紧俏的情况来看，可以肯定，该厂销售量，早已超过保本点销售量，只要有边际收入，一般情况下是应当接受此特殊加班任务的，因为这样可多创边际收入、多增加利润。

应该运用责任会计思想来解决销售部门和生产部门之间的矛盾。主要方法是对每一笔特殊加班任务，按引起责任进行归集和计入。因为是销售部门要求加班而引起增加的费用进行归集后计入销售部门的成本中去。这样就不影响生产部门的一系列成本指标。销售部门由于每次加班都要负担其责任成本，对接受加班任务会变得十分谨慎，除非其增加的利润大于增加的成本才能接受，因此矛盾将得以解决。

任务1　责任会计概述

10.1.1　责任会计的概念

责任会计是为了顺应企业内部管理的需要，调动各个部门员工的积极性，将单位内部独立发挥作用的各级各部门确定为权责范围不同的各个责任中心。按其权责范围分别编制预算记录预算的执行情况，并定期提供报表，用来评价和考核单位内部责任中心管理业绩的一种会计制度。

10.1.2　责任会计制度的作用

责任会计制度的作用如图 10.1 所示。

图 10.1　责任会计制度的作用

企业建立责任会计制度,实施责任会计,其重要作用体现在以下方面:

1)**有利于贯彻企业经济责任制**

企业经济责任制是在国家政策的指导下,以提高企业经济效益为目的,责、权、利相结合的,国家、企业、个人利益相统一的,职工劳动所得与劳动成果相联系的生产经营管理制度。责任会计要求把经济责任落实到各基层单位,划清各单位的责任,并通过会计资料的计量考核各单位的经营成果。无论责任会计的原则还是其内容,都体现了经济责任制的要求。同时,企业责任会计制度的建立,使各级经营机构不仅在业务上承担了一定的经济责任,而且使它们有了各自的预算或标准成本。这样就便于分析各级人员的实际工作成绩,把它们的工作成绩与预算的差异进行分析比较,分清经济责任的归属。为进一步改变企业长期缺乏主动性和活力、职工缺乏积极性和责任感的被动局面创造了极为有利的条件。

2)**有利于实现企业总体目标**

按责任会计制度的要求,企业必须定期编制责任报告,而责任报告的内容采用链条形式,即以企业最低管理层次为起点,逐级向上汇编,直至最高管理层次。这样,各种数据环环相扣,逐级汇总,形成一条责任链条,为企业完成总体目标创造了有利条件。

3)**有利于加强成本控制**

责任会计制度的一项重要内容就是建立一套完整的记录、计算、积累有关责任成本的核算方法,加强对可控成本的控制。

4)**便于及时反馈经济信息**

实行责任会计,可以使业务部门及有关责任者及时了解其责任履行情况,检查是否达到目标,及时进行信息反馈,总结经验,及时发现和解决生产经营过程中的问题,以达到或超过预期目标。

5)有利于按例外管理原则进行管理

责任会计制度的实行,使各级管理人员都明确了自己的责任区域。高层管理人员不必把精力分散在各个细小的部门和单位中的具体事项上,而是集中精力处理更重要的问题,特别是研究企业的未来发展,以保证企业在激烈的竞争中能生存并发展下去。

为什么华为选择了责任中心,而不是阿米巴?

6)有利于充分发挥激励职能

责任会计的理论基础中包括了组织行为学,按照行为科学理论,责任会计制度的建立可以明确各责任单位和责任人员的经济责任及其享有的权利,从而激发员工内在的积极性和创造性,对企业目标的实现有着不可忽视的作用。

10.1.3　责任会计的原则

责任会计是一种管理活动。它以企业内部各责任单位为基础,以保证企业计划的顺利执行和不断提高经济效益为目的,主要利用价值形式对企业内部生产经营活动过程中的耗费、占用和成果进行核算和控制。尽管各企业实施责任会计制度的具体做法可能不尽相同,但都应符合以下基本原则(见图10.2):

图10.2　责任会计的原则

1)目标一致性原则

责任者权责范围的确定,责任预算的编制和责任者成绩的评价、考核,可以促使责任者为企业总目标的实现而努力工作,保持各责任中心的目标同企业总目标一致,以及责任者的利益同企业整体利益一致,防止各责任者偏离企业总目标而各行其是,以致损害企业的整体利益。

企业在实行分权管理的情况下,往往会出现各职能部门、各车间的局部目标同整个企业总目标的差异性，这时就需要各个职能部门以各车间以及企业的总体目标为主，协调完成企业的总体目标，否则企业总目标将难以实现。要制定合适的考核标准。标准的高低直接影响总体目标的完成，为此，要选择综合性的考核标准，以避免由实行单一标准而造成企业内部各责任实体只重视某一方面的情形。责任指标的综合性可以避免责任实体只顾眼前利益的做法，能够比较全面地反映责任实体所承担的经济责任。

2）可控性原则

可控性原则是指上级对下级的考核应只限于下级所能控制的活动或因素。例如，在一个成本中心中，能为这个责任中心所控制、对其工作好坏产生影响的成本，属于可控成本，否则就是不可控成本。对于这个责任中心来说，其成绩的好坏应由其可控成本作为考核和评价的主要依据，不可控成本仅有参考意义。可控成本原则意味着，只要下级努力工作，他就能达到控制目标的要求，因为这些目标的完成情况完全受其行为的影响或控制。反之，如果在责任中心引入不可控指标时，被控对象完成指标的积极性就会受到影响。从这个意义上来看，可控性原则实际上隶属于下面提到的激励原则，但由于这一原则在责任会计中运用广泛，因此值得专门提出。

3）有效激励原则

责任中心确定了符合企业整体利益的目标以后，还要促使各责任中心以最大的努力来完成目标，也就是说对被控对象进行有效的激励。激励过程是一个非常复杂的行为过程，激励的大小取决于多种因素的综合作用，因此，责任会计也就是通过对人的行为的激励来发挥作用的。

在责任会计中，控制目标的难度和达到目的后的奖励是影响激励的两个重要因素。一般来说，这两个因素对激励的影响是反方向的。随着目标难度的增加，被控对象的积极性可能会下降，当目标的难度超过一定限度时，被控对象也就没有积极性去完成目标；反之，随着完成目标后奖励的增加，被控对象的积极性就会提高。因此，在设计责任会计制度时，可以通过这两个因素的选择和组合来改善对各责任中心的激励。

4）灵活性原则

责任会计制度要在瞬息万变的经营环境中保持其控制效能，必须具有灵活性。首先，责任范围要按经济业务的内在联系划分，把责任细分为几层具体的工作，而不能搞行政分割。否则一旦环境变化，职责划分又不能及时调整，就会出现新工作或新问题无人负责的现象。其次，责任的考核应将价值指标与非价值指标、长期效益指标与短期效益指标、定性指标与定量指标等多种类型指标相结合，并把会计核算、统计核算和业务核算紧密结合进行责任核算，这样才能适应企业内部管理的需要。

5）及时反馈原则

贯彻责任会计制度还需要有反馈执行情况的信息传递系统，应该有一个良好的记录和报告制度，使生产业务部门及责任者能及时了解各自的预算情况，和责任预算进行对比、分析。这样，一是可以使责任者正确了解经过自己努力所取得的成绩，以及存在的问题，使领导者不失时机地得到这类信息，恰当地使用权力，调整责任中心的经济活动；二是通过信息反馈，以使责任者及时了解信息范围内到底出现了什么难题，依靠自身的变化，对环境变化所产生的影响及时地化解；三是通过准确、可靠、及时地反馈经济信息，使企业领导者能做出恰当的决策。信息反馈原则要求经济活动的报告要及时，间隔期尽量短一些，数据要可靠，但不要求过分精确，以减少工作量。

6）例外管理原则

例外管理也是一项重要的管理原则。企业生产经营活动的多样性和复杂性，以及外部环境的经常变化、管理基础的强弱不同、管理人员的素质高低不一，都不可避免地使责任单位的执行结果与企业的责任预算发生差异。作为企业最高层次的领导者，就要根据差异的不同情况区别对待。如果产生的差异对企业的目标有很大影响，这就要求高层领导者进行仔细的分析和评价，找出问题的症结所在，以保证企业在竞争的条件下生存和发展下去。因此，实行例外管理是必要的。这是因为，首先，作为一个规模日益扩大、管理日益复杂的企业，其最高层管理者没有必要也不可能对一些日常的事务性工作样样都抓，都放在重要的位置上；其次，现行的会计制度还不能明显地指出和控制某种例外差异的产生，会计资料只是反映执行结果与预算目标的差异，这种情况就需要企业实行例外管理，并能为之建立与其相适应的会计制度。

实行例外管理，要避免混淆计划制订差异和计划执行差异，因为造成这两种差异的原因不同，即前者由计划部门造成，后者由执行单位造成。企业高层管理者要根据不同差异采取不同的方法来处理。

10.1.4　责任会计的实施程序

责任会计的实施程序如图10.3所示。

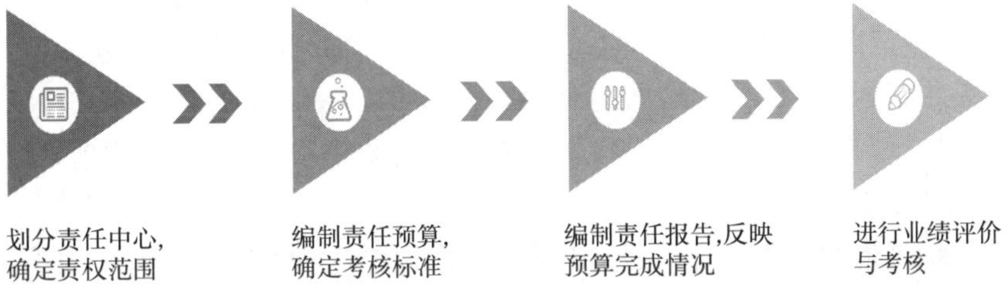

图10.3　责任会计的实施程序

1）**划分责任中心，确定责权范围**

企业实行分权管理，逐级下放权责，所属各部门就成为许多责任中心。所谓责任中心，是指由一个主管人员承担责任并具有相当权力的内部单位。这里所说的“责任”，是指责任中心的管理人员对其职务范围内所发生的管理费用和工作成果应负的经济责任。实行责任会计，要合理划分责任中心。要按照管理可以明确分工、责任可以辨认、成果可以单独考核的原则，把整个企业划分为若干责任中心。虽然企业的生产经营活动是一个有机整体，一个管理人员的成绩往往受到其他人员工作状况的影响，不易完全划分清楚，但为了贯彻责任制度，对每个人的权责应尽可能地明确规定。

2）**编制责任预算，确定考核标准**

企业通常都编有预算，以财务形式来表示一定时间的计划和目标。一般预算是分别按销售、生产、采购、人工、财务等职能，以及资本支出等来编制的。通过上述各种预算来确定预期的本期经营成果（利润）和期末财务状况。实行责任会计时，要求按照各责任中心编制预算，将企业的全面预算所确定的目标和任务进行层层分解，为每一责任中心确定相应的责任预算，其目的是使各责任中心的管理人员明确应负的任务和应控制的事项，这种预算称为责任预算。责任预算和一般预算可以并行实施，因为它们只是从不同的角度来计划企业的经济活动，最后达到同样的目标，即预期的经营成果和财务状况。事实上，并不要求编制两套预算，而是在同一套预算中既按产品和生产经营过程规定目标，同时按责任中心来规定目标，各自发挥不同的作用。

责任预算规定各责任中心的目标后，应在经营活动开始前将目标下达给各责任中心的负责人，使他们按预算来控制本部门的经营活动。在责任中心体制下，对实际发生业务的记录，要按责任中心来汇集和分类，即对收益和成本费用按责任中心设置明细账。此外，为了明确责任起见，应尽量避免收益和费用的分配计算。在必须分配共同费用时，要根据责任归属采用合理的分配方法，拟订适当的结算价格，以防转嫁责任。

3）**编制责任报告，反映预算完成情况**

一个良好的报告制度，应具有相关性、适时性和准确性。

相关性是指报告的内容要适合各级主管人员的不同需要，只列示他本人控制范围内的有关数据，即使要照顾资料的完整性，也要明显区分可控部分和不可控部分。

适时性是指报告的时间要适合报告使用人的需要。一般来说，下级管理人员要求的报告要及时，并且有较高的报告频率，高级管理人员则与此相反。总之，既要满足控制的要求，又要保持合理的成本。

准确性是指报告的发挥要有足够的准确性，保证评价和考核的正确性，而不是要求绝对精确。影响报告准确性的主要因素，不是计算的精度，而是原始资料的真实可靠性以及计算方法的科学性。

责任中心及其责任预算一经确定,就要建立相应的信息系统,客观、完整地记录相关责任的执行情况,定期编制业绩报告。各责任中心所编制的责任报告要完整、客观、及时地反映本中心责任的完成情况和执行情况。

4)进行业绩评价与考核

通过对各责任中心责任报告中的实际数与预算数进行对比和差异分析,可以对各责任单位的工作业绩和经营效果进行客观的评价和考核。再根据制定的奖惩制度对各责任单位进行有效的优奖劣罚,以保证经济责任制的贯彻执行。这套奖惩制度要客观、公正,最大限度地调动每个责任人的积极性,充分发挥责任会计制度的激励职能。

任务2 责任中心及考核

10.2.1 责任中心概述

1)责任中心的含义

责任中心是指具有一定的管理权限,并承担一定经济责任的企业内部独立核算的特定部门。责任中心可能是个人、班组、车间、部门,也可能是分公司、事业部,甚至是整个企业。

2)责任中心的基本形式

根据企业经营活动的不同特点、工作业绩考核的不同重点以及责任中心的控制范围和责任对象的特征,责任中心可以分为成本中心、利润中心和投资中心。责任中心的基本形式如图10.4所示。

成本中心是对成本或费用负责的责任中心。其特点是只对生产或经营过程中投入的成本或费用负责,也就是只对消耗负责,而不承担收入实现责任。因此,一般只考核其成本或费用的发生和控制情况。这类责任中心大多是指只负责产品生产的生产部门、劳务提供部门以及给予一定费用指标的企业管理科室。

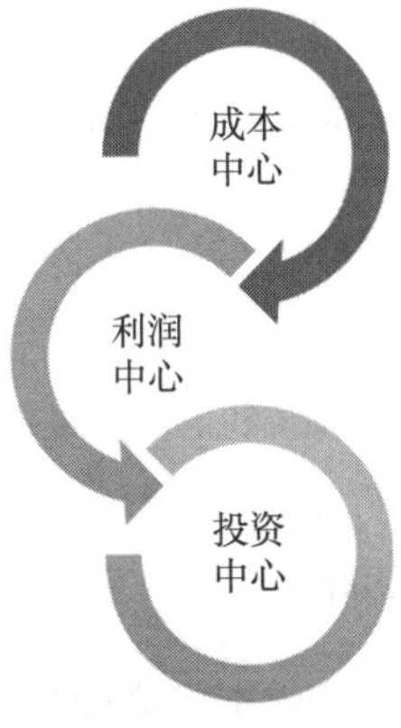

图10.4 责任中心的基本形式

利润中心是对利润负责的责任中心。由于利润等于收入减去成本和费用,因此利润中心实际上既要对收入负责,又要对成本费用负责。但由于其责任主要是实现目标利润,因此考核的指标一般是有关利润的实现情况,而不是具体的收入和成本费用发生情况。这类责任中心一般是指有产品或劳务生产经营决策权的部门。

投资中心是对投资负责的责任中心。其特点是既要对利润负责，又要对利润与投资之间的比例关系负责。利润中心只有短期的经营决策权，而投资中心除此之外还拥有长期投资决策权，因而其权力更大，同时其经营责任也更大。投资中心所考核的重点是投资效益。这类责任中心一般是指子公司或分公司等。

10.2.2 成本中心及其考核

1）成本中心的概念

成本中心是指只对其成本或费用承担责任的责任中心。它不对其收入、利润和投资负责，处于企业的基础责任层次。成本中心一般包括负责产品生产的生产部门劳务提供部门以及给予一定费用指标的管理部门。

成本中心是只对成本负责任的中心，其重要任务是降低和控制其责任成本。成本中心所能控制的主要是在生产或经营管理过程中所发生的耗费。为了提高这种控制的有效性，必须明确以下要求：

（1）成本中心的责任成本必须是可控成本

"可控成本"是相对于"不可控成本"而言的。凡是责任中心能控制的各种耗费称为"可控成本"，凡责任中心不能控制的耗费则为"不可控成本"。具体而言，可控成本应具备以下基本特征：

①各种费用的发生，责任中心事先是知道的。

②各种费用的发生，是能确切计量的。

③各种费用发生的多少，责任中心是能予以控制的。

凡不符合以上条件的，即为不可控成本。属于某成本中心的各项可控成本之和，构成该成本中心的责任成本。

一项费用，是否为可控成本，不是由费用本身确定的，而是对于成本中心而言的。对一个部门是可控成本，对另一部门就可能是不可控成本。例如，材料价格对供应部门是可控的，但对生产部门就是不可控的。因此，可控还是不可控是针对责任中心而言的。

（2）成本中心的责任划分必须明确

成本中心在企业中一般是按生产组织的方式来划分的，它可贯穿于从上到下不同的生产组织层次。在生产组织中有些部门之间的职责划分较明确，但有些不够明确。层次越高，职责越明确；层次越低，责任越模糊。例如，在一个企业中，车间与车间之间的职责划分一般都较明确，但班组或个人之间的职责划分就显得比较模糊，这是因为越到下层，授权越模糊，工作之间的联系或职责之间的联系也越密切，导致责任难以划分。因此，为保证责任制的有效性，成本中心的划分至适当的层次，并非越细越好，以保证各成本中心的责任划分有一明确的界限。

2）成本中心的考核指标

由于成本中心的职责比较单一，因此，成本中心的考核也比较简单，往往集中于目标成本完成情况的考核，包括目标成本节约额和目标成本节约率。其计算公式如下：

目标成本节约额的计算公式

$$目标成本节约额 = 目标(或预算)成本 - 实际成本$$

目标成本节约率的计算公式

$$目标成本节约率 = \frac{目标成本节约额}{目标成本}$$

【例10.1】 客满意公司有甲、乙、丙3个成本中心，生产A,B,C 3种产品，某年发生的费用消耗情况为直接材料100 000元、直接人工60 000元、制造费用58 000元。

根据原始凭证，按产品和成本中心归集的产品成本和责任成本见表10.1。

表10.1 成本归集表

单位：元

成本项目	费用合计	产品成本			责任成本		
		A	B	C	甲	乙	丙
直接材料	100 000	45 000	35 000	20 000	40 000	30 000	30 000
直接人工	60 000	18 000	23 000	19 000	22 000	18 000	20 000
制造费用	58 000	22 000	18 000	18 000	26 000	16 000	16 000
合　计	218 000	85 000	76 000	57 000	88 000	64 000	66 000

解：甲、乙、丙的责任成本预算分别为90 000元、68 000元和68 000元，则甲、乙、丙成本中心的目标成本节约额和目标成本节约率计算分别如下：

$$甲目标成本节约额 = 90\ 000元 - 88\ 000元 = 2\ 000元$$

$$乙目标成本节约额 = 68\ 000元 - 64\ 000元 = 4\ 000元$$

$$丙目标成本节约额 = 68\ 000元 - 66\ 000元 = 2\ 000元$$

其中，正数为节约额，负数为超支额。

$$甲目标成本节约率 = \frac{2\ 000元}{90\ 000元} \times 100\% = 2.22\%$$

$$乙目标成本节约率 = \frac{4\ 000元}{68\ 000元} \times 100\% = 5.88\%$$

$$丙目标成本节约率 = \frac{2\ 000元}{66\ 000元} \times 100\% = 3.03\%$$

在对成本中心进行考核时，应注意如果预算产量与实际产量不一致，就按弹性预算的方法首先调整预算指标，然后再计算上述指标。

技能训练 9

某公司内部车间为成本中心，生产甲产品，预算产量为 500 件，单位标准材料成本 100 元，实际产量为 600 件，实际单位材料成本 90 元。

要求：计算成本节约额和节约率。

10.2.3 利润中心及其考核

1）利润中心的概念

利润中心是对利润指标负责的责任中心。由于利润是由收入与成本两因素决定，因此，利润中心实际上既要对收入负责，也要对成本负责。

一个部门或责任中心被确定为利润中心，关键的因素是要有独立的经营决策权，即生产什么产品，生产多少，用什么材料生产等都可由利润中心决定，否则就无法对其收入、成本以及利润负责。因此，与成本中心相比，利润中心的权力更大，但责任也更重大。

在一个企业中，利润中心往往处于较高的层次。例如，分厂、分公司、有独立经营权的各部门，包括辅助生产部门或封闭式生产车间等。各利润中心都自成一体，独立经营，但也相互协调。按照收入来源的性质不同，利润中心可分为自然利润中心和人为利润中心两类。

自然利润中心是指可以直接对外销售产品并取得收入的利润中心。这类利润中心虽然是企业内部的一个责任单位，但本身直接面向市场，具有产品销售权、价格制定权、材料采购权和生产决策权，其功能与独立企业相近。最典型的形式就是公司内的事业部，每个事业部均有销售、生产、采购的机能，有很大的独立性，能独立地控制成本、取得收入。

人为利润中心是只对内部责任单位提供产品或劳务而取得“内部销售收入”的利润中心。这种利润中心一般不直接对外销售产品。成为人为利润中心应具备两个条件：一是该中心可以向其他责任中心提供产品（含劳务）；二是能为该中心的产品确定合理的内部转移价格，以实现公平交易、等价交换。

工业企业的大多数成本中心都可以转化为人为利润中心。人为利润中心一般也应具备相对独立的经营权，即能自主决定本利润中心的产品品种（含劳务）、产品质量、作业方法、人员调配、资金使用等。例如，大型钢铁公司的采矿、炼铁、轧钢等生产部门的产品除了少量对外销售外，主要在公司内部转移，这些部门可以视为人为利润中心。

2）利润中心的考核指标

利润中心的考核指标为利润，通过比较一定期间实际实现的利润与责任预算所确定的利润，可以评价其责任中心的业绩。因成本计算方式不同，故各利润中心的利润指标的表现形式也不相同。

（1）当利润中心不计算共同成本或不可控成本时

其考核指标如下：

利润中心的考核指标1
利润中心边际贡献总额＝该利润中心销售收入总额－该利润中心可控成本总额（或变动成本总额）

需要说明的是，如果可控成本中包含可控固定成本，就不完全等于变动成本总额。一般而言，利润中心的可控成本大多只是变动成本。

（2）当利润中心计算共同成本或不可控成本时

采取变动成本法计算成本时，其主要考核指标如下：

利润中心的考核指标2
利润中心边际贡献总额＝该利润中心销售收入总额－该利润中心变动成本总额

利润中心的考核指标3
利润中心负责人可控利润总额＝该利润中心边际贡献总额－该利润中心负责人可控固定成本总额

利润中心的考核指标4
利润中心可控利润总额＝该利润中心负责人可控利润总额－该利润中心负责人不可控利润总额

利润中心的考核指标5
公司利润总额＝各利润中心可控利润总额之和－公司不可分摊的各种管理费用、财务费用

为了考核利润中心负责人的经营业绩，应针对经理人员的可控成本费用进行考核和评价。这就需要将各利润中心的固定成本进一步区分为可控的固定成本和不可控的固定成本。这主要考虑某些成本费用可以划归、分摊到有关利润中心，却不能为利润中心负责人所控制，如广告费、保险费等。在考核利润中心负责人业绩时，应将其不可控的固定成本从中剔除。

【例10.2】　已知客满意公司的第一车间是一个人为利润中心。本期实现内部销售收入600 000元,变动成本为400 000元,该中心负责人可控固定成本为30 000元,中心负责人不可控,但应由该中心负担的固定成本为60 000元。试计算该利润中心的实际考核指标,并评价该利润中心的利润完成情况。

解: 利润中心边际贡献总额 = 600 000元 - 400 000元 = 200 000元

利润中心负责人可控利润总额 = 200 000元 - 30 000元 = 170 000元

利润中心可控利润总额 = 170 000元 - 60 000元 = 110 000元

计算结果表明,该利润中心各项考核指标均已实际完成。要对其完成情况进行评价,还需要将各指标与责任预算进行对比和分析,并找出产生差异的原因。

想一想:

利润中心的考核指标中为什么不涉及企业所得税?

技能训练10

某公司的甲车间是一个人为利润中心,本期实现内部销售收入为120万元,销售变动成本为60万元,该中心负责人可控固定成本为12万元,该中心负责人不可控,但由该中心负担的固定成本为14万元。

要求:计算该利润中心的实际考核指标。

10.2.4 投资中心及其考核

1)投资中心的概念

投资中心在责任中心中处于最高层次,它具有最大的决策权,也承担最大的责任。

投资中心是对投资负责的责任中心。由于投资的目的是获得利润,因此,投资中心同时也是利润中心。它与利润中心的区别主要在于:利润中心没有投资决策权,因而它是在企业确定投资方向后进行的具体的经营;而投资中心则拥有投资决策权,即当企业总部将一定数额的资本交给投资中心后,应投资什么行业、生产什么产品等都是投资中心的职责,企业总部一般不予干涉,但投资中心必须对其投资的收益负责。因此,投资中心包括了利润中心的特点,但比利润中心范围更大,特别是比较考虑长期的效益。

一个责任中心要成为投资中心,必须具备相当丰富的投资管理经验和能力。投资中心是分权管理模式最突出的表现,在当今世界各国,大型集团公司下面的分公司、子公司往往都是投资中心,在跨国集团公司中尤其如此,在组织形式上,收入中心和成本中心基本上不是独立的法人,利润中心可以是也可以不是独立的法人,但投资中心一般都是独立的法人。

投资中心的主要目标是确保投资的安全回收和投资的收益率,以保证企业的规模和经营不断有所发展。

2)投资中心的考核指标

对投资中心的考核包括投资项目本身的效果评价和投资中心的经营业绩评价两个方面。在一定程度上,投资中心的责任人就像经营自己独立的企业一样经营着投资中心,不仅要求对该中心的成本、收入和利润负责,还应对投资的效果负责。对投资中心的评价与考核,除成本、收入和利润等指标外,重点应放在投资报酬率和剩余收益两个指标上。

(1)投资报酬率

投资报酬率是反映投资获利能力的指标。其计算公式如下:

投资中心的考核指标1

$$投资利润率=\frac{利润}{投资额}\times 100\%$$

投资利润率还可以进一步展开:

投资中心的考核指标2

$$投资利润率=\frac{销售收入}{投资额}\times\frac{利润}{销售收入}\times 100\%$$
$$=总资产周转率\times 销售利润率\times 100\%$$

或

投资中心的考核指标3

$$投资利润率=\frac{销售收入}{投资额}\times\frac{成本费用}{销售收入}\times\frac{利润}{成本费用}\times 100\%$$

或

投资中心的考核指标4

$$投资利润率=总资产周转率\times 销售成本率\times 成本费用利润率$$

以上公式中,投资额是指投资中心可以控制并使用的总资产。因此,投资利润率也称总资产利润率,主要说明投资中心运用每1元资产对整体利润贡献的大小,主要用于考核和评价由投资中心掌握、使用的全部资产的盈利能力。

为了考核投资中心的总资产运用状况,也可以计算投资中心的总资产息税前利润率。其计算公式为

$$总资产息税前利润率 = \frac{息税前利润}{总资产平均余额}$$

需要说明的是，由于利润或息税前利润是期间性指标，因此，上述投资额或总资产占用额应按平均投资额或平均占用额计算。

投资利润率是广泛采用的评价投资中心业绩的指标。其优点表现在以下4个方面：

①投资利润率能反映投资中心的综合盈利能力。从投资利润率的分解公式可以看出，投资利润率的高低与收入、成本、投资额和周转率有关，提高投资利润率应通过增收节支、加速周转和减少投入来实现。

②投资利润率具有横向可比性。投资利润率将各投资中心的投入与产出进行比较，剔除因投资额不同而导致的利润差异的不可比因素，有利于进行各投资中心经营业绩比较。

③投资利润率可以作为选择投资机会的依据，有利于调整资产的存量，优化资源配置。

④以投资利润率作为评价投资中心经营业绩的尺度，可以正确引导投资中心的经营管理行为，使其行为长期化。由于该指标反映了投资中心运用资产并使资产增值的能力，如果投资中心资产运用不当，会增加资产或投资占用规模，也会降低利润。因此，以投资利润率作为考核与评价的尺度，将促使各投资中心盘活闲置资产，减少不合理资产占用，及时处理过时、变质、毁损资产等。

不过，投资报酬率这项评价指标也有不足之处。例如，因为企业资产账面价值不能反映其真实价值，从而使企业每年少计折旧额，虚增盈利，使计算出的投资报酬率不能真实反映资产的使用效果。同时，如果只按照投资报酬率对投资中心的业绩进行考核评价，往往会使有些投资中心产生本位主义思想，只顾本部门利益，放弃那些对企业整体有利的投资项目，或者出现有些投资项目虽然有利于部门利益，却损害了整个企业的经济利益。

为了克服投资报酬率的这种局限性，管理会计中引入了剩余收益这一评价指标来考核评价投资中心的业绩。

(2)剩余收益

剩余收益是指从投资中心的营业利润中扣除其营业资产按预期最低的投资报酬率计算的投资报酬率后的余额。其计算公式如下：

剩余收益的计算公式

$$剩余收益 = 营业利润 - 营业资产 \times 预期最低投资报酬率$$

采用剩余收益指标去评价考核投资中心的工作业绩，克服了投资报酬率这一指标的不足，有利于防止各投资中心的本位主义，使投资中心的责任人由追求投资报酬率最大化转变为追求剩余收益最大化，使各投资中心不愿拒绝对企业整体有利的投资项目，同时也不会接受对企业整体或者长期利益不利的投资项目，最终保证投资中心的利益和企业整体利益的高度统一。

但是，由于剩余收益是一个绝对数指标，不能够在不同规模的投资中心之间进行比较。

投资多、规模大的投资中心虽然投资报酬率不高，但是剩余收益比那些规模小、投资不多但投资报酬率高的投资中心的剩余收益会更多。因此，为了全面、综合地评价和考核投资中心的业绩，应当充分发挥这两个指标的优点，将两者结合起来加以灵活运用。

【例 10.3】 已知客满意公司下设甲和乙两个投资中心，该公司加权平均最低投资收益率为 10%，公司拟追加 300 万元的投资。

要求：试根据表 10.2 中资料评价甲、乙两个投资中心的经营业绩。

表 10.2 投资中心考核指标的计算

单位：万元

项 目		投资额	利 润	投资报酬率	剩余收益
追加投资额	甲	400	20	5%	20−400×10% =−20
	乙	600	90	15%	90−600×10=+30
	合计	1 000	110	11%	11−1 000×10% =+10
甲追加投资 300	甲	400+300=700	20+22=42	6%	42−700×10% =−28
	乙	600	90	15%	90−600×10% =+30
	合计	1 000+300=1 300	110+22=132	10.1%	132−1 300×10% =+2
甲追加投资 300	甲	400	20	5%	20−400×10% =−20
	乙	600+300=900	90+42=132	14.7%	132−900×10% =+42
	合计	1 000+300=1 300	110+42=152	11.8%	20−400×10% =−20

由表 10.2 可知，以投资利润率作为考核指标，追加投资后，甲的利润率由 5% 提高到 6%，乙的利润率由 15% 下降到 14.7%，则向甲投资比向乙投资好；但以剩余收益作为考核指标，甲的剩余收益由原来的−20 万元变成了−28 万元，乙的剩余收益由原来的 30 万元增加到 42 万元，应当向乙投资。但从整个公司进行评价，就会发现甲追加投资时全公司总体投资利润率由 11% 下降到 10.1%，剩余收益由 10 万元下降到 2 万元；乙追加投资时全公司总体投资利润率由 11% 上升到 11.8%，剩余收益由 10 万元上升到 22 万元，这与以剩余收益指标评价各投资中心的业绩的结果一致。因此，以剩余收益作为评价指标，可以保持各投资中心获利目标与公司总的获利目标相一致。

想一想：

以剩余收益为评价指标时，是否可以将企业的平均报酬率作为最低报酬率？

技能训练 11

某公司有若干个投资中心，平均投资报酬率为 15%，其中甲投资中心的投资报酬率为 20%，该中心的营业资产平均余额为 150 万元。预算期内甲投资中心有一追加投资机会，投资额为 100 万元,预计利润为 16 万元,投资报酬率为 16%。

要求:甲投资中心的投资报酬率和剩余收益,并说明是否应该接受这一追加投资。

任务3 内部转移定价

10.3.1 内部转移定价的含义

企业内部责任中心在生产经营活动中,经常相互提供产品和劳务。因此它们之间既相互独立,又相互联系。为了正确评价各责任中心的业绩,明确各自的经济责任,使各个责任中心业绩评价建立在客观可比的基础上,从而有利于调动各责任中心的积极性,必须根据各责任中心的活动特点,制定有充分依据的内部转移价格。

内部转移价格是指在实行责任会计的企业内部,有关责任中心之间转移中间产品或提供劳务时所运用的内部结算价格。

10.3.2 内部转移定价的作用

合理的内部转移价格对企业内部的各责任中心,其作用表现为以下方面(见图 10.5):

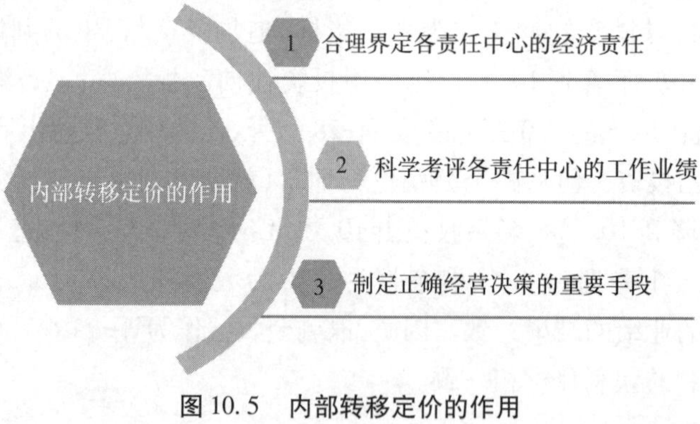

图 10.5 内部转移定价的作用

1)合理界定各责任中心的经济责任

划分各责任中心之间的经济责任是实行责任会计制度的重要内容。而制定合理的内部转移价格又是明确划分经济责任的必要条件。要划清各责任中心的经济责任,除正确计量和核算直接发生在各责任中心的成本外,还应合理确定由其他责任中心转来的材料、中间产品或劳务的结算价格。没有合理的内部转移价格,就无法划清各责任中心的责任界限,从而使责任会计制度流于形式。

2)科学考评各责任中心的工作业绩

合理的内部转移价格能恰当地衡量企业内部各责任中心的工作业绩,准确计算和考核各责任中心责任预算的实际执行情况。由于内部转移价格充分考虑了各责任中心的成本费用的消耗和补偿,并充分考虑了各责任中心的经营成果,同时,又充分考虑了各责任中心的客观性和公正性,因此,能够对各责任中心的工作实绩进行统一的比较和综合的评价,使业绩考评公正合理。

3)制定正确经营决策的重要手段

制定和运用内部转移价格,可以对企业内部各责任中心的业绩进行公正而客观的评价,因而企业的最高管理层可以根据各责任中心的业绩报告来决定哪些部门的业务应当发展,哪些部门的业务应当缩减或淘汰,哪些产品或劳务应当自制或外购。各部门的责任者也可以根据本部门责任预算执行情况的会计信息,做出有关本部门生产经营的决策。

10.3.3　制定内部转移价格的原则

制定内部转移价格时,通常遵循以下原则(见图10.6):

图10.6　制定内部转移价格的原则

1)全局性原则

制定内部转移价格时,应该强调集团的整体利益高于各分部的局部利益。由于内部转移价格直接关系各责任中心经济利益的大小,因此,各个责任中心必然会为本责任中心争取最大的利益。在利益发生冲突的情况下,企业应从整体利益出发,制定内部转移价格,以保证整个企业利益最大化。

2)激励性原则

内部转移价格的制定力求公正、合理,要防止某些分部因价格上的不合理而获得额外的利益或遭受损失。也就是说,内部转移价格的制定应能激励各个责任中心经营管理的积极性,令其工作投入程度与所得到的收益相适应。

3）自主性原则

在统一于集团整体利益的前提下，承认各分部的相对独立、自主经营，就必须给予它们相对独立的经营权，让它们通过自主竞争或讨价还价来确定内部转移价格，所制定的内部转移价格必须为各方都能接受，形成真正的内部模拟市场。

阿米巴的内部定价要求

4）重要性原则

重要性原则即制定内部转移价格时应体现“大宗细、零星简”的原则，对原材料、半成品、产成品等重要物资的内部转移价格制定从细，而对一些数量繁多、价格低廉的物资，其内部转移价格制定从简。

10.3.4　内部转移定价的基本方法

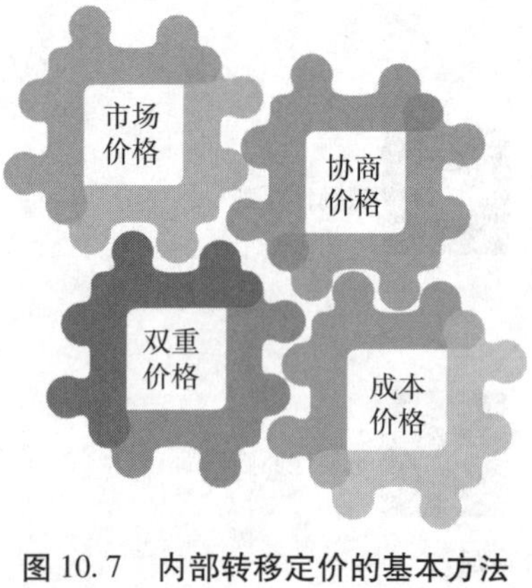

图 10.7　内部转移定价的基本方法

经常使用的内部转移价格有以下 4 种（见图 10.7）：

1）以市场价格作为内部转移价格

以市场价格作为内部转移价格是指假定中间产品有完全竞争的市场，转让双方可以自主决定向外部市场销售或购买中间产品。

以市场价格作为内部转移价格的责任中心，应该是独立经营核算的利润中心，有权决定生产产品的数量、出售或购买的产品对象及其相应的价格。同时，其产品有市场竞争，这些产品之间的差别极小且有一个客观的市场价格可供利用。它基于对独立的单位进行评价，看其在市场上买卖的获利能力。

以正常市价作为内部转移价格具有以下显著优点：一是供需双方部门都能按市价买卖它们的供需产品，内部转移交易时跟外部交易相同；二是一个企业的两个责任单位相互交易，不管市场上是否存在同样的货物，内部交易都能控制交易货物的质量、数量、交货时间等，可以节省谈判成本，提高资金的使用效率。因此，企业管理者为了公司的整体利益，会鼓励进行内部交易，除非责任单位有充分的理由说明外部交易更为有利，否则各责任单位之间都应进行内部交易。

以市场价格作为内部转移价格，能正确评价各个责任单位的经营成果，并能更好地发挥生产经营活动的主动性和积极性。但以市场价格作为内部转移价格时，应注意以下两个问题：第一，在中间产品有外部市场，可向外部单位销售，或从外部单位购买时，以市场价格作为内部转移价格，并不等于直接将市场价格用作结算，而应在此基础上，对外部销售价格作一些必要的调整。外部销售价格一般包括销售费、广告费以及运输费等，这些费用在产品内部转移时，一般可避免发生。若企业各责任中心不是独立核算的分厂，而是车间或部门时，产品的内部转移还不必支付销售税金，这些税金一般也是外部销售价格的组成部分。直接用外部销售价格作为内部转移价格时，这两方面的好处都将为制造方所得，而使用者一无所获。为使利益分配更公平，这些可避免的费用应从市场价格中扣除。即市场价格减去对外的销售费、广告费等才是目前尚未销售的中间产品价格。第二，以市场价格作为内部转移价格时，通常假设：中间产品处于完全竞争市场，中间产品提供部门无闲置的生产能力。

尽管以市价为内部转移价格还有这样或那样的缺点，但它有利于利润中心和投资中心组织自己的利润核算，且较有利于每个责任单位的业绩评价，所以在产品有外界市场，购、销双方可自由对内外购销的情况下，以市场价格作为内部转移价格仍不失为一种有效的方法。

2）以协商价格作为内部转移价格

为解决直接以市场价格作为内部转移价格所存在的缺点，一些企业提出了协商价格。协商价格即协议价格，是企业内部各责任中心以正常的市场价格为基础，通过定期、共同协商所确定的为双方所接受的价格。

采用协商价格的前提是，责任中心的转移产品存在非竞争性市场买卖的可能性，在这种市场内买卖双方有权自行决定是否购买这种产品。如果买卖双方不能自行决定，或当价格协商的双方发生矛盾而不能自行解决，或协商定价不能导致企业最优决策时，企业高一级的管理层要进行必要的干预，这种干预应以有限、得体为原则，不能使整个谈判变成上级领导完全决定一切。

协商价格的上限是市价，下限是单位变动成本，具体价格应由各相关责任中心在这一范围内协商决定。当产品或劳务没有适当的市价时，也只能采用议价方式来确定。通过各相关责任中心讨价还价，形成企业内部的模拟“公允市价”，以此作为计价基础。

协商价格存在一定的缺陷：一是协商定价过程要花费人力、物力和时间；二是协商定价各方往往会相持不下，需企业高层领导裁定，这样弱化了分权管理的作用。

3）双重的内部转移价格

以双重价格作为内部转移价格是指转让中间产品时，不同责任中心分别以不同的内部转移价格作为计价基础进行结算。例如，产品的供应方可按协商的市场价格计价；产品的使用方则按供应方的产品的单位变动成本来计价，其差额由会计部门最终调整。采用双重价格是因为内部转移价格主要是用于对企业内部各责任中心的业绩进行评价、考核，故各相关责任中心采用的价格不需要完全一致，可分别选用对责任中心最有利的价格为计价依据。双重价格有以下两种形式：

（1）双重市场价格

双重市场价格是当某种产品或劳务在市场上出现不同的价格时，供应方采用最高市价，使用方采用最低市价。

(2)双重转移价格

双重转移价格是供应方按市场价格或议价作为定价的基础,而使用方按供应方的单位变动成本作为计价的基础。

双重价格的优点是既可以较好地满足供应方和使用方的不同需要,又能激励双方在经营上充分发挥其主动性和积极性。

采用双重内部转移价格的条件是:内部转移的产品或劳务有外部市场,供应方有剩余生产能力,而且其单位变动成本要低于市价。特别是仅在任何单一的内部转移价格均无法达到"目标一致性"及"激励"目的时,采用双重价格是一种行之有效的方法。

4)以成本作为内部转移价格

以成本作为内部转移价格是指以产品或劳务成本为基础制定内部转移价格。由于成本的概念不同,因此成本转移价格也有多种不同形式。

(1)标准成本法

以劳务或中间产品的标准成本作为其内部转移价格,即为标准成本法。这种方法适用于成本中心的产品(半成品)转移。标准成本法的最大优点是将管理和核算工作结合起来,可以避免功过转嫁之患而收到责任分明之效,能提高双方降低成本的积极性。

(2)标准成本加成法

如果产品(半成品)的转移涉及利润中心或投资中心时,可将标准成本加利润作为转移价格,以分清双方责任。但是,确定利润的高低,仍需管理者慎重斟酌。

(3)变动成本法

变动成本法是指以单位变动成本作为内部转移价格的方法。它适用于采用变动成本法计算产品成本的成本中心之间的往来结算。这种方法的优点是符合成本习性,能够明确揭示成本与产量的关系,便于考核各责任中心的工作业绩,有利于企业和各责任中心进行生产经营决策。但是,这种方法也存在一定的不足。产品成本中不包含固定成本,不能反映劳动生产率的变化对单位固定成本的影响,割裂了固定成本与产量之间的关系,不利于调动各责任中心增加产量的积极性。

内部转移价格在攀钢的运用

想一想:

企业比较常用的是哪一种内部转移价格?

【同步训练】

一、单选题

1. 下列各项中,应当作为建立作业链出发点的是(　　)。
   A. 产品　　B. 顾客
   C. 原材料　　D. 订单
2. 在下列各项中,属于作业成本法中成本性态的是(　　)。
   A. 成本动因与成本之间的依存关系　　B. 成本与业务量之间的关系
   C. 成本与生产之间的关系　　D. 成本与作业之间的关系
3. 由同质的成本动因组成的成本费用是指(　　)。
   A. 作业　　B. 作业链
   C. 成本库　　D. 成本管理
4. 下列各项中,属于机器设备的资源动因是(　　)。
   A. 人工小时　　B. 机器小时
   C. 生产批次　　D. 材料消耗数量
5. 编制作业预算的第一步是(　　)。
   A. 制定标准　　B. 制定成本分配预算
   C. 制定耗费预算　　D. 制定产品成本预算

二、多选题

1. 在理想状态下,企业生产经营过程中的增值作业为(　　)。
   A. 产品设计　　B. 存货中的存储
   C. 产品加工　　D. 产品交付
   E. 机器维修停工
2. 下列各项中,属于作业成本计算与传统成本计算明显区别的有(　　)。
   A. 以作业中心来归集资源费用　　B. 采用多元化的制造费用分配标准
   C. 不计算产品成本　　D. 计算作业消耗
   E. 进行作业管理
3. 下列各项中,可以作为作业成本计算理论依据的是(　　)。
   A. 作业消耗资源　　B. 产品消耗作业
   C. 直接人工成本的增加　　D. 间接费用的降低
   E. 成本性态分析
4. 下列各项中,属于优化作业链具体措施的有(　　)。
   A. 消除非增值作业　　B. 分析供应商和客户

C. 改变产品工艺设计　　D. 不断进行技术创新

E. 产品设计与经济相结合

5. 下列各项中,可以作为直接人工作业动因的是(　　)。

A. 生产批次　　B. 订单份数

C. 机器小时　　D. 人工小时

E. 检验次数

三、判断题

1. 资源动因能够反映产品产量与作业成本之间的因果关系。(　　)

2. 作业中心是指将各种资源耗费项目按同一作业动因归集起来的成本类别。(　　)

3. 作业管理仅限于企业内部的供产销分析,它的研究范畴与传统成本控制的研究范畴不同。(　　)

4. 编制作业预算必须预计各作业中心的资源动因量,根据单位资源的价格标准确认各作业中心的资源耗费。(　　)

5. 成本动因与成本的发生具有相关性,另外,成本动因本身不具有可计量性。(　　)

四、计算题

1. 蓝天公司 2014 年的销售收入为 20 000 元,营业资产为 8 000 元;鹭江公司 2014 年的销售收入为 500 000 元,营业资产为 10 000 元。如果两家公司均希望其 2014 年的投资报酬率达到 20%。

要求:分别计算 2014 年蓝天公司与鹭江公司的销售利润率。

2. 假设蓝天公司下属两个投资中心, 2014 年的投资报酬率均为 16%。该年度内,投资中心 A 的销售利润率为 4%,投资中心 B 的销售利润率为 8%。

要求:分别计算 2014 年投资中心 A 和 B 的资产周转率。

3. 假设蓝天公司的某投资中心 A 原投资报酬率为 20%,营业资产为 250 000 元,营业利润为 50 000 元。现有一项业务,需借入资金 100 000 元,可获利 33 000 元。

要求:

(1)若以投资报酬率作为评价和考核投资中心 A 工作成果的依据,其是否愿意投资于这项新的业务?

(2)若以剩余收益作为评价和考核投资中心 A 工作成果的依据,新项目要求的最低报酬率为 12%,其是否愿意投资于新的业务项目?

项目10　同步训练答案

项目 11
战略管理会计

【知识结构】

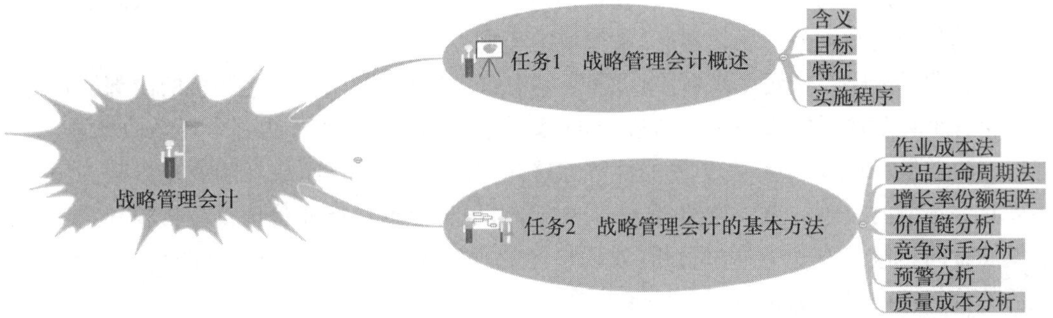

【知识目标】

1. 了解战略管理会计的含义。
2. 掌握战略管理会计的特征。
3. 熟悉战略管理会计的主要内容。
4. 了解战略管理会计的主要目标。
5. 掌握战略管理会计的基本方法。

【能力目标】

1. 学会战略环境分析。
2. 学会战略目标的制定。
3. 学会战略成本管理。
4. 能够熟练运用战略管理会计的基本方法。

【情境案例】

某成衣产业的产业价值链包括①棉花生产—②纺织—③织布—④制衣—⑤销售—⑥最终顾客6个环节。假设成衣产业存在A,B,C,D,E,F 6个竞争者。其中,A的产业包括①、

②、③、④、⑤、⑥,B 的产业包括②、③,C 的产业包括②、③、④、⑤,D 的产业包括④、⑤,E 的包括⑤、⑥,F 的包括③、④、⑤、⑥,对某成衣产业的 A,B,C,D,E,F 6 个竞争者来说,它们应该如何优化各自的产业价值链呢?

【情境分析】

从分析可得,竞争者 A 是一个高度综合的企业,其经营范围覆盖成衣的整个产业价值链,B,C,D,E,F 则处于成衣产业价值链的不同环节,其中,B,C 可视为产业中的上游企业,其提供的各环节产品并没有被最终用户所消费;D,E,F 可视为产业中的下游企业,其产品为最终的用户所消费。对上游的所有企业,应以产品为中心,通过技术、组织、管理等方面的不断创新,以及自身作业链的不断优化,力求在新产品、新工艺的开拓和原有产品的改进上不断取得新的突破,使企业的产品不断优化,新产品不断涌现,从而取得差异化或低成本的竞争优势。对下游的所有企业,应以用户为中心,了解不同用户的不同文化素质、兴趣和爱好,进而了解用户的不同特点和需求,以便及时调整生产,提供用户所需的产品,从而不断拓展企业的销售渠道和细分市场,不断提高企业的市场占有率。

从企业的战略定位角度来看,对竞争者 A,它可以根据按市场价格调整的内部转移价格计算出各个环节的投资收益率。通过分析,A 就会发现,企业生产的哪个环节收益高,哪个环节的收益低,哪个环节具有竞争的优势。这样,A 就可做出自制或外购或退出某一环节或拓展某一环节的决策。至于竞争者 B,C,D,E,F,也可以通过产业价值链分析找到企业自身的发展方向。假设 D 企业通过分析,发现自己的投资收益率偏低,与自己的竞争对手相比,自己的价值链中成本偏高,原因如下:

①产量低,规模小,而自己的竞争者却达到了经济规模。在这种情况下,D 就有必要考虑横向并购的战略决策问题。

②进行成本动因分析后,发现在最终消费者所支付的成衣成本价值中,材料成本价值过高,而企业的供应商和销售商的边际利润率都高于 D 企业,说明该企业的纵向规模未达到合适的水平,这时 D 就有必要考虑进行纵向拓展决策,从而将自己的经营领域扩展到自己的供应商和顾客。

③发现本企业的产品销售不畅,产品积压,原因是销售渠道不合理,在这种情况下,企业应重新考虑自己的顾客群,从而改变销售渠道,开辟新的目标市场。

任务 1　战略管理会计概述

11.1.1　战略管理会计的含义

关于战略管理会计,最早是由英国学者 Simmonds 于 1981 年提出的。Simmonds 被公认为战略管理会计之父，他将战略管理会计定义为“对关于企业及其竞争者管理会计指标的准备和分析，用来建立和监督企业战略”。之后，他又在一系列的论文中，强调了管理会计与企业战略结合的重要性，特别是企业相对竞争者的成本竞争地位。他认为管理会计应多注重外在环境，并协助企业衡量其竞争地位。他首次强调学习曲线与长期成本性态在衡量竞争优势中的重要性和了解竞争者成本结构的重要性。从此以后，人们沿用了这一名称，但对其定义却未达成统一的共识。Wilson 等人在《战略管理会计》一书中，更加明确地将其定义为，战略管理会计是明确强调战略问题和所关切重点的一种管理会计方法。它通过运用财务信息来发展卓越的战略，以取得持久的竞争优势，从而更加拓展了管理会计的范围。换句话说，战略管理会计提供有关企业产品劳务市场、竞争者成本资源与成本结构等财务信息，并进行深入分析，以便监视各个期间企业及其竞争者的战略。

11.1.2　战略管理会计的目标

正确的目标是系统良性循环的前提条件。战略管理会计的目标对战略管理会计系统的运行也具有同样意义。战略管理会计的目标可以分为最终目标和具体目标两个层次。

战略管理会计的最终目标应与企业的总目标具有一致性。传统管理会计的最终目标是利润最大化。利润最大化虽然能够使企业讲求核算和加强管理，但是，它不仅没有考虑企业的远景规划，而且忽略了市场经济条件下最重要的一个因素——风险。为了克服利润最大化的短期性和不顾风险的缺陷，战略管理会计的目标应立足于企业的长远发展，权衡风险与报酬之间的关系。自 20 世纪中期以来，多数企业把价值最大化作为自己的总目标，因为它克服了利润最大化的缺点，考虑了货币时间价值和风险因素，有利于社会财富的稳定增长。企业价值是企业现实与未来收益、有形与无形资产等的综合表现。因此，企业价值最大化也就是战略管理会计的最终目标。

战略管理会计的具体目标主要包括以下 4 个方面：协助管理者确定战略目标；协助管理者编制战略规划；协助管理者实施战略规划；协助管理者评价战略管理业绩。

11.1.3　战略管理会计的内容

战略管理会计究竟包括哪些内容，目前还没有统一的说法。作者认为，目前战略管理会计的主要内容应包括以下 5 个方面（见图 11.1）：

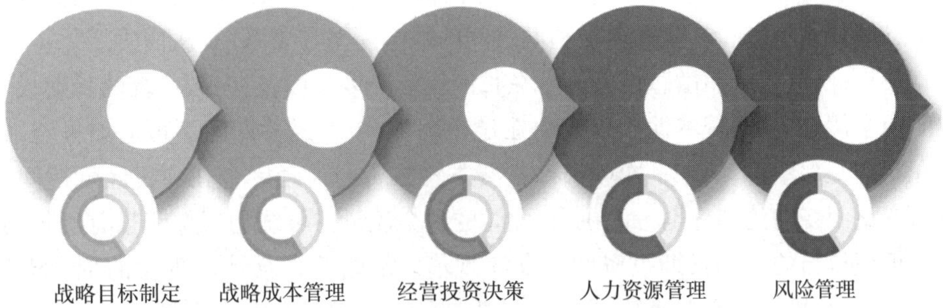

图 11.1　战略管理会计的内容

1)战略目标制定

战略管理会计首先要协助高层管理者制定战略目标。企业的战略目标可以分为3个层次,即公司战略目标、竞争战略目标、职能战略目标。公司战略目标主要是确定经营方向和业务范围方面的目标。竞争战略目标主要研究的是产品和服务在市场上竞争的目标问题,需要回答以下基本问题:企业应在哪些市场竞争,要与哪些产品竞争,如何实现可持续的竞争优势,其竞争目标是成本领先还是差异化,是保持较高的竞争地位还是可持续的竞争优势。职能战略目标所要明确的是,在实施竞争战略过程中,公司各个部门或各种职能应该发挥什么作用,达到什么目标,战略管理会计要从企业外部与内部搜集各种信息,提出各种可行的战略目标,供高层管理者选择。

2)战略成本管理

成本管理是管理会计的重要内容之一。它是一个对投资立项、研究开发与设计、生产、销售进行全方位监控的过程。战略成本管理主要是从战略的角度来研究影响成本的各个环节,从而进一步找出降低成本的途径。作业影响动因,动因影响成本。成本动因可以分为两大类:一类是与企业生产作业有关的成本动因,如存货搬运次数;另一类是与企业战略有关的成本动因,如规模、技术、经营多元化、全面质量管理以及人力资本的投入。对于作业成本动因而言,战略成本动因对成本的影响更大。因此,从战略成本动因来进行成本管理,可以避免企业日后经营中可能出现的大量成本浪费问题。一般来说,企业可以通过采取适度的投资规模、市场调研、合理的研究开发策略等途径来降低战略成本。

3)经营投资决策

战略管理会计是为企业战略管理提供各种相关、可靠信息的。因此,它在提供与经营投资决策有关的信息的过程中,应克服传统管理会计所存在的短期性和简单化的缺陷。它应以战略的眼光提供全局性和长远性的与决策相关的有用信息。为此,战略管理会计在经营决策方面应摒弃建立在划分变动成本和固定成本基础上的本量利分析模式,采用长期本量利分析模式。长期本量利分析是在企业的产品成本、收入与销售量呈非线性关系,固定成本变动及产销量不平衡等客观条件下,来研究成本、业务量与利润之间的关系。其关键是应用高等数学、逻辑学建立成本、业务量与利润之间的数学模型与关系图,从而确定保本点、安全边际等相关指标,进行利润敏感性分析。在长期投资决策方面,应突破传统的长期投资决策模型中的两个假定:一是资本性投资集中在建设期内,项目经营期间不再追加投资;二是流动资金在期初一次垫付,期末一次收回。把资本性投资与流动资金在项目经营期间随着产品销量的变化而变动的部分也考虑在内,此时的现金流量与传统的现金流量有所不同,是将现金流量折现得出的企业长期投资的预期净现值。战略管理会计以现实的现金流量为基础,更能反映企业投资的实际业绩,为企业注重持续发展提供有用的信息。

4)人力资源管理

人力资源管理是企业战略管理的重要组成部分,也是战略管理会计的重要内容。它包括为提高企业和个人绩效而进行的人事战略规划、日常人事管理以及一年一度的员工绩效评价。前者主要是人员招聘和员工培训方面的规划。战略管理会计的核心是以人为本,通过一定的方法和技能来激励员工,以获取最大的人力资源价值,并采用一定的方法来确认和计量人力资源的价值与成本,进行人力资源的投资分析。

5)风险管理

企业的任何一项行为都带有一定的风险。企业可能因冒风险而获取超额利润,也可能会招致巨额损失。一般而言,报酬与风险是共存的,报酬越大,风险也越大。风险增加到一定程度,就会威胁企业的生存。由于战略管理会计着重研究全局的、长远的战略性问题,因此,它必须经常考虑风险因素。其对风险的管理主要是在经营与投资管理中采用一定的方法,如投资组合、资产重组、并购与联营等方式分散风险。

11.1.4　战略管理会计的特征

战略管理会计的特征如图11.2所示。

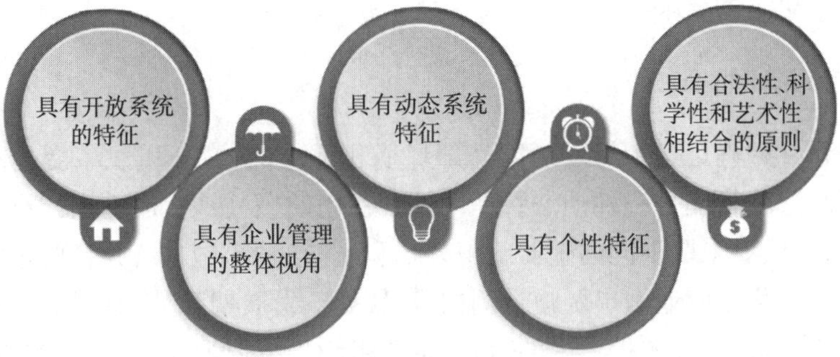

图11.2　战略管理会计的特征

1)具有开放系统的特征

传统的管理会计主要针对企业内部环境,如提供的决策分析信息主要依据企业内部的生产经营条件、业绩评价主要考虑本身的业绩水平等,因此构成一个封闭的内部系统。战略管理会计要考虑市场的顾客需求及竞争者实力,这种市场观念一方面表现为管理会计信息收集与加工涉及面的扩大及控制视角的扩展,如战略决策分析要考虑顾客需求和竞争者信息,成本控制要扩展到产品的整个生命周期,而且在标准制定、业绩评价中也要考虑同行业的平均或先进水平,等等。从这方面说,市场观念使管理会计的视角由企业内部拓展到企业外部。另一方面,战略管理所倡导的市场观念的核心是以变应变,在确定的战略目标要求下,企业的经营和管理都要适应动态市场的需要及时进行调整。这种"权变"的管理思想对管理会计的方法体系同样产生了深远的影响，它要求管理会计必须改变传统分析中诸多的静态假设，在变动的外部环境条件下进行各项决策分析。例如，上述战略成本分析中的价值链分析要讨论企业与供应商及顾客之间的关系，考虑上、下游相关企业的兼并问题，而不是以企业现有的经营格局为前提，产品定价决策要面向市场，首先考虑的不是生产成本，而是市场（顾客）为特定产品的功能所愿意支付的价格，等等。战略管理会计所具有的开放性，缩小了管理会计模型和实际环境之间的差距，增强了管理会计信息的相关性和准确性。

2）**具有企业管理的整体视角**

战略管理强调战略目标的合理确定，并从企业管理的各个环节和各个方面来保证其最终实现。这种整体观念有利于增强企业内部的协调运作，增强内部组织间的目标一致，减少内部职能失调。这就要求管理会计的控制不能仅仅停留在对结果的分析，而且要通过过程的控制将企业生产经营的各个环节都和企业整体目标相联系，以过程的控制实现对结果的影响和保证预期结果的实现。近年来发展起来的作业成本法、生命周期成本法将分析的视角由结果追溯到与产品价值相关的各个环节，撬开了在传统的管理会计分析中视为“黑箱”的生产经营过程，充分体现了战略管理会计将结果控制与过程控制相结合的特征。这一发展趋势使管理会计系统更多地融入企业的生产经营活动全过程，具有更多的非财务性质。因此，不仅要求管理会计人员和技术、生产、管理各领域人员密切配合，而且对管理会计人员的知识结构有了更高的要求。

3）**具有动态系统特征**

企业战略目标的确定是和特定的内外部环境相适应的，在环境发生变化时还要相应地做出调整，因此，战略管理是一种动态管理。处于初创期、发展期、成熟期或衰落期等不同发展阶段的企业，必然要采取不同的企业组织方式和不同的战略方针，并且要根据市场环境及企业本身实力的变化相应地做出调整。例如，比较处于发展期和处于成熟期的企业，前者可能注重营销战略，以迅速占领扩大中的市场，企业组织相应较为简单，内部控制较为松散；后者一般规模较大，组织结构复杂，面对的是成熟的市场，因此必须通过加强内部控制来降低成本、增强竞争优势，同时注重新产品的开发。这种与企业组织发展阶段相对应的战略定位又必然随着企业由发展期向成熟期过渡而做出调整。与企业组织发展阶段相对应的战略定位及其动态调整，必然要求管理会计系统不仅能够适应特定阶段的战略管理要求，而且能及时地做出调整。这种动态系统的特征在满足战略管理会计对管理会计系统的要求的同时，也对管理会计人员的环境认知能力及系统设计能力提出了更高的要求。

4）**具有个性特征**

战略目标的确定、实施和实现过程，实际上是企业文化的发现、创造过程。企业战略目标、实施方案等的确定及其确定方式，不仅要考虑现有的企业文化，而且要主动地创造企业文化。例如，企业战略目标的确定可以采用“自上而下”或“自下而上”的方式，这两种方式的选择首先受到现有企业文化的制约:较多地讲究民主管理的企业可能选择后者,而长官意志起主要作用的企业可能选择前者。企业也可能在这一过程中并未确立明显和强烈的文化特征,但后来改变了原有的文化氛围,创造了全新的企业文化。战略管理中这种企业文化的确立和创造必然对管理会计控制系统的设计带来重要影响,促使管理会计的系统设计更多地考虑人的因素,以适应本企业战略管理所需要的文化氛围,有效地实现其过程控制。例如,企业预算编制程序的选择,不仅要考虑企业战略管理中所形成的企业文化,而且在此过程中要进一步加强这种特征,由此形成的管理会计系统必然带有更强的个性特征。

5)具有合法性、科学性和艺术性相结合的原则

与战略有相关性的信息,是以外向型为主体的多样化信息。这种类型的信息,可从企业外部多种渠道获得,如公开的财务报告、竞争对手广告、行业分析报告、贸易金融报道、政府统计公告、银行金融市场、商品市场、产品技术分析、竞争对手的前雇员、行业协会、竞争对手团体中的其他成员、实地考察、本企业雇员、行业专家顾问、共同的顾客、共同的供应商等,实际上相关的多样化信息来源是不胜枚举的。即使在日常公开出版的报纸、杂志和其他的公开出版物中,也包含了大量相关信息资源的原始材料,必须把它们视为极为重要的信息宝藏。

多样化的信息收集,可以由企业的信息机构和人员去做,也可以委托企业外部专职化管理咨询机构去做。同时,应注重第一手材料的掌握,以增强对有关信息源的洞察与感悟能力,这对提高相关信息的决策有用性是非常重要的。此外,还可直接运用当代先进的科学技术,为采集多样化的信息服务。例如,请相关的技术专家拆解竞争对手的产品,借以较详细、深入地了解其结构和功能及其整体上独特之处。又如,请冶金专家研究竞争对手外主要运货铁道的生锈程度,借以判断其生产经营的盛衰情况,以便据以采取相应的对策等,都可为企业提供大量战略相关性的信息。

通过多样化的方法和手段所取得的多样化的信息资料,只属于原始性的材料,并不直接具有战略的相关性与有用性。这是因为:它们表现为既数量庞大、形式多样,又杂乱无章,只有以科学的态度、灵活的技巧,对它们作进一步的筛选、加工、分类和整理,通过去粗取精、去伪存真,既反映社会的物质层面,又反映社会的精神层面。这一过程可简称信息的处理过程。它所取得的成果是信息处理人员科学精神和艺术修养相结合的。

想一想:

现代管理会计与战略管理会计的区别与联系是什么?

任务2　战略管理会计的基本方法

为了使战略管理会计理论在企业会计实践中得到成功的应用，还需要有一定的方法加以保证。战略管理会计的基本方法如图 11.3 所示。

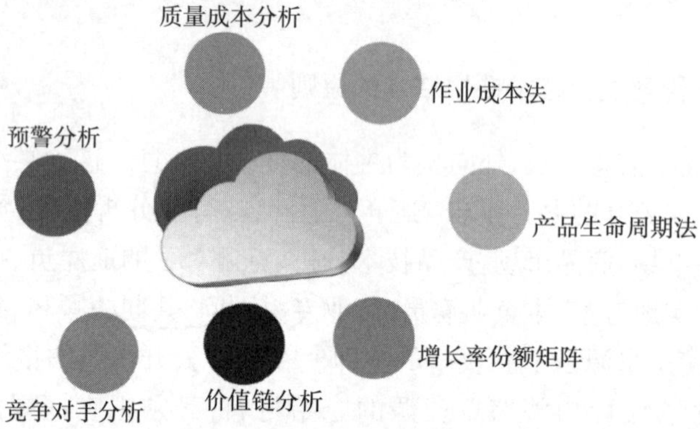

图 11.3　战略管理会计的基本方法

11.2.1　作业成本法

20 世纪 80 年代以来，为了适应制造环境的变化，作业成本法应运而生。它是一个以作业为基础的信息加工系统，着眼于成本动因，依据资源耗费的因果关系进行成本分析，即先按作业对资源的耗费情况将成本分配到成本对象，这就克服了传统成本计算系统下间接费用责任不清的缺陷，使以前的许多不可控间接费用在作业成本系统中变成可控。同时，作业成本法大大拓展了成本核算范围，改进了成本分摊方法，及时提供了相对准确的成本信息，优化了业绩评价标准。

东方电磁厂战略管理会计的实施

11.2.2　产品生命周期法

产品生命周期理论认为，任何产品从最初投放市场到最终退出市场都是一个有限的生命过程。这一过程可由几个明显的阶段加以区分，分别为产品投放期、增长期、成熟期和衰退期。追踪某一产品的销售历史可以看出，产品的生命周期可以用 S 形曲线描述出来。随着产品沿着生命周期曲线的移动，单位利润也随之变化。在产品投放前期，因其尚未被人所接受，单位利润为负数，随着对产品接受程度的提高，单位利润迅速上升。而过了成长期，随着竞争的加剧，单位利润开始逐渐下降，直至退出市场。

在不同的阶段，企业会面临不同的机会和挑战，因而需采取相应的战略。产品生命周期可以很好地指导企业的战略成本管理。例如，在投放期和成长期，应以创业为使命，努力提高市场占有率。在成熟期，应以维持为使命，以保持企业现有的市场份额和竞争地位。在衰退期，则应以收获为使命，力争短期利润和现金流入的最大化，甚至牺牲部分市场份额。

11.2.3 增长率份额矩阵

与上述方法类似的另一分析工具是增长率份额矩阵，又称产品组合矩阵。它最早由波士顿顾问公司(BCG)采用。该矩阵是按产品的市场份额和市场增长情况，将企业的各种产品分成4个单元，见表11.1。

表11.1 增长率矩阵

		相对市场份额	
		高	低
市场增长	高	明星(现金生成者或现金吸收者)	野猫(现金吸收者)
	低	现金牛(大量现金生成者)	落水狗(少量现金生成者或吸收者)

市场增长代表了公司的现金需求，而相对市场份额则代表了企业的盈利水平和生成现金的能力，因为要保持较高的市场增长率，就需要大量的流动资产和固定资产投资，从而产生大量的现金需求。同时，根据经验曲线效应，较高的市场占有率意味着企业具有较强的成本优势，从而会产生大量的现金流入。

根据产品组合矩阵，应对不同单元的产品，采取不同的战略。简言之，对野猫产品，应加大投资，使其迅速占领市场，成为明星产品。对明星产品，则应以保持市场份额为主要目标。对现金牛产品，应不失时机地抓紧收获，并尽量延长收获时间，而不宜再进一步增加市场份额。对落水狗产品，应采取撤退战略，尽早将其撤出企业的经营范围。

应当注意，在运用上述战略时，不应孤立地进行，而要联系各种产品同时进行，即采取产品组合战略。如将现金牛产品生成的现金扶持野猫产品，使其成为明星产品，进而成为现金牛产品，以产生持久竞争优势，支持其后的战略计划。

可口可乐公司战略分析

11.2.4 价值链分析

价值链分析是美国学者波特首先提出来的，分为横向价值链和纵向价值链两种。

从横向角度来看，波特将企业行为分成9种相关的活动，包括一般管理、人力资源管理、技术发展、采购、内勤、经营、外勤、营销和服务。价值链上的每项活动都有着自身的经营成本和资产，因此，每项活动的成本要受到所分配的资产数量和使用效率的影响。为分别考察每种活动的成本效益状况，应将资产和成本分配到这些活动中，并确定每项活动的成本动因,将其影响予以数量化,以揭示各种成本动因的相对重要程度。同时,为了衡量企业的成本竞争地位,还应将上述分析运用到竞争对手身上。如果企业价值链上所有活动的累计总成本小于竞争对手的成本时,就具有了成本优势。而这种优势若能得以保持,使得竞争对手无法轻易模仿,才具有战略上的意义。

从纵向角度来看,是将整个行业的价值活动分解成一系列相关的战略活动。这往往会超越任何一个企业的经营范围。例如,可以将造纸行业分成木材种植、砍伐、纸浆生产、造纸、加工、销售等价值活动。通过这一分析,可以深入理解成本性态以及各个阶段产生差异的原因,从而确定企业由目前的位置沿着价值链向前或向后延伸是否有利可图,以提高整体的盈利水平。

11.2.5 竞争对手分析

当今企业之间的竞争已成为全球性经济发展的动力,当代竞争战略是建立在与竞争对手对比的基础上,不能准确地判断竞争对手就无法制定可行的竞争战略。企业要取得竞争优势,就要了解竞争对手、分析竞争对手。

分析竞争对手,首先应明确谁是竞争对手。企业实际的和潜在的竞争对手包括向目标市场提供相似产品或服务的企业、经营具有相互替代性的产品或服务的企业、在市场上试图改变或影响消费者的消费习惯和消费倾向的企业等。对第一类竞争对手,由于产品的性能相同而且基本稳定,因此可将其作为主要竞争对手进行分析,其中又以最具竞争力的对手为主。

分析竞争对手的价值链是确定竞争对手在竞争中相对地位的基本工具。在明确所要分析的竞争对手之后,分析的重要步骤是识别竞争对手的价值链,判断竞争对手是怎样进行价值活动的。对竞争对手的价值链分析与对自己价值链的分析过程相同。在实践中,由于没有竞争对手的直接信息,要估计竞争对手的价值链和成本通常极为困难,因此就需要采用一定的方法取得竞争对手的直接信息。具体做法有:评估竞争对手在公开市场购买中间产品的相对成本差异;根据汇率的相对变动判断海外竞争对手的成本变动趋势;根据竞争对手生产场所的地理位置和销售渠道计算其在特定市场的销售成本;根据竞争对手的技术装备判断竞争对手的生产效率;根据竞争对手的生产能力和市场份额判断竞争对手的生产能力利用率;通过与竞争对手的分销商、供应商以及其他人士交谈来评估竞争对手某些价值活动的成本;根据竞争对手公开的财务报告、行业分析报告、内部刊物等资料提供的数据对竞争者的成本和价值链情况做出判断。另外,也可以委托专门的咨询服务公司调查评估竞争对手。

吉利收购沃尔沃实现企业战略转型

11.2.6 预警分析

预警分析是一种事先预测可能影响企业竞争地位和财务状况的潜在因素,以提醒管理部门注意的分析方法。它通过对行业特点和竞争状况进行分析,使管理部门在不利情况来临之前就采取防御措施，解决潜在的问题。预警分析可分为外部分析和内部分析。外部分析主要分析企业面临的市场状况、市场占有率等；内部分析主要分析劳动生产率、机制运转效率、职工队伍稳定性等。显然，能熟练预测内外部环境变化的企业具有较强的竞争优势。

11.2.7　质量成本分析

战略管理会计关注更多的有关竞争能力的非财务信息，其中之一就是质量，许多企业为此采取了全面质量管理。质量成本分析是指从产品的研制、开发、设计、制造，直到售后服务整个寿命周期内的质量成本分析的方法。它主要分析质量成本的 4 个部分，即预防成本、鉴定成本、内部质量损失和外部质量损失。只有全面掌握与质量有关的成本信息，管理者才能进行正确的质量成本管理与控制，借以转变传统管理会计“重产量、轻质量”的观念。

应当指出，战略管理会计的方法远不止以上几种，并且始终处于不断的发展完善之中，同时，它也并非完全独立于常规管理会计之外。实际上，许多战略管理会计方法都是常规管理会计方法在战略环境下的延伸，如本量利分析、差异分析等，但其实施结果却可能与常规管理会计大相径庭。

【同步训练】

一、单选题

1. 下列项目中，属于战略管理核心问题的是(　　)。
   A. 制定企业目前的宗旨和目标　　B. 分析环境
   C. 制定战略　　D. 组织实施
2. 围绕企业的优势与劣势、机会与威胁所开展的分析，在战略管理会计中属于(　　)。
   A. 经营环境分析　　B. 战略定位分析研究
   C. 价值链分析　　D. 竞争能力分析
3. 如果供应商的讨价还价能力强，企业处于劣势时，则表明(　　)。
   A. 供应商的产品无法替代　　B. 供应商的产品供大于求
   C. 供应商的产品销路不畅　　D. 供应商无参与本行业竞争的意图
4. 为决策者提供决策有用的战略性成本信息，是战略成本管理的(　　)。
   A. 基本目标　　B. 首要目标
   C. 最终目标　　D. 唯一目标
5. 企业规模超过一定程度，不会导致(　　)。
   A. 协调的复杂性　　B. 成本的降低
   C. 管理效率的降低　　D. 生产自然条件恶化

二、多选题

1. 下列各项中,能够揭示战略管理会计明显特征的表述有(　　)。
A. 提供多样化的会计信息　　B. 改进了项目及业绩评价的尺度
C. 更加注重人力资源的有效利用　　D. 内部管理和控制方法不断创新
E. 拓宽了传统管理会计的研究范围
2. 下列各项中,属于战略管理会计研究内容的有(　　)。
A. 企业的经营环境分析　　B. 价值链分析
C. 竞争能力分析　　D. 竞争优势的保持
E. 竞争战略的选择
3. 企业价值链分析的内容包括(　　)。
A. 产品生产合理配合分析　　B. 作业链分析
C. 成本动因分析　　D. 资源动因分析
E. 成本优势分析
4. 下列各项中,属于产业价值链分析内容的有(　　)。
A. 竞争能力分析　　B. 战略定位分析
C. 投资收益率分析　　D. 成本动因分析
E. 产品生产合理配合分析
5. 企业价值链分析的对象比较宽泛,涉及(　　)。
A. 供应商　　B. 顾客
C. 企业　　D. 行业本身
E. 产业本身

三、判断题

1. 战略管理会计与传统管理会计相比更加重视非货币性的会计信息。(　　)
2. 企业的宗旨和目标是解决"企业到底从事什么事业"的问题,它是企业的长期规划和长期奋斗目标,也是战略管理的核心问题。(　　)
3. 成本动因是导致成本发生的因素,战略管理会计认为企业成本的高低只与业务量有关。(　　)
4. 根据成本动因理论,产品设计的复杂性是指产品工艺的设计是否合理。(　　)
5. 产业的价值链分析是指对整个产业所进行横向整体分析。(　　)

四、案例分析题

"老牌"企业的竞争

海清啤酒成功地在中国西部一个拥有 300 万人口的 C 市收购了一家啤酒厂,不仅在该市取得了95%以上市场占有率的绝对垄断，而且在全省的市场占有率也达到了60%以上，成了该省啤酒业界名副其实的龙头老大。

C市100千米内有一个金杯啤酒公司，3年前也是该省的老大。然而，最近金杯啤酒因经营不善全资卖给了一家境外公司。金杯啤酒在被收购后，立刻花近亿的资金搞技术改革，还请了世界第四大啤酒厂的专家坐镇狠抓质量。但是新老板很清楚，金杯啤酒公司最短的那块板就是营销。为一举获得C市的市场，金杯啤酒公司不惜代价从外企挖了3个营销精英，高薪招聘20多名大学生，花大力气进行培训。

省内啤酒市场的特点是季节性强，主要在春末和夏季及初秋的半年多时间。一年的大战在4月、5月和6月3个月基本决定胜负。作为快速消费品，啤酒的分销网络相对稳定，主要被大的一级批发商控制。金杯啤酒没有选择正面强攻，主要依靠直销作为市场导入的铺货手段，由销售队伍去遍布C市数以万计的零售终端虎口夺食。金杯啤酒的攻势在春节前的1月份开始了，并且成功地推出了“1月18日C市要下雪”的悬念广告，还有礼品附送。覆盖率和重复购买率都大大超出预期目标。但是，金杯啤酒在取得第一轮胜利的同时，也遇到了内部的管理问题。该公司过度强调销售，以致把结算流程、财务制度和监控机制都放在一边。销售团队产生了骄傲轻敌的浮躁，甚至上行下效不捞白不捞。公司让部分城区经理自任经销商，白用公司的运货车，赊公司的货，又做生意赚钱，又当经理拿工资。库房出现了无头账，查无所查，连去哪里了都不知道。

面对竞争，海清啤酒在检讨失利的同时，依然对前景充满信心。他们认为对手在淡季争得的市场份额，如果没有充足的产量作保障，肯定要跌下来；而且海清的分销渠道并没有受到冲击，金杯公司强入零售网点不过是地面阵地的穿插。

如今，啤酒销售的旺季，也就是决胜的时候快到了，您认为海清啤酒应该怎样把对手击退，巩固自己的市场领导地位呢？

要求：

1. 如何评价金杯啤酒的竞争战略？

2. 海清啤酒应采用什么样的战略？

项目11 同步训练答案

参考文献

[1] 陈兴述,李勇,陈祥碧. 管理会计[M]. 2 版. 北京:高等教育出版社,2019.
[2] 刘继伟,于树彬,甘永生. 管理会计[M]. 4 版. 北京:高等教育出版社,2014.
[3] 马英华,陈春艳. 管理会计[M]. 成都:西南财经大学出版社,2018.
[4] 张梅. 财务管理[M]. 2 版. 北京:北京理工大学出版社,2012.
[5] 边建文. 财务管理教程[M]. 北京:首都经济贸易大学出版社,2010.
[6] 杨月梅,于君. 管理会计[M]. 5 版. 北京:中国财政经济出版社,2013.
[7] 李跃平,卢欢,朱丽娜. 管理会计[M]. 北京:中国人民大学出版社,2017.
[8] 张熙庭. 战略预算——管理界的工业革命[M]. 广州:广东经济出版社,2010.
[9] 安东尼 · A. 阿特金森,罗伯特 · S. 卡普兰,埃拉 · 梅 · 玛苏姆拉,等. 管理会计[M]. 刘曙光,陈静,等,译. 北京:清华大学出版社,2011.